DR. LEYDE ERNESTO RODRIGUEZ HERNANDEZ

DE TRUMAN A OBAMA

PODER, MILITARISMO Y ESTRATEGIA ANTIMISIL DE LOS EEUU

EDITORIAL LETRA VIVA
CORAL GABLES, LA FLORIDA

Postal Office Box 14-0253,
Coral Gables FL 33114-0253
Cover Graphic by: Ed Wexler

ISBN: 0976207087
ISBN-13: 978-0-9762070-8-5

Printed in the United States of America

De Truman a Obama: Poder, Militarismo y Estrategia antimisil de los EEUU

Índice

Prólogo

La presente obra centrada en los proyectos y realidades de la llamada "defensa" antimisil concebida y proyectada por diferentes administraciones en Estados Unidos después de la Segunda Guerra Mundial, es un excelente trabajo de investigación en torno a esa problemática actual que constituye un tema de especial interés no solo para Cuba, sino también para todos los estados preocupados por la seguridad mundial.

El autor escudriñó, durante más de dos años de arduo trabajo, en los orígenes de ese proyecto bélico estadounidense y la evolución de la ciencia y la tecnología militar durante las cuatro décadas de la llamada "guerra fría" y en el contexto, no sólo de la política exterior norteamericana y sus doctrinas, esencialmente agresivas, sino también en el más amplio panorama de la dinámica internacional y la gran confrontación con el entonces adversario soviético.

La investigación, fundamentalmente histórica y politológica, se extiende al período de la postguerra fría e incluso actualiza la expresión de las pretensiones mundiales hegemónicas de la administración estadounidense que encabezó

George W. Bush.[1] Esta obra es un buen ejemplo de historia de procesos de máxima actualidad internacional, sobre una temática con fuerte componente técnico, que el autor supo manejar sin violentar los objetivos políticos e historiográficos centrales del trabajo.

En el transcurso de la lectura de sus tres capítulos se encontrarán suficientes datos y ejemplos sobre el avance científico y tecnológico adquirido por Estados Unidos en la tecnología antimisil; las ventajas políticas, militares, e incluso económicas que se derivan del despliegue militar y los enormes beneficios que el proyecto representa para los sectores corporativos vinculados más estrechamente a la producción de armamentos, el así llamado "Complejo Militar-Industrial".

En este sentido, el autor resalta las ventajas que extraen esos intereses del mero proceso de investigación y desarrollo de los nuevos medios bélicos, que conlleva la militarización definitiva del espacio cósmico. Muestra, además, que incluso el gobierno del presidente Ronald Reagan, que no pudo concretar en la práctica su proyecto de militarizar el espacio, utilizó la llamada "Guerra de las Galaxias" como un instrumento de poder militar y presión política sobre la Unión Soviética en los últimos años de la "guerra fría".

[1] Posteriormente, el autor extendió la investigación hasta la administración de Barack Obama, ofreciéndole máxima actualidad a la obra.

Entre los argumentos más sustanciales, importantes y novedosos que aporta el autor se encuentra el análisis de la revitalización del proyecto de "defensa" antimisil por el gobierno de "neoconservadores" en Washington, transformado en un elemento central de su proyección mundial de unilateralismo hegemonista.

Como bien explica el autor, el objetivo de concretar la militarización del espacio mediante la construcción de sistemas de "defensa" antimisil, se dirige esencialmente contra aquellas potencias que pueden significar rivales eventuales para Estados Unidos en el siglo XXI, como la Federación de Rusia y la República Popular China, aunque la operación se encubra en la defensa del territorio estadounidense contra ataques provenientes de potenciales países calificados como "estados villanos" o del "eje del mal" y adopte la forma de una de las medidas para protegerse de la llamada "proliferación nuclear".

En ese contexto, en el libro se examinan, a mi juicio acertadamente, las posiciones asumidas por las otras grandes potencias frente a este nuevo desarrollo armamentista de Estados Unidos; el retraso de Rusia y China para equilibrar en este terreno a Washington, y las debilidades y contradicciones de la Unión Europea.

Por consiguiente, con su labor de investigación, el autor nos advierte sobre la gran peligrosidad que encierran los planes estadounidenses de desplegar sistemas de "defensa" antimisiles, en un momento de especial orientación y fortalecimiento del militarismo agresivo bajo la llamada Doctrina Bush de "guerras preventivas", y la aplicación, en un sentido general y fuera del ámbito *misilístico*, de las nuevas tecnologías a toda la panoplia de armas, incluso las convencionales.

En resumen, esta obra se basa en una amplia investigación de fuentes diversas, libros, artículos de revistas académicas y de prensa, documentos, las cuales se caracterizan en parte por un nivel elevado de sofisticación política y técnica y, en buena medida, en idiomas extranjeros. Este libro, en mi opinión, constituye una contribución importante a la bibliografía sobre esta temática específica, y sobre la política exterior y de defensa de Estados Unidos, en ese vínculo indisoluble con su estrategia de seguridad nacional.

Dr. Roberto González Gómez [2]

---

[2] Doctor en Ciencias Históricas. Profesor Titular del Instituto Superior de Relaciones Internacionales "Raúl Roa García",La Habana. (n.1939-2005).

INTRODUCCIÓN

Para la comprensión de la dinámica de los procesos globales entre los siglos XX y XXI, es indispensable el estudio de las proyecciones y objetivos militaristas de los Estados Unidos. Al mismo tiempo que existe una estrecha relación entre el proceso de militarización del espacio cósmico y del incremento, en general, acelerado de la carrera armamentista, la militarización del espacio es una de las formas de manifestarse el armamentismo y estuvo orientada a asegurarle a los Estados Unidos el logro de sus designios estratégicos de dominación mundial.

Las primeras expresiones del militarismo y el armamentismo han sido identificadas con la aparición del Estado y las sociedades divididas en clases antagónicas. Este fenómeno antiguo tomó su mayor auge con la expansión del Complejo Militar-Industrial estadounidense en la época de la segunda posguerra mundial. Ya en el siglo XIX y XX, los clásicos del marxismo habían estudiado los orígenes del militarismo. Para Lenin "el militarismo moderno es el resultado del capitalismo. Es en sus dos formas, una "manifestación vital" del capitalismo: como fuerza militar utilizada por los Estados capitalistas en sus choques externos ("militarismus nach aussen", según dicen los alemanes) y como instrumento en manos de las clases dominantes."[3]

Con el surgimiento del arma nuclear y la conquista del espacio en el siglo XX, el ascendente desarrollo tecnológico del sistema capitalista liderado por los Estados Unidos impulsó un creciente programa de militarización del espacio, y las elites gobernantes norteamericanas utilizaron una parte considerable de los recursos de esa nación para el fortalecimiento de la fuerza militar, la cual erigieron en una insustituible herramienta de poder y terror para materializar sus intereses de política exterior y afianzar sus objetivos clasistas a escala global.

El propósito de superar, en el plano militar, el poderío logrado por la Unión Soviética, entre los años 1947 y 1991, durante la confrontación de la "guerra fría", llevó a los Estados Unidos a un exceso militarista, cuyas manifestaciones más relevantes quedaron ejemplificadas en la historia con la creación de bases militares alrededor del Estado soviético, altos gastos militares, el emplazamiento de misiles nucleares en Europa occidental, la constante modernización de la tecnología y en los esfuerzos por detentar el control militar del espacio, porque en el imaginario norteamericano quien domine en ese ámbito ejerce un poder integral en la Tierra.

---

[3] V. I. Lenin, "El militarismo belicoso y la táctica antiimperialista de la socialdemocracia". Obras Completas, Segunda Edición, Buenos Aires, Tomo 4, 1968, p. 331; y sobre las primeras armas que revolucionaron el arte militar, véase de Federico Engels, "La táctica de infantería y sus fundamentos materiales (1700-1870)" en: Anti-Dühring, Ediciones Pueblos Unidos, Montevideo, 1961, p. 409.

Sin embargo, en el nuevo contexto internacional creado con la desaparición de la URSS, y la culminación de la confrontación entre el Este y el Oeste, la política exterior norteamericana conservó su naturaleza imperialista. Sus pretensiones militaristas, lejos de disminuir, fueron reforzadas bajo la concepción de que los Estados Unidos habían ganado la "guerra fría" y mantienen un liderazgo internacional sin precedentes. Sobre la base de estos presupuestos hegemónicos, la idea enunciada, en el año 1983, por el presidente Ronald Reagan de desplegar la Iniciativa de Defensa Estratégica (IDE) o "Guerra de las Galaxias", fue retomada, en el año 1996, por el presidente demócrata William Clinton quien, adelantándose a las elecciones presidenciales de ese año, propuso otro plan para desarrollar un Sistema Nacional de Defensa Antimisil (SNDA) con el anhelo de proteger el territorio norteamericano de un hipotético ataque *misilístico* desde el exterior.

Por sus implicaciones políticas, militares y de seguridad, el proyecto anunciado por William Clinton y acelerado por George W. Bush, suscitó la reacción de importantes actores internacionales: China, Rusia, Francia y Alemania. Desde entonces, este tema, prioritario en la proyección de la política exterior norteamericana, tensó las relaciones con Rusia, persistió en la agenda de conversaciones de los Estados Unidos con la Unión Europea y dificultó las relaciones chino-estadounidenses, porque los norteamericanos propusieron la extensión del sistema antimisil a la geoestratégica región de Asia-Pacífico, con el fin de proteger a sus aliados: Taiwán, Corea del Sur, Japón y Australia.

Y, antes de continuar, resulta necesaria la explicación de algunos de los conceptos utilizados. A falta de precisión abundan las definiciones sobre los términos empleados. Por la noción de *estrategia*, en sentido genérico, algunos denominan la doctrina de cierto Estado o cierta institución militar, y también su puesta en práctica, además de usarse como teoría, ciencia y métodos de análisis.[4] A los efectos de esta investigación, debe entenderse por *concepciones estratégicas* al conjunto de enunciados referidos a la *gran estrategia o estrategia total de un Estado*, que radica en la capacidad para poner en práctica de forma constante, todas las fuerzas potenciales y actuantes que conforman el poderío de la nación: económicas, militares, científicas, tecnológicas, psicológicas y culturales, para lograr metas cardinales en el escenario internacional.

Generalmente, los norteamericanos denominan a este concepto "estrategia nacional" o de "seguridad nacional". La formulación "*seguridad nacional*" puede diferenciarse de la definición de *estrategia militar*, ésta última sólo ex-

---

[4] La estrategia también podría diseñarse para mantener la paz en las relaciones internacionales, pero no es el caso de la política exterior estadounidense. Distintas definiciones de estrategia pueden verse en la obra de Edward N. Luttwak, Strategy, the logic of war and peace, Harvard University Press, Massachusetts, 1992, p. 235. También consúltese el libro De La Guerra, Karl von Clausewitz, especialmente el Libro III: "De la Estrategia en General", el capítulo I: "Estrategia", Instituto Cubano del Libro, La Habana, 1969, p. 137.

plica los procedimientos referidos a la conducción de las fuerzas armadas y las operaciones que realizan para alcanzar los fines militares ordenados por un mando centralizado. La *gran estrategia* define para los representantes de la clase política dominante en una sociedad, los objetivos esenciales del Estado, así como los medios y métodos de actuación en el plano internacional para conseguirlos, mediante la utilización de todos los recursos y posibilidades de la nación.[5]

Relacionado con este concepto, uso asimismo el término *doctrina de política exterior* para referirme al sistema de criterios y teorías aplicados en la actividad exterior de un Estado en un período de tiempo determinado, y adoptados en calidad de lineamientos oficiales por sus autoridades centrales. Asimismo, la doctrina hace una explicación sintética de los aspectos fundamentales de la *gran estrategia* de un país, a pesar de que no siempre la puede expresar en su totalidad, es un reflejo político de los principales intereses nacionales e internacionales en correspondencia con el poderío del Estado, en especial, el militar.

Por otra parte, la *política exterior de los Estados*

---

[5] Los soviéticos prefirieron usar la definición de estrategia político-militar para la resolución de las tareas de política exterior, véase de Genrikn Trofimenko, La doctrina militar de los Estados Unidos, Editorial Progreso, Moscú, 1987, Pp. 5-6. Los Conceptos de gran estrategia pueden verse en las obras siguientes: De Edward N. Luttwak, The Grand strategy of the Soviet Union, Nueva York: St Martin ´s, 1983, Pp. 3-4; de John Lewis Gaddis, Estrategias de la Contención, Grupo Editor Latinoamericano, Buenos Aires, 1989, Pp. 10-11.

es "una estrategia o programa planeado de la actividad desarrollada por quienes toman las decisiones de un Estado frente a otros Estados o entidades internacionales, encaminado a alcanzar metas específicas definidas en términos de intereses nacionales"; o, esta interpretación marxista a la cual prefiero acogerme por su síntesis y claridad: "la actividad de un Estado en sus relaciones con otros Estados en el plano internacional, buscando la realización de los objetivos exteriores que determinan los intereses de la clase dominante" en un momento histórico concreto.[6]

La política interna y la doctrina de política exterior de un Estado aportan los argumentos políticos y los intereses de las clases en el poder para la elaboración de la *doctrina militar*. Durante el período histórico de la "guerra fría", en los Estados Unidos hubo la tradición de presentar doctrinas militares en correspondencia con los postulados esbozados en la doctrina de política exterior proclamada. La *doctrina militar* es el "sistema de puntos de vistas recibidos sobre la esencia, fines y carácter de una guerra futura, sobre la preparación bélica del país, sus fuerzas armadas y su modo de conducción."[7] Por consi-

---

[6] Véase el primer concepto de Plano, Jack C. y Olton, Roy en: Diccionario de Relaciones Internacionales, Universidad del Oeste de Michigan, Editorial Limusa, México, 1975, p. 199; y el segundo de Roberto González Gómez en el capítulo "La política exterior de los Estados" en: Teoría de las Relaciones Políticas Internacionales, Editorial Pueblo y Educación, La Habana, 1990, p. 31.

[7] Genrikn Trofimenko, ob. cit; p. 5.

guiente, la doctrina militar desde su estructuración política y técnico-militar atiende la disposición moral, combativa y preparación general de las fuerzas armadas para enfrentar los desafíos que puedan presentarse.

La geopolítica del espacio y los intereses de desplegar el SNDA permanecen como una prioridad estratégica en los dos componentes fundamentales de la estrategia de "*seguridad nacional*" de los Estados Unidos[8]: la *política exterior* y *la política de defensa.* Es indispensable esclarecer que en esta obra se analizan los dos elementos básicos o componentes de la estrategia de Defensa contra Misiles Balísticos de los Estados Unidos[9]: el Sistema Nacional de Defensa Antimisil y el Sistema de Defensa Antimisil de Teatro (SDAT)[10], incluidos en la estrategia de "seguridad nacional" y en la política de "defensa" norteamericana.

Además de los referidos componentes fundamentales de la estrategia de "seguridad nacional" y de la política de "defensa", en el período de la posguerra fría, los gobiernos norteamericanos redefinieron su estrategia de "seguridad nacional" sobre la base de las nuevas necesidades que exigía su liderazgo de única superpotencia en el sistema internacional, y la determinación de expandir los ideales y concepciones del sistema capitalista mundial. En ese sentido, los estrategas norteamericanos consideraron que,

---

[8] Ballistic Missile Defense, (BMD, siglas en inglés)
[9] National Missile Defense, (NMD, siglas en inglés)
[10] Theather Missile Defense, (TMD, siglas en inglés)

adicionalmente, la estrategia de "*seguridad nacional*" de los Estados Unidos consta de tres componentes centrales:

- *Seguridad:* Con el mantenimiento de una poderosa capacidad de defensa y la promoción, entre sus aliados, de medidas para la cooperación internacional en materia de seguridad.

- *Económico:* Con la constante aplicación de los adelantos científicos-tecnológicos a los procesos económicos, la apertura de nuevos mercados en el extranjero y la estimulación del crecimiento económico en el ámbito mundial.

- *Político:* Con la promoción del modelo y los "valores" de la democracia norteamericana en el sistema internacional.

Esta proyección de una llamada nueva política exterior respondió al imperativo norteamericano de adaptar su *gran estrategia* a la posguerra fría, período en que los Estados Unidos postula una posición hegemónica de alcance global en su carácter de única superpotencia, con una visión unipolar ante la demora o los obstáculos que encuentra en el escenario internacional para conformar un "Nuevo Orden Mundial".[11]

En el ámbito internacional el concepto de "se-

[11] Véase de Alejandro Medina Lois, "La política de defensa y seguridad de los Estados Unidos hacia América Latina". Fuerzas Armadas y Sociedad, Chile, n.3, año 11, julio-septiembre, 1996, p. 25.

guridad nacional" de los Estados, se ha modificado debido a una serie de factores que generan un determinado consenso académico:

- El fin de la "guerra fría", entendida como la polarización ideológica entre dos bloques políticos-militares en permanente contraposición.

- Los cambios en la práctica de la guerra moderna, es consecuencia de la aplicación de los avances tecnológicos en la fabricación de sofisticados armamentos nucleares y convencionales.

- La internacionalización e interdependencia de las relaciones políticas, económicas y comerciales entre los Estados, a partir de la tendencia a la formación de bloques económicos, que evitan el estallido de enfrentamientos armados entre las grandes potencias.

- Los problemas globales contemporáneos y el impacto de los mismos sobre millones de personas. Por ejemplo, la situación del medio ambiente y su relación con la construcción socioeconómica y los recursos naturales ha colaborado en la ampliación del concepto de "seguridad nacional" de los actores internacionales.[12]

---

[12] Consúltese de Mariano Aguirre, "El debate sobre la seguridad en la globalización". Fuerzas Armadas y Sociedad, Chile, n. 3, año 15, julio-septiembre, 2000, Pp. 3-12; de William Wechsler, "Law in Order: Reconstructing U.S. National Security", The National Interest, Washington, n. 67, spring 2002, Pp. 17-28.

Los cambios en la historia y en las estructuras del sistema internacional, que repercuten en la vida de los seres humanos y al interior de sus sociedades, han llevado a que la seguridad de las naciones sea examinada no solo en los términos de las eventuales amenazas o ataques externos tradicionales, sino también desde la percepción de que las fronteras son débiles y que las capacidades de los Estados nacionales frente a los problemas globales de nuestro tiempo son limitadas. En este contexto histórico, el concepto convencional de "*seguridad nacional*" deviene más complejo y aglutinador y, por antonomasia, el de defensa.

En esta obra evalúo la génesis y evolución de un fenómeno relacionado con las concepciones estratégicas y doctrinales de la política exterior norteamericana desde el año 1945 y hasta el 2011, a partir de la dinámica de las relaciones internacionales de cada momento histórico. En esta investigación establezco una periodización histórica sobre los planes norteamericanos de militarizar el espacio cósmico o crear una "defensa" antimisil que, aunque podría ser de otra manera, a los efectos de este ensayo resulta la más conveniente para destacar la contribución de cada administración y doctrinas a la estrategia antimisil de los Estados Unidos.

Por su actualidad, la investigación puede enmarcarse en una disciplina en construcción o aún por construir dentro de las Ciencias Históricas: la *Historia del Presente* o como se ha llamado en los últimos años: *Historia del Tiempo*

Presente.[13] Aunque, sobre los procesos históricos generados por las potencias vencedoras en la Segunda Guerra Mundial, existe una amplia bibliografía, los estudios sobre la estrategia antimisil permanecieron relegados entre los historiadores y politólogos. La complejidad de la temática y las dificultades de historiar un proyecto relativamente reciente con una vasta masa de información desordenada y sin sistematizar, ha conspirado contra las posibilidades de estudiar las causas y los móviles de la estrategia antimisil norteamericana. Los recursos y aportes de la *Historia del Tiempo Presente y de la Teoría de las Relaciones Internacionales* me permitieron determinar los rasgos de nuestro tiempo, del sistema donde interactúan las diversas fuerzas y actores internacionales. El carácter abierto del tema y de los fenómenos analizados me alejó de la rígida división cronológica del tiempo y, lógicamente, permitió un mejor conocimiento y desarrollo de los asuntos expuestos.

Sin embargo, la necesidad académica, docente y política de conocer las diversas problemáticas implícitas en el despliegue de un Sistema Nacional de Defensa Antimisil (SNDA) por los Esta-

[13] La Historia del Tiempo Presente ha recibido, en los últimos años, una atención preferente por parte de historiadores y politólogos. Sobre su carácter y objeto de estudio como disciplina existen diversos puntos de vista. Véanse los trabajos de Mario Pedro Díaz Barrado: "Historia del tiempo presente: sobreinformación y memoria" y de Julio Aróstegui: "Historia del presente, historia de las generaciones vivas". Calendura. Revista Anual de Historia Contemporánea, CEU San Pablo. Elche, Alicante, España, n. 2, julio, 1999.

dos Unidos, me impuso la obligación de enfrentar el reto de la revolución mediática: ni toda ni la más importante información están ya en los libros o sobre el papel, ni el documento escrito resulta el único sostén adecuado y pertinente para escribir la historia. Las nuevas fuentes de la información adquieren un protagonismo tal que matizan y reordenan los tradicionales instrumentos del analista de la política internacional.

El estudio de la estrategia de "defensa" antimisil de los Estados Unidos es importante para las instituciones académicas, la política exterior de Cuba y la historiografía en general, porque su despliegue influiría decisivamente en la recomposición de las relaciones internacionales del siglo XXI, dado su alcance perspectivo para la hegemonía de la única superpotencia mundial, en la dinámica de los vínculos de los Estados Unidos con las principales fuerzas actuantes en el escenario mundial: Unión Europea, Japón, China, Rusia, y sus consecuencias podría estimular nuevos sistemas de alianzas militares y de seguridad regionales, que alterarían el orden y las características del sistema internacional.

En este libro no solo me refiero a los aspectos de política internacional inherentes al despliegue por los Estados Unidos de un sistema antimisil, sino también a sus implicaciones de seguridad y militares, sus conexiones con la economía, la política interna norteamericana y el impacto de la revolución científica y tecnológica en las nuevas tecnologías de los armamentos y otros sectores novedosos del ciberespacio.

A modo de síntesis introductoria, la obra posee

una estructuración de tres capítulos. El primero aborda los antecedentes históricos de la "defensa" antimisil con el surgimiento de la estrategia nuclear norteamericana, la conquista del espacio cósmico, los primeros proyectos antimisiles, todo ello asociado al análisis de las concepciones estratégicas de la política exterior norteamericana y las estrategias de "seguridad nacional" diseñadas para cada período histórico concreto. En este capítulo, expongo una variante de periodización histórica que favorece la interpretación del origen y la evolución del fenómeno.

Un segundo profundiza en la IDE o "Guerra de las Galaxias" como el proyecto más avanzado hacia el despliegue de una "defensa" antimisil, explicando las causas internas e internacionales que influyeron o determinaron el anuncio del plan, sus objetivos, las concepciones y componentes de la "Guerra de las Galaxias"; la reacción de los aliados europeos y la posición adoptada por la URSS, principal rival estratégico de los Estados Unidos en el sistema internacional de la "guerra fría".

La gestión interna del gobierno norteamericano con la IDE, su relación con el Tratado ABM de 1972; las conexiones de la "Guerra de las Galaxias" con la economía, la revolución científico-técnica y tecnológica con su impacto en los nuevos tipos de armamentos, ofrecen una visión integral sobre una estrategia que puede ser considerada una plataforma en la finalidad de los Estados Unidos de desplegar un SNDA.

En el tercero analizo los planes y la argumentación estratégica de las administraciones de William Clinton, George W. Bush y Barack Obama, para desplegar un "nuevo" SNDA, en un escenario mundial caracterizado por el fin de la "guerra fría", tras la desaparición de la URSS. Sus acápites reflejan el debate norteamericano sobre la "defensa" antimisil y los estudios o documentos presentados por sus principales promotores en el gobierno estadounidense. Son relacionados los intereses del despliegue del SNDA con la construcción de la hegemonía norteamericana en el siglo XXI, y enuncio los aspectos que de este proyecto militarista podrían favorecer a la economía norteamericana en su conjunto, con el advenimiento de otra revolución científico-técnica o tecnológica. Se muestra la complejidad del despliegue del SNDA y su viabilidad científica y tecnológica.

Y en este último capítulo, hago una valoración de las repercusiones del despliegue del SNDA y del SDAT para la seguridad internacional y en las relaciones de los Estados Unidos con Europa, Rusia y China.

Una vez concluida esta necesaria introducción, solo deseo someter a la consideración del lector una obra que resume años de intenso estudio y esfuerzo intelectual. Y que simboliza, con toda modestia, mis motivaciones personales por los fenómenos políticos y militares de las relaciones internacionales contemporáneas.

CAPÍTULO I

La "defensa" antimisil y las concepciones estratégicas de la política exterior de los EEUU

1.1 Modificaciones del Sistema Internacional en la posguerra. La bomba atómica: Surgimiento de la estrategia nuclear.

En la histórica primavera del año 1945, cuando ya era evidente la victoria de la antigua Unión Soviética[14] contra las potencias fascistas, la humanidad, que había vivido los trágicos sucesos acontecidos entre los años 1939 y 1945, se preguntaba cómo evitar en la etapa posbélica una nueva conflagración de carácter mundial y sus nefastas consecuencias para la civilización humana.

La lucha contra el *nazifacismo* había unificado los esfuerzos de los países aliados: Estados Unidos, Gran Bretaña, Francia, Unión Soviética, conocidos como los "cuatro grandes", junto con la resistencia de los países ocupados por los ejércitos del Eje: Alemania, Italia, Japón y sus aliados. Pero los intereses, las posiciones de política interna y externa diferían entre el viejo y decadente imperio británico, Francia, el impetuoso capitalismo estadounidense o la socialista

[14] En lo adelante URSS: Unión de Repúblicas Socialistas Soviéticas.

URSS. Los esfuerzos conjuntos exigidos por la guerra mantuvieron ocultas y silenciadas las contradicciones entre los aliados. La historia recordaba que las potencias occidentales: Estados Unidos, Francia y Gran Bretaña, con Winston S. Churchill en la Secretaría de Guerra, apoyaron la ofensiva de los ejércitos "blancos" con la intención de derrotar la recién nacida república de los soviets en el año 1917.

Y estos antecedentes eran, seguramente, evocados por ambos bandos, unidos en una cruzada común contra el fascismo. Por otra parte, emergían las discordancias del momento: Francia buscaba hegemonizar un movimiento europeo, mientras Gran Bretaña miraba con cierto menosprecio a las potencias continentales europeas. Los Estados Unidos aparecían con una aspiración hegemónica que preludiaba un nuevo peligro internacional. La URSS era seguida con admiración, pues la hazaña de un país atrasado y de campesinos en la derrota del fascismo se conjugaba, entonces, con el inicio de un proceso de desarrollo industrial.

Tuvieron lugar dos consecuencias, quizás las más importantes en la conformación del sistema internacional de la posguerra y en la evolución del tiempo histórico posterior, que deben ser resumidas: la aparición de los Estados Unidos y de la URSS, como las principales potencias mundiales y el cambio en la tecnología militar ocasionado por el surgimiento del armamento atómico, lo cual ha tenido inevitables repercusiones en la política internacional y para la supervivencia de la civilización humana.

Fue trascendental para los Estados Unidos que

la Segunda Guerra Mundial no afectara su territorio. Con esa ventaja su economía entró en expansión. Durante la contienda, la industria estadounidense creció a un ritmo dinámico, la producción de manufacturas llegó a triplicarse con respecto a cifras anteriores a la guerra, las disponibilidades de bienes y servicios también aumentaron y la bonanza económica, junto a la creación de un gran contingente armado, le permitió absorber grandes masas desocupadas.

En esa coyuntura de ascenso económico, la administración Roosevelt tuvo el apoyo de los dirigentes del sistema corporativo norteamericano. Los hombres de negocios que dominaban el equipo de Roosevelt simbolizaron el consenso entre el Congreso y el poder Ejecutivo, que había sido presagiado en el invierno de los años 1939-1940, cuando los dirigentes del establishment económico comenzaron a respaldar la política de Roosevelt respecto al Eje fascista. Gracias a la guerra, el imperio norteamericano había recuperado su impulso: una alta tasa de empleo, capacidad de producción y optimismo social. El 40 por ciento de esa recuperación económica correspondió a la industria de armamentos.[15]

Pero no solamente en el plano económico crecieron los Estados Unidos. Las tareas de la guerra le permitieron contar con un flujo de investigaciones en nuevas tecnologías que aprovechó en beneficio de su expansión financiera, militar

---

[15] Véase de William Appleman Williams, "La guerra por la frontera" en: La Tragedia de la Diplomacia Norteamericana, Editorial Edilusa, S. A; La Habana, 1961, p. 169.

y en la política internacional. En términos políticos, se produjo un fenómeno psicológico alentado por sus principales líderes: la mayoría de los sectores sociales y de la opinión pública norteamericana creía que la nación tenía el poderío y la razón suficiente para dictar sus intereses al planeta. Esta percepción de los grupos de poder norteamericanos estuvo relacionada con el hecho de que, frente a la derrota de poderosos Estados capitalistas como Alemania, la declinación del imperio británico, la debilidad de Francia y otras potencias de Europa continental agotadas por la guerra, los Estados Unidos se habían convertido en el único Estado capitalista con todas las dimensiones del poder para defender los objetivo e intereses globales de ese sistema.

La URSS también aumentó su influencia internacional luego de la segunda posguerra. A pesar de haber sufrido la pérdida de 20 millones de personas, la destrucción de muchas ciudades y de su infraestructura industrial durante el conflicto, la URSS experimentó un considerable crecimiento de poder e influencia política en el escenario internacional. La presencia del Ejército Rojo hizo posible el triunfo de las llamadas Democracias Populares en Europa Oriental, con las cuales la URSS formó en esa región un área de protección para sus intereses de seguridad nacional. Los Movimientos de Liberación Nacional asiáticos y africanos, que combatieron contra los imperios coloniales, encontraron en los soviéticos una inspiración ideológica, política e incluso efectiva ayuda internacionalista.

Después del año 1945, con la ampliación a escala planetaria del sistema internacional y sus profundas transformaciones estructurales, la segunda mitad del siglo XX devino, como ninguna otra centuria en la historia de la humanidad, en un período por excelencia de la política mundial. El poderoso movimiento anticolonialista de liberación nacional condujo a la formación de nuevos Estados, prácticamente en todos los continentes. Por primera vez en los anales de la historia, el sistema internacional alcanzó dimensiones efectivamente globales y quedaba dividido en dos bloques políticos y militares antagónicos. La confrontación Este-Oeste, junto con la consecuencia de la solución militar para imponerse al enemigo, nació inmediatamente de la victoria aliada en un período con características cualitativamente nuevas, que no pudo reducirse al tradicional conflicto que oponía, desde su surgimiento en el año 1917, a la URSS y las potencias capitalistas del sistema internacional.

Las tensiones que presidieron esa etapa de las relaciones internacionales se originaron en la postura agresiva asumida por los Estados Unidos en respuesta a la expansión de la revolución mundial en sus dos vertientes fundamentales: socialista y de liberación nacional. Por su pujanza económica, magnitud tecnológica y militar, dada su superioridad aérea y naval, los Estados Unidos se erigieron en la potencia rectora del sistema internacional. En esas favorables condiciones internas e internacionales, la elite de poder apostó al éxito de su gran estrategia para lograr sus pretendidos fines de hegemonismo global, pues estaban convencidos de que muy pronto obtendrían la bomba atómica: el arma de mayor capacidad destructiva y efecto terrorista en toda la historia de la humanidad.

Logrado este objetivo, la bomba atómica pasó a formar parte de la planificación estratégica y política de los Estados Unidos. Para el presidente Harry Truman, la bomba sería, en lo adelante, el mecanismo ideal de imposición de los objetivos norteamericanos al sistema internacional y, en especial, una carta de triunfo para enfrentar a las posiciones de la diplomacia soviética.[16]

Así, la administración Truman comenzó una nueva etapa de la carrera armamentista con la explosión, por primera vez, de una bomba nuclear en el desierto del Estado norteamericano de Nuevo México, el 16 de julio de 1945, y la utilización del territorio de Japón como blanco y polígono de prueba de esa arma, pues seguidamente a la detonación experimental, lanzaron el día 6 y 9 de agosto de 1945, dos artefactos atómicos sobre las ciudades de Hiroshima y Nagasaki. A consecuencia de los bombardeos atómicos contra estas dos ciudades perecieron bajo los efectos de la irradiación 447 000 civiles.[17] Los estrategas militares norteamericanos probaron en

---

[16] Sobre la bomba atómica y la política exterior de los Estados Unidos, véase de Nikolái Yakolev, De Truman a Reagan, les hommes de la Maison Blanche, Moscou, Editions du progres, 1986; De H. S. Truman, Memorias. Años de prueba y esperanza, Barcelona, Editorial Vergara, 1956; y en las memorias de Winston. S. Churchil, "The atomic Bomb" Chapter XXVIII en: The Second World War, Published in Penguin Books, London, 1989, p. 939.

[17] Una cifra estimada que aparece en el libro, La Gran Guerra Patria de la Unión Soviética 1941-1945 en el capítulo "Derrota del Japón militarista", Compendio de Historia, Editorial Progreso, Moscú, 1970, p. 465.

la práctica cuán potente y conminatoria sería la nueva arma en manos de los Estados Unidos.

Este bombardeo no obedeció a una necesidad militar norteamericana puesto que después de la capitulación incondicional de la Alemania fascista y con la terminación de la guerra en Europa, la situación político-militar del Japón[18] empeoró y quedó completamente aislado. En realidad, la acción demostró el poderío bélico alcanzado por los norteamericanos, y que sobre esta base todas las naciones serían intimidadas, en especial, el gobierno soviético. El Secretario de Estado, James Byrnes, ilustró con claridad el interés manifiesto de los Estados Unidos con el bombardeo: "La bomba era necesaria tanto contra el Japón, como para hacer que la URSS resultase más fácil de manejar en Europa"[19]

Los estrategas políticos y militares norteamericanos consideraron que la bomba atómica podía usarse contra los principales centros de dirección de cinco o diez ciudades soviéticas, sin que los Estados Unidos quedaran expuestos a una represalia comparable, porque poseían las únicas armas nucleares en existencia y la experiencia histórica del uso de ese terrible armamento demostraba que "los centros urbanos de Hiroshima y Nagasaki habían sido devastados

[18] Winston S. Churchill dice en sus memorias que al día siguiente del lanzamiento de la segunda bomba atómica contra la ciudad de Nagasaki, el gobierno japonés aceptó el ultimátum de rendición, las tropas aliadas entraron por la bahía de Tokio, y en la mañana del 2 de septiembre, firmaron el documento formal de rendición a bordo del acorazado norteamericano Missouri, véanse estos pasajes en ob. cit; Pp. 939-950.
[19] Citado por William Appleman Williams, ob.cit; p. 198.

sin efectos nocivos perceptibles para el resto del planeta".[20] Otra era la visión de los expertos que participaron en la creación de la bomba atómica, antes y después de la rendición de Japón. Los científicos adjuntos al proyecto Manhattan[21] deseaban concluir sus trabajos de investigación relacionados con el arma nuclear y regresar a los trabajos afines con la física teórica y a sus respectivas vidas cotidianas.

El físico J. Robert Oppenheimer, declaraba con frecuencia: "Cuando la guerra concluya, no hay razón para continuar trabajando en la bomba nuclear (...) ella nos llevará a la comunidad primitiva."

La mayoría de los físicos reflejaron su repulsión al proyecto, después del uso de la bomba atómica en Japón, y su optimismo de que, con el establecimiento de la paz, la investigación y el desarrollo de las armas nucleares podría ser innecesaria. [22]

Con el surgimiento de la estrategia nuclear, los políticos norteamericanos reafirmaron que la

---

[20] Véase de Edward N. Luttwak., ob, cit; p. 166.

[21] Nombre del complejo de organizaciones que trabajaron en la creación de la primera bomba atómica norteamericana. El "proyecto Manhattan" comenzó con la participación de 10 000 personas y una asignación de 2 billones de dólares, según Adam Schulmora en el trabajo, "Bacon's Proof. The Career and Controversies of Edward Teller", The National Interest, Washington, n. 67, Spring, 2002, p.130.

[22] El estado de ánimo de los físicos que participaron en la creación de la bomba atómica aparece en las Memorias de Edward Teller, físico que participó en el proyecto y es considerado el padre de la bomba de hidrógeno. Véase de Edward Teller y Judith L. Shoolery, Memoirs: A Twentieth-Century Journey in Science and Politics, Cambridge, MA: Perseus, 2001; y de Adam Schulmora, artículo citado.

fuerza militar representaría, en fin de cuentas, uno de los factores principales de la política exterior y de la estrategia político-militar estadounidense en las nuevas condiciones del escenario internacional de la posguerra. Por el concepto de fuerza militar comenzó a entenderse, en primer lugar, la capacidad aérea atómica y, más tarde, el potencial misilístico nuclear. La estrategia nuclear ofreció ventajas a los Estados Unidos sobre la URSS. Para Kissinger "sería un medio eficaz para debilitar el control comunista sobre los territorios dominados por los soviets (...) las armas nucleares son "nuestras mejores armas", el resultado de nuestra tecnología más adelantada. Dejar de emplearlas equivale a renunciar a las ventajas de un potencial industrial superior.[23]

Al mismo tiempo, el contexto internacional favoreció que distintas escuelas de pensamiento influyeran en la elaboración de la estrategia político-militar de los Estados Unidos. Una de las más relevantes fue la escuela politológica e histórica de la llamada *Realpolitik*, ("política realista") que enfoca las relaciones exteriores de las grandes potencias, en general, a través del prisma de las relaciones de poder y, en especial, de las relaciones de poder militares. [24]

---

[23] Véase de Henry A. Kissinger, "¿La Guerra Limitada debe ser convencional o nuclear?" En el libro compilado por Donald G. Brennan, Desarme. Control de Armamentos y Seguridad Nacional, Editorial Seix Barral, Barcelona, 1964, p. 171.

[24] Sobre una teoría realista de la política internacional y los seis principios de realismo político, véase la obra de Hans J. Morgenthau, Politics Among Nations. The Struggle for Power and Peace, Alfred A. Knapf, New York, 1967, Pp. 12-26.

El "realismo político" apareció cuando el acceso de los Estados Unidos al status de gran potencia impuso una meditación académica profunda sobre las implicaciones de las nuevas responsabilidades que le incumbían.[25] Las concepciones de la *Realpolitik* o escuela del "realismo político" contribuyeron a la formación teórica de quienes diseñaron la proyección internacional norteamericana durante toda la postguerra. Por su peso argumental, la escuela del realismo político ofreció a la elite del poder estadounidense las tesis conceptuales fundamentales para su política exterior y la formulación de la gran estrategia de la "guerra fría"; además de erigirse en la corriente de pensamiento predominante en los principales estudios académicos y politológicos norteamericanos. El arma atómica, la posesión de la llamada arma absoluta, se convirtió en el núcleo de los nuevos desarrollos teóricos sobre la política exterior estadounidense. Los militaristas norteamericanos consideraron que, en principio, resultaba suficiente la sola amenaza de guerra nuclear para lograr, desde posiciones de fuerza, los objetivos y prioridades estratégicas de los Estados Unidos en el escenario internacional.

En lo adelante, esa concepción recibió prioridad en la propaganda e influencia psicológica sobre la opinión pública mundial y los líderes de los nuevos Estados nacionales independientes, pues mientras los Estados Unidos poseyeran ar-

[25] También de Jacques Jean Roche, Theories des Relations Internationales, Edition Montchrestien, París, 1994, p.63

mas atómicas en sus arsenales "sería impensables defensa alguna" y toda resistencia a los objetivos norteamericanos resultaría inútil. En tales circunstancias, los Estados debían resolver los conflictos mediante concesiones y evitando tomar decisiones contrarias a las exigencias norteamericanas. Esta filosofía revistió alta importancia en la política de Washington contra la URSS. Los políticos de los Estados Unidos se comprometieron en hacer retroceder (to roll back, según la expresión en inglés) el socialismo a través de la consolidación del liderazgo norteamericano y de un expansionismo global conducido bajo los fundamentos teóricos de la "Contención del Comunismo".

La nueva estrategia de "Contención del Comunismo" proclamada por el presidente Truman, el 12 de marzo de 1947, estableció el compromiso de frenar y derrotar a los movimientos populares, socialistas y de liberación nacional, que fueran considerados partes integrantes del expansionismo soviético en cualesquiera de las regiones del mundo. Esta proclama de Truman ha sido tradicionalmente estimada el punto de partida fundamental de la política exterior norteamericana de la "guerra fría". Pero, en realidad, podía ser considerada la expresión final de la estrategia de "firmeza y paciencia" que había estado vigente durante un año para convertirse en la idea o consigna principal en la definición de las relaciones de los Estados Unidos con la URSS.

La retórica de Truman fue coherente con el presupuesto que había respaldado durante casi un año la estrategia de "paciencia y firmeza", pues ninguna política puede ser efectiva si no logra igualar los medios y los fines; y en ese sentido, las fuerzas armadas norteamericanas, que llegaron a 12 millones de efectivos al final de la guerra contra Alemania, habían disminuido a 3 millones para el mes de julio de 1946, y a 1,6 millones un año más tarde. El gasto de defensa, que había sido de 81,6 billones de dólares en el año fiscal de 1945, último año de la guerra, disminuyó a la cifra de 44,7 billones durante el año fiscal de 1946, y a 13,1 billones durante 1947. Además, en el mes de noviembre de 1946, la situación interna de los Estados Unidos se tornaba compleja con la elección de un Congreso republicano preocupado con la economía del país, por lo que no se veían muchas posibilidades de revertir la disminución del presupuesto de defensa. [26]

Sin embargo, la situación de limitados medios y recursos financieros forzó una vez más, como ya había ocurrido durante la guerra, a establecer, dentro de los marcos de la doctrina de la "Contención del Comunismo", la distinción entre intereses vitales e intereses periféricos en la política exterior norteamericana. Pero, en ese contexto, la orientación de los objetivos de la única superpotencia mundial también comprendía que las posibilidades de su política exterior de ningún modo podían limitarse a sus lineamientos esenciales y a esperar tiempos mejores. Para

---

[26] Véase de John Lewis Gaddis, "La Contención antes de Kennan", ob. cit; Pp. 37-38.

los Estados Unidos era enteramente posible influir políticamente con sus acciones en la evolución interna de la URSS, y del Movimiento Comunista Internacional. Se trató de aumentar la tensión bajo la cual tenía que operar la política soviética y, en esa dirección, los norteamericanos promovieron tendencias que debían, eventualmente, encontrar su salida en la fragmentación o en el gradual deterioro del poder soviético.[27]

Con la definición de las concepciones esenciales de la estrategia nuclear de los Estados Unidos, las tensiones recorrieron el sistema internacional. En el período de "guerra fría", las superpotencias convirtieron las bombas nucleares y los misiles balísticos en símbolos de poder para disuadirse mutuamente, pero los Estados Unidos trataron entonces de manipular sus atributos de la manera más efectiva posible mediante la formulación de doctrinas, estrategias y políticas que expresaron su poderío militar y la probable viabilidad de una contienda nuclear en determinados escenarios. Toda una concepción de política exterior que, acompañada de los incesantes avances tecnológicos, estimuló una vasta carrera armamentista extendida a todos los ámbitos, incluido el espacio ultraterrestre.

En sus propósitos de superar en el plano militar cualquier posible rival y dominar el planeta,

---

[27] Sobre los objetivos fundamentales de la política exterior norteamericana en ese momento histórico véase de George F. Kennan: Memorias de un diplomático, Luis de Caralt, Barcelona, 1972, y Las fuentes de la conducta soviética y otros escritos, Grupo Editor Latinoamericano, Buenos Aires, 1991.

a los estrategas políticos y militares norteamericanos siempre les resultó insuficiente el emplazamiento de misiles nucleares en Europa occidental, el aumento de sus bases militares alrededor de la desaparecida URSS, la modernización constante de la tecnología militar y, además, obtener el control militar del espacio para, así, ejercer un poder total sobre la Tierra. Y en estos postulados tienen su génesis los planes de crear una "defensa" antimisil, que coloque a los Estados Unidos por encima de otros Estados en el aspecto militar y, a su vez, proteja el territorio norteamericano de posibles ataques *misilísticos* desde el exterior.

1.2. Periodos históricos del militarismo espacial y la "defensa" antimisil.

En la historia armamentista estadounidense del siglo XX, pueden destacarse cinco etapas o períodos en que los planes de militarización del espacio, bajo el manto de diferentes concepciones de política exterior y estrategias de "seguridad nacional", ocuparon un interés fundamental para el Complejo Militar-Industrial y la proyección hegemónica norteamericana en el escenario internacional.

La primera etapa transcurre desde 1945 hasta el año 1953, cuando la dirección político-militar de los Estados Unidos comenzó a elaborar planes de guerra contra la URSS, a partir de una estrategia de ataque apoyada en el monopolio atómico: la denominada "guerra preventiva". En el primer trienio de trabajo de la administración Truman, entre los años 1945 y 1948, fue elaborada, en detalles, la estrategia de máximo uso del monopolio nuclear norteamericano con el fin de establecer un orden mundial según los intereses de "seguridad nacional" de los Estados Unidos. La política de "Chantaje Nuclear" propugnada por Washington caracterizó la nueva situación estratégica de posguerra.

Con esa estrategia se destacó la necesidad de

crear una posición tal que permitiese a los Estados Unidos resolver los problemas mundiales por su voluntad exclusiva. Un fragmento de la estrategia quedó recogido en un documento secreto de la época emitido por la Junta de Jefes de Estados Mayores el 27 de marzo de 1946, que consagrado a la planificación de la estrategia político-militar del período posbélico, esbozó el tema de la "guerra preventiva". El texto decía que "como modo de "mantener la seguridad", los Estados Unidos debían poseer la preparación y determinación para tomar pronta y efectiva acción militar en el extranjero con el fin de anticipar y prevenir un ataque".[28]

Un documento con similares características, el memorando del 2 de enero de 1946, sobre la futura estrategia de los Estados Unidos, presentado por los dirigentes del "Proyecto Manhattan", señaló que "una parte considerable de las fuerzas armadas estadounidenses estarían constituidas por armas atómicas, incluyendo las fuerzas aéreas, las cuales debían estar preparadas para emprender una inmediata guerra ofensiva contra el enemigo y asestar el golpe nuclear si fuera necesario"[29]

Sin embargo, la historia es testigo que en fechas anteriores, en diversos departamentos del establishment norteamericano, fueron preparados más de diez planes de ataque militares preventivos contra la URSS mediante el empleo del

---

[28] Genrikn Trofimenko, ob.cit; p. 64; véase también de H.S. Truman, ob.cit.

[29] Los planes y documentos norteamericanos que esbozaron posibles ataques militares preventivos contra la URSS fueron presentados por Genrikn Trofimenko, ob. cit; p. 65

arma nuclear. Por ejemplo, el 18 de septiembre de 1945, la Junta de Jefes de Estados Mayores de los Estados Unidos aprobó la directiva 1496/2 llamada "Base para la formulación de la política militar" y, el 9 de octubre de 1945, la número 518 intitulada "Concepción estratégica y plan de empleo de las fuerzas armadas de los Estados Unidos".

En estos documentos, la URSS figuró como el enemigo al que había que hacer la guerra. La directiva 1496/2 incluyó el postulado sobre el "primer golpe". Y, también, el 3 de noviembre de 1945, el Comité Conjunto de Inteligencia norteamericano enumeró en el documento registrado con el código 329, veinte ciudades soviéticas que debían ser sometidas al bombardeo atómico. Otro plan que preveía el mismo fin se llamó *Charioteer*. Estructurado a mediados del año 1948, el *Proyecto Charioteer* propuso arrojar 133 bombas atómicas sobre 70 ciudades soviéticas. Los planificadores de la guerra en los Estados Unidos calcularon que, de los 28 millones de habitantes de esas ciudades, debían perecer 6.7 millones en el primer mes del conflicto.

Con estos planes, la doctrina de la "Contención del Comunismo" previó la utilización del desarrollo alcanzado por la tecnología y la ciencia militar para destruir a la URSS. Incluso, llegó a pensarse "en la posibilidad de la aplicación de la aviación estratégica para con su capacidad despoblar vastas áreas de la superficie de la Tierra, en la que sólo quedarían vestigios de las obras materiales producidas por el hombre"[30]. El pentágono pudo haber reafirmado esa conclusión después de valorar el éxito de un ensayo del arma nuclear realizado en el polígono de Bikini, en el Océano Pacífico, durante el verano del año 1946.

Este nuevo experimento impulsó las ideas de los militaristas partidarios del despliegue de una guerra nuclear total. En el mes de octubre de 1947, el Comité de Jefes de Estados Mayores informó al presidente de la Comisión de Energía Atómica de los Estados Unidos[31] que existía un requerimiento militar: "Si aproximadamente 400 bombas atómicas con un poder destructivo equivalente al tipo de bomba lanzada sobre Nagasaki, o sea, si casi 20 kilotones[32] fuesen arrojados aproximadamente sobre 100 objetivos urbanos del enemigo, provocaría la matanza colectiva de una nación a consecuencia de la destrucción de su base industrial urbana".[33]

Aunque, en ese momento los Estados Unidos todavía no contaban con 400 bombas atómicas, el plan Harrow,[34] de guerra aérea contra la

---

[30] Ibídem, p. 67.

[31] Organismo responsable de la producción de ojivas nucleares

[32] La potencia destructiva del arma nuclear es definida en toneladas de explosivo ordinario (trinitrotoluelo: TNT), cuya explosión puede dar el mismo efecto que la carga nuclear dada. Un kilotón (Kt) es igual a mil toneladas de TNT, un megatón (mt), a un millón de toneladas de TNT.

[33] Véase de David Alan Rosenberg. "American Atomic Strategy and the Hydrogen Bomb Decision". The Journal of American History, n.1, v. 66, June 1979, Pp. 67-68.

[34] El Pentágono utilizó nombres codificados para identificarlos.

URSS, contenía el lanzamiento de 50 bombas atómicas sobre 20 ciudades soviéticas. Pero, como en ese instante los norteamericanos aún carecían de los medios de traslado del arma nuclear auténticamente intercontinentales, se pensó que el ataque atómico aéreo debía ser realizado desde los aeródromos de Inglaterra y desde la región del canal de Suez y el Cairo, Egipto. De esta forma, los preparativos de guerra contra la URSS sirvieron para profundizar las investigaciones sobre la creación de nuevos tipos de armas ofensivas: los misiles balísticos intercontinentales.

Para garantizar estos proyectos, en el mes de agosto de 1948, el Consejo de Seguridad Nacional de los Estados Unidos aprobó la directriz Nro. 20/1 intitulada "Objetivos de los Estados Unidos con respecto a la URSS", con los siguientes incisos:

- Reducir el poderío y la influencia de Moscú a los límites en que deje de ser una amenaza para la paz y la estabilidad de las relaciones internacionales.
- Alterar de raíz la teoría y la práctica de las relaciones internacionales a que se atiene el gobierno que ejerce el poder en Moscú; y luego la directriz afirmaba: Se trata ante todo de que la Unión Soviética sea débil en los aspectos político, militar y psicológico, en comparación con las fuerzas exteriores situadas fuera de su control".[35]

---

[35] Tomado de Quienes amenazan la paz. Cuarta edición. Editorial Militar y Progreso, Moscú, 1987, p. 14.

Bajo estas orientaciones, en la segunda mitad de los años cuarenta, en particular cuando la crisis de Berlín en 1948, los Estados Unidos preparó condiciones y estuvieron tentados en recurrir a la "guerra preventiva" contra la URSS.[36]

Los sectores militaristas estadounidenses también analizaron que otra variante de conflagración debía ser una coalición constituida por los aliados europeos en la primera línea de fuego que fuera capaz de garantizar la superioridad militar aplastante sobre el Estado soviético. Con esa perspectiva quedó constituido, en 1949, el bloque de la Organización del Atlántico Norte (OTAN). Mas los cálculos de los estrategas del Pentágono concluyeron que si bien los Estados Unidos podrían obtener la devastación de la URSS, con el uso de su limitada reserva de armas nucleares, no resultaba insensato pensar en el carácter improbable de la derrota militar final del Estado soviético. Con estos razonamientos, y para evitar la pérdida del balance de poder favorable en Europa Occidental, ya que la URSS respondería contra los aliados europeos, pudo ser frenada, durante los años 1946-1949, la posibilidad de una "guerra preventiva" contra el territorio soviético.

En cambio, cuando en el mes de septiembre del año 1949, la URSS anunció que había creado el arma atómica un "escudo protector" para las naciones socialistas que puso fin a la extorsión nu-

[36] Genrikn Trofimenko plantea que el Secretario de Defensa de los Estados Unidos, James Forrestal, solicitó al presidente Truman que se emplease el arma atómica, ob. cit; p. 67.

clear de los Estados Unidos, los estrategas militares norteamericanos se vieron obligados a considerar la modificación de sus proyecciones hasta tanto pudieran crearse las condiciones para producir nuevos medios sofisticados que dieran una evidente superioridad cualitativa a sus fuerzas militares frente a las soviéticas, pues tenían entre sus propósitos disponer en un plazo breve de la bomba de hidrógeno y de perfeccionados misiles balísticos intercontinentales.

De esta intención dejó testimonio Edward Teller en sus memorias: "En enero de 1950, el presidente Truman anunció su decisión de continuar trabajando con todas las formas de armas nucleares, incluida la bomba de hidrógeno". El propio Teller estuvo dispuesto a poner todas sus energías en el desarrollo del programa de la bomba termonuclear solo con el apoyo del gobierno norteamericano, si no obtenía el sostén mayoritario de los físicos de los Estados Unidos.[37]

La prueba de la bomba atómica por la URSS causó intranquilidad en la sociedad norteamericana. Originó en pleno macartismo una ansiedad nacional y un miedo combinado a las armas atómicas y a la supuesta amenaza comunista. A pesar de que los científicos norteamericanos, que habían desarrollado la bomba atómica, en el año 1945, predijeron que la URSS ya poseía los

---

[37] Véase de Edward Teller y Judith L. Shoolery, ob. cit; y de Adam Schulmora, artículo citado.

conocimientos teóricos esenciales para desarrollar su propio artefacto en un plazo de cinco años, el gobierno de los Estados Unidos procuró rápidamente culpar de la pérdida de su monopolio nuclear a los sospechosos agentes comunistas. [38]

Luego de la pérdida del monopolio del arma atómica, los norteamericanos diseñaron las respuestas necesarias al emergente poderío soviético. Comenzó un proceso de revalorización de la estrategia militar y el uso del arma nuclear como su principal instrumento de presión política en las relaciones internacionales. Sobre el contenido de la doctrina política general de la "Contención del Comunismo", fue elaborada la estrategia político-militar de contención de la URSS. El eslabón esencial de la doctrina era el aumento de la capacidad combativa e industrial de todo el complejo militar en el marco del mantenimiento de la primacía de los Estados Unidos mediante el perfeccionamiento del arma nuclear y de los medios de envío.

Por tanto, lo característico y central en la aplicación de la doctrina de la "Contención del Comunismo" sería "la postura militarista global, llevada a cabo a través de la militarización de los Estados Unidos en todos los ámbitos, la creación de todo un sistema de alianzas militares alrededor del mundo y el desarrollo de un sistema de bases aéreas y navales, verdadero cinturón

---

[38] Los esposos Rosemberg fueron víctimas de esa acusación, una recopilación de materiales que dejaron testimonio de la época consúltese en la obra de Ethel y Julius Rosemberg, Seremos Reivindicados por la historia, Editorial de Ciencias Sociales, La Habana, 1977, p. 19.

de fuego en torno a los nacientes estados socialistas de Europa y Asia (...) La histeria anticomunista sirvió bien al propósito de la militarización del país."[39]

La "Contención del Comunismo", cuyo término generalmente se utilizó para caracterizar la política norteamericana contra la URSS durante la posguerra, puede considerarse como una serie de intentos destinados a enfrentar las consecuencias y los resultados políticos de las negociaciones entre las potencias vencedoras en la Segunda Guerra Mundial. La idea radicó en impedir que la URSS utilizara el poder y la posición favorable geopolítica ganada en la remodelación del orden internacional de posguerra, perspectiva que pareció en occidente no menos peligrosa que cualquier acción de esa naturaleza por Alemania o Japón, en caso de haber tenido esa oportunidad.[40]

Con esa visión fue examinada la posibilidad de otra conflagración mundial o una guerra de coaliciones; se pormenorizaron cuáles serían los posibles aliados de la URSS y de los Estados Unidos; así como los países amigos que estarían

---

[39] De la "Contención del Comunismo", véase la Tesis Doctoral de Roberto González Gómez, Doctrinas y Concepciones Estratégicas de la Política Exterior Norteamericana en la Guerra Fría (1947-1991), p. 9, Instituto Superior de Relaciones Internacionales "Raúl Roa García"; de Genrikn Trofimenko, ob. cit; p. 68 y la obra de John Spanier, La política exterior norteamericana a partir de la Segunda Guerra Mundial, Buenos Aires, Grupo Editor Latinoamericano, 1991, p. 40.

[40] Véase de John Lewis Gaddis, "La Contención antes de Kennan", ob. cit; p. 18; y la obra: "Estados Unidos y los orígenes de la Guerra Fría, 1941-1947", Grupo Editor Latinoamericano, Buenos Aires, 1989.

obligados a poner su territorio y recursos a disposición de las potencias occidentales. El objetivo final de la guerra de coaliciones debía ser la derrota militar de la URSS y de sus adeptos en un grado tal que permitiese a los norteamericanos la realización de sus "intereses nacionales". 41

Así, los Estados Unidos se propusieron desatar una carrera de armamentos nucleares que centró sus objetivos en el perfeccionamiento cualitativo del arma nuclear y un rápido desarrollo de los medios de envío. Las bases de este programa fueron conocidas en la directiva 68 firmada por el presidente Truman, el 1 de enero de 1950, que orientó el comienzo de los trabajos para la obtención del arma termonuclear o de hidrógeno. La directiva 68 del Consejo de Seguridad Nacional ordenó el incremento de los arsenales nucleares e impuso el armamentismo. Sus instrucciones apuntaron que los Estados Unidos solamente emplearían armas atómicas en respuesta a su primer empleo por el agresor, pero que no se podría hacer una declaración pública de esta naturaleza a no ser que Washington renunciase a sus objetivos estratégicos.[42]

Según la directiva 68 del Consejo de Seguridad

---

[41] Véase de Genrikn, Trofimenko, ob. cit, p. 69.

[42] El texto de la directiva 68 puede leerse en la obra de Thomas G. Patterson y Dennis Merril, Major Problems in American Foreign Relations, Documents and Essays, vol. II, "Since 1914.", Pp. 580-582; véase de Nikolái Yakolev, ob. cit; y su artículo: "¿Cómo desencadenó los Estados Unidos la carrera de armamentos nucleares?", Suplemento de Tiempos Nuevos, Moscú, 1982, p. 3.

Nacional, los preparativos para la guerra imponían a la economía norteamericana aumentar el presupuesto militar y cuadruplicar los gastos militares en 50000 millones de dólares. En términos prácticos, el desencadenamiento de las acciones militares quedó en dependencia del momento en que la administración estuviera convencida de la superioridad técnica y militar de los Estados Unidos frente al bloque del Este encabezado por la URSS.

Aprobado por el presidente Truman, en el mes de septiembre de 1950, el memorando 68 determinó durante mucho tiempo la gran estrategia de los Estados Unidos con respecto a la URSS y sus aliados. El documento definió a la URSS como el enemigo principal de los Estados Unidos, y previó el desarrollo de la confrontación Este-Oeste mientras el gobierno soviético mantuviera incólume su sistema político socialista.

Del memorando salieron concretas tareas de orden militar. Tomó prioridad la construcción de las fuerzas armadas norteamericanas y la táctica para su despliegue. El Complejo Militar-Industrial buscaría la superioridad atómica sobre la URSS, y se conquistaría el dominio del espacio. Y aunque, hasta el año 1957, no apareció la fabricación en serie de los cohetes dirigidos para bombarderos estratégicos, se privilegió la modernización de la aviación, que en esencia debía despegar de las bases instaladas en Europa. La administración Truman desplegó un vasto programa de construcción de bases aéreas en el Océano Ártico, Europa y en el Lejano Oriente.

Para justificar todas estas acciones armamentistas, la estrategia de Contención intensificó su propaganda sobre la "amenaza soviética". La guerra de Corea, desencadenada en connivencia con los sectores de poder norteamericanos, se convirtió en el pretexto esperado para acelerar el rearme de Occidente contra la URSS. Este conflicto estimuló la construcción militar de los Estados Unidos y evitó una recesión económica. De conjunto con las razones estrictamente económicas que obligaron a mantener el presupuesto de "defensa" a un nivel elevado, la gran fuerza que impulsó a los Estados Unidos a la guerra fue el anticomunismo, la necesidad vital de oponerse a toda tentativa de pérdida de influencia internacional y al Socialismo en sus fronteras.

Este argumento lo corroboró el general norteamericano O'Donnell, uno de los militares más proclives al bombardeo estratégico del territorio coreano, cuando manifestó la naturaleza de sus frustraciones personales: "El comando para el bombardeo estratégico había sido creado para realizar la ofensiva atómica en el corazón del enemigo, en mi opinión, la bomba atómica debía haber sido usada contra los chinos". [43]

Sin precedentes en la historia, durante la guerra de Corea, la administración Truman confió en las armas nucleares para lograr sus fines militares en un teatro de operaciones militares

[43] Véase en el capítulo "Seoul abandonada otra vez", del libro de Irving F. Stone, La historia oculta de la Guerra de Corea, Colecciones de Documentos Políticos. Imprenta Nacional de Cuba, 1970, p. 261

considerado como periférico. Los Estados Unidos estaban preparados para una escalada bélica mucho más intensa, pues enviaron a ese conflicto los medios más avanzados para el lanzamiento de armas nucleares. Después de los enormes gastos asumidos por los norteamericanos y sus correspondientes pérdidas materiales y humanas en el campo de batalla de la península coreana, el gobierno estadounidense estuvo compelido a suscribir, el 27 de julio de 1953, un armisticio que reconoció en el llamado empate militar de Corea, una derrota para la potencia capitalista más poderosa de la época.

Pero en el establishment imperial "se convirtió en artículo de fe que la amenaza nuclear había sido decisiva para producir el armisticio de julio de 1953; "si este se quebraba", dijo Eisenhower a los líderes del Congreso a principio de 1954, "el plan era golpearlos con todo lo que tenemos".[44] La tendencia dominante en el pensamiento político, económico y militar de los Estados Unidos, había sido el susto a la paz. En ese estado de temor estuvo la motivación oculta de la guerra de Corea.[45]

En este período los Estados Unidos mantuvieron su poder hegemónico global sustentado en un amplio acceso a las fuentes de materias primas en casi todas las regiones del sistema internacional, el control mundial de sus aliados por medio de sus redes de bases militares dotadas

---

[44] Comentado por Jonh Lewis Gaddis, véase en "Implementando el "New Look", ob. cit; Pp. 187-188.

[45] Véase "Van Fleet resume su pensamiento", en la obra de Irving F. Stone, ob. cit; Pp. 371-372.

de bombarderos estratégicos intercontinentales y submarinos atómicos. Con su fortaleza económica y el alto valor del dólar, los norteamericanos ejercieron un incuestionable protagonismo en la evolución de los procesos políticos, económicos y financieros que se desarrollaron en la posguerra. No obstante, la primera preocupación del público norteamericano, apenas terminadas las hostilidades, volvería a ser la conversión de su industria de guerra en una infraestructura de paz y evitar que el sistema económico sufriese una grave depresión económica.

Por ello, la política de Contención de Truman, desde el año 1947, puso su acento en la continuidad de la expansión económica y en evitar una caída de las exportaciones mediante un esquema de intensificación del comercio internacional de los Estados Unidos y la ampliación de la empresa privada. Con esta estrategia económica, la administración do Truman persiguió eludir que la excesiva militarización del pensamiento político norteamericano exacerbara la tendencia de los ciudadanos a adoptar un punto de vista desesperado y dramático en cuanto a una confrontación militar con la URSS, y sus respectivos efectos en la calidad de vida del pueblo estadounidense.

Mientras esto sucedía, los sectores de la industria militar norteamericana seguían dominados por el temor a las consecuencias de la paz sobre la economía. Este miedo dictaba las acciones de los políticos y los grandes hombres de negocios. Una economía habituada a las inyecciones cada vez más grandes del narcótico inflacionista temblaba ante la idea de que podía faltarle su mortal estímulo. El camino de la guerra era, más que nunca, la línea de menor resistencia con la llegada de la paz en Corea, y existieron indicios de preparativos para nuevas "coreas" en Indochina u otras regiones.

La comprensión de que a la industria le sería difícil sobrevivir en una "economía de libre empresa" unió el talento económico y militar norteamericano. Los líderes empresariales entendieron que los gastos sociales podrían estimular la economía, pero prefirieron la alternativa militar, por razones relacionadas con privilegio y poder, no con la "racionalidad económica". Los grupos empresariales consideraron los gastos de "guerra fría" de Truman, una fórmula mágica para tiempos buenos e interminables y fueron observados como una forma de insertar nueva fuerza en toda la economía. Tomó crédito el criterio de que el Keynesianismo militar debía ser aplicado con todo éxito en la reconstrucción de las sociedades capitalistas,[46] y, como un instrumento de regulación económica estatal, para el desarrollo de un capitalismo monopolista de Estado en los Estados Unidos.

En *un segundo período, enmarcado del año 1953 hasta el final de esa década*, los Estados Unidos concibieron aplicar la estrategia de "Represalia Masiva". El gobierno republicano del presidente Eisenhower, llegado al poder en el

---

[46] Véase el ensayo de Noam Chomsky, "Democracia y Mercados en el "Nuevo Orden Mundial", en: La Sociedad Global. Educación, Mercado y Democracia, Casa Editora Abril, La Habana, Pp. 21-25.

mes de enero de 1953, firmó la tarea de introducir correcciones a la política exterior y a la estrategia político-militar de los Estados Unidos. Un fundamento de este enfoque consistía en concentrar los esfuerzos del Pentágono en el perfeccionamiento de las armas termonucleares estratégicas y, con esta muy poderosa "nueva" fuerza, proyectar hacia la URSS los intereses de la política global norteamericana.

Y esta determinación apareció porque, más allá de la URSS, el escenario internacional se tornaba hostil a la política exterior norteamericana con la victoria de la revolución China, la derrota en Corea, y el crecimiento de los Movimientos de Liberación Nacional en los pueblos de Asia, África y América Latina. Estos acontecimientos fueron percibidos por los círculos gobernantes de los Estados Unidos como un fracaso de la estrategia de Truman tendiente a la "reducción de la fuerza e influencia soviética" en el escenario internacional.

Entonces, se presentaron en el Congreso numerosos estudios sobre los problemas de la aplicación masiva del arma nuclear, que habían sido realizados durante el gobierno de Truman por el Comité de Jefes de Estados Mayores y por otros departamentos militares. Y, como resultado, surgió la estrategia de "Represalia Masiva" proclamada oficialmente por el Secretario de Estado norteamericano, John Foster Dulles, en su discurso ante el Consejo de Relaciones Exteriores en Nueva York, el 12 de enero de 1954.

La concepción de "*Represalia Masiva*" significó que en la máxima dirección política estadounidense había triunfado el punto de vista del Comando Aéreo Estratégico, fuerza que en aquel tiempo era la única capaz de utilizar el arma nuclear estratégica. En su discurso Foster Dulles afirmó: "Con la intención de eliminar los elementos negativos de la precedente estrategia, el gobierno de los Estados Unidos ha elaborado una nueva estrategia que se plantea el objetivo de una mayor confianza en el poder de disuasión y una menor dependencia del poder defensivo local".[47]

Inspirado en las prescripciones de la doctrina de "*Represalia Masiva*" y el liderazgo científico, tecnológico de los Estados Unidos, el presidente Dwight Eisenhower aprobó la "nueva línea" de planificación estratégica y la construcción de las fuerzas armadas norteamericanas. En consecuencia, los funcionarios de la administración hicieron un concertado esfuerzo público destinado a borrar la distinción entre armas nucleares y no nucleares que la administración anterior había procurado establecer. Las armas atómicas habían adquirido virtualmente un status convencional en el ejército estadounidense. Los norteamericanos vieron en las armas nucleares un paso más en la creciente capacidad destructiva de los armamentos modernos, un adelanto más o menos equiparable a la pólvora. Eisenhower fue un poco más lejos cuando comentó en público: "No veo el motivo que impida utilizarlas del mismo modo con que usábamos una bala o

[47] The Department of State Bulletin USA, n. 761, v. XXX, Washington, January 25, 1954, p.107.

cualquier otra cosa".[48] En los años 1953 y 1954 nació un moderno vector: el bombardero estratégico B-52, portador de armas termonucleares y en los arsenales aparecieron armas nucleares tácticas.

Las concepciones de la administración Truman parecían superadas por el nuevo equipo gobernante en la Casa Blanca. La directiva del Consejo de Seguridad Nacional 162/2, aprobada por Eisenhower, el 30 de octubre de 1953, propuso el uso de armas nucleares incluso en guerras locales. Además, Eisenhower hizo esfuerzos para imponer a sus aliados el armamentismo norteamericano y llevarlos, de ser necesario, a la línea avanzada del frente de combate. En la directiva 162/2 se subrayó que los Estados Unidos no podían asegurar sus necesidades de defensa ni siquiera a un alto precio sin el apoyo de sus aliados.[49] Para convencer a los europeos occidentales de la dimensión de la alianza, los Estados Unidos emplazaron armas nucleares tácticas en Europa.

Por otro lado, los ideólogos de la estrategia de "Represalia Masiva" adujeron liquidar la dispersión de las fuerzas y medios de los Estados Unidos con la edificación de unas "fuerzas armadas equilibradas" que les diera la posibilidad de "economizar" la inversión de medios y recursos en lo que estimaron el tipo principal de fuerzas armadas: la aviación estratégica. En el conjunto

[48] Véase en "Eisenhower, Dulles y el New Look" de John Lewis Gaddis, ob.cit; p.168.

[49] Nikolái Yákolev, artículo citado, p. 5; véase del mismo autor, ob. cit.

de medidas tomadas por el equipo de Eisenhower, en el campo de la construcción estratégica, sobresalió la resolución de intensificar los trabajos de creación de cohetes balísticos de largo alcance. En la década de los años 50´, por más que el gobierno de los Estados Unidos supo que la URSS hacía sus propias investigaciones sobre el arma termonuclear y los cohetes balísticos, la naturaleza bélica de sus concepciones solo les permitía observar un escenario futuro de supremacía militar y tecnológica.

Sin equívocos, la insistencia de los estrategas norteamericanos en la superioridad de los Estados Unidos sobre la URSS, en el ámbito de los medios de envío del arma atómica, llevó a la administración a asumir la doctrina de "Represalia Masiva". Precisamente, en este período aumentaron las reservas de armas nucleares y el Comando Aéreo Estratégico se sumó a la expansión de los arsenales nucleares estadounidense. Las causas de esas motivaciones armamentistas estuvieron en el ascenso continuo de los éxitos de la URSS en la consolidación de sus proyectos defensivos. Primero, en el año 1953, la sorpresiva declaración oficial soviética sobre la creación del arma de hidrógeno exacerbó las tensiones con los políticos republicanos y después, en el verano del año 1957, ensayó con todo éxito el lanzamiento de un cohete balístico intercontinental (R-7) y realizó nuevas pruebas científico-militares para el perfeccionamiento de las armas nucleares.

El proyecto misilístico soviético llamado R-7 estuvo dirigido por el ingeniero aeronáutico ucraniano Serguei P. Koriolov, quien luego de asimilar la tecnología de la cohetería alemana, logró el misil balístico R-5, capaz de lanzar un arma nuclear a 1200 Km de distancia. En una audaz presentación, Koroliov propuso cancelar los trabajos que, desde el año 1949, se realizaban para crear el R-3, con alcance de 3000 Km, a favor del proyecto R-7, un misil intercontinental preparado para enviar una carga nuclear de 5400 Km a 8600 Km de distancia. Y, en el mes de octubre de 1957, junto a un satélite de 84 Kg de peso, el cohete R-7 colocó en la órbita *circunsterrestre* el primer satélite artificial de la Tierra (Sputnik), lo cual atemorizó al gobierno que en más de una ocasión había amenazado a la URSS con el uso del arma nuclear. [50]

Con esta hazaña en materia espacial, la URSS debilitó, en la segunda mitad del siglo XX, el liderazgo científico y técnico proclamado por los Estados Unidos. Los nuevos descubrimientos tecnológicos logrados por los soviéticos influyeron significativamente en la situación estratégica global y erosionaron la superioridad militar obtenida por los Estados Unidos tras el fin de la Segunda Guerra Mundial. Con la agudización de la confrontación entre ambos países y el auge de la carrera armamentista, las consecuencias

[50] Los primeros cohetes lanzadores fueron una consecuencia de la creación de los misiles balísticos de alcance intermedio e intercontinental: poderosas armas de guerra. Al volar en trayectorias elípticas, alcanzan una altura máxima de centenares de kilómetros, para descender luego como proyectiles de artillería y descargar golpes nucleares sobre blancos a miles de kilómetros del punto de lanzamiento.

de una guerra adquirieron un carácter más devastador.

Había caído un mito difundido en aquel entonces: el retraso científico-tecnológico de la URSS respecto a los Estados Unidos. El *Sputnik* soviético quebró la convicción según la cual las armas y la ciencia estadounidenses eran superiores a cualesquiera otras en el mundo. El propio Eisenhower reconoció en sus memorias esta situación: "El *Sputnik* reveló la vulnerabilidad psicológica de nuestro pueblo (...) los satélites soviéticos fueron un triunfo tecnológico genuino, pero esto fue sobrepasado por su valor propagandístico".[51] En reconocimiento a la verdad histórica, las concretas conquistas técnicas de la URSS rebasaron la acción de la publicidad. Sorprendieron y neutralizaron el mito de la "omnipotencia nuclear" de los Estados Unidos. Sin embargo, los norteamericanos preferían que los soviéticos estuvieran en la Luna antes que en Detroit.[52]

El generalizado temor en la cúpula militar hizo que el presidente Eisenhower, en el año 1957, orientara el permiso de usar el arma nuclear si los Estados Unidos caían en el peligro de un ataque nuclear soviético,[53] lo cual ratificó más tarde

---

[51] Dwight Eisenhower. The White House Years. Waging Peace 1956-1961.N.Y. Doubleday and Co, 1963, Pp.116-126.

[52] Declaración irónica de Charles Wilson, Secretario de Defensa de los Estados Unidos citada por Claude Julien en la obra, El Imperio Norteamericano, Editorial de Ciencias Sociales, La Habana, 1970, p. 270.

[53] Véase esta evidencia en el trabajo de Warren P. Strobel, "Archives Slowly Yielding their Secrets". U.S. News & World Report, Washington, v. 127, n. 15, october 18, 1999, p. 44.

a raíz de la crisis de Berlín de los años 1958 y 1959, cuando dijo: "Si se tornara necesario recurrir a las armas, nuestras tropas en Berlín serían rápidamente superadas, y el conflicto se convertiría casi inevitablemente en una guerra global. Para este tipo de guerra nuestras fuerzas nucleares eran más que adecuadas".[54]

Para conservar su credibilidad, Eisenhower no cuestionó la posibilidad de mantener en forma "limitada" las guerras nucleares. La actitud del presidente también reflejó la superioridad de los Estados Unidos con respecto a la URSS en armas nucleares y en los medios de lanzamientos, pese a que los soviéticos ya estaban adquiriendo la capacidad, con sus misiles de largo alcance, de disuadir el poderío norteamericano. Esta situación hizo que, en el frente de la política interna, Eisenhower no tuviera otra alternativa que enfrentarse a una oposición defensora de la existencia de una "brecha *misilística*" entre la URSS y los Estados Unidos, después de la "crisis" provocada por la URSS con el lanzamiento del *Sputnik*.[55]

Disminuida la conmoción internacional del lanzamiento del *Sputnik*, un hecho que se convirtió en un instante crucial y sin parangón en la historia de la civilización, los norteamericanos agilizaron sus planes de extender la carrera armamentista al espacio cósmico con la intención de imponer un control total sobre el planeta desde los

---

[54] Véase de Dwight Eisenhower, ob.cit; p. 336.

[55] Véase en "Implementando el "New Look" de John Lewis Gaddis, ob.cit; Pp. 194-202.

confines ultraterrestres. El presupuesto de la investigación espacial en un período de diez años aumentó de $334 millones de dólares a $7,230 millones.[56] La confrontación soviético-norteamericana impuso un presupuesto que ningún grupo de presión estadounidense había logrado aprobar a instancias del Congreso y el Ejecutivo en toda la historia de esa nación.

Entonces, fueron creados tres grupos de trabajo con el fin de analizar las causas del atraso en las investigaciones espaciales y, sobre la base de las conclusiones, se presentó al gobierno un conjunto de recomendaciones relativas a las formas más adecuadas de superar los obstáculos existentes. Entre las propuestas aprobadas ocuparon un lugar relevante: la necesidad de dispersar lo más rápido posible las bases de la aviación estratégica, el diseño de un sistema antimisil, el fortalecimiento de la defensa civil, la promoción de las investigaciones básicas aplicadas y el desarrollo de las capacidades en fuerzas convencionales para librar "guerras limitadas".

En ese contexto proliferó la idea de potenciar los diseños de satélites militares, aparatos pilotados, armas instaladas en el espacio, estaciones orbitales de combate y bases de misiles en la Luna. Aunque estos planes se discutieron con urgencia no pudieron llegar a la fase de ejecución debido en lo fundamental a la escasez de recursos financieros para asumir los programas y el nivel de la ciencia estaba por debajo de las as-

---

[56] Datos tomados de Claude Julien, ob. cit; p. 271.

piraciones tecnológicas de los proyectos mencionados.

No obstante, continuaron los esfuerzos en algunas áreas específicas. Los encargados del programa de cohetes balísticos de la Fuerza Aérea consideraron que debían dar prioridad a la elaboración de satélites militares de reconocimiento. Este plan, denominado en inglés "*Pied Piper*", comenzó el lanzamiento experimental de distintos tipos de satélites e influyó en la transferencia del programa espacial estadounidense a los estrategas militares. El Pentágono intensificó sus labores de investigación, elaboración y utilización de nuevos sistemas de armamentos cósmicos para ampliar las posibilidades de su estrategia militar. Ya en 1958, en los inicios de la era cósmica, los norteamericanos comenzaron los bocetos de las armas anti satélites que tendrían la misión de colocarse en la órbita necesaria, interceptar y destruir los satélites enemigos. A ese programa, el primero en el proceso de militarización del espacio cósmico, se le denominó "*Spacetrack*" y fueron creados sistemas de intercepción cósmica con misiles balísticos para ser lanzados desde bases en tierra.

En el mes de octubre de 1959 ocurrió el ensayo de un misil desde un bombardero B-47 que interceptó el satélite "Explorer-6". Por sus características técnicas y al haberse realizado sobre la base de los cohetes Nike-Zeus y Thor, el sistema probado pudo considerarse el prototipo de las armas anti satélites. Otros programas desarrollados fueron los satélites de espionaje *Samos* (observación óptica), *Midas* (observación con infrarrojo) y el proyecto *Discoverer* que procuró soluciones técnicas para los satélites de apoyo a las fuerzas armadas en tiempos de paz, en conflictos locales y como componentes de futuras armas espaciales.

En las islas del Pacífico, se crearon dos sistemas anti satélites, en el año1963, en el atolón de Kwajelin, con la utilización del cohete antimisil *Nike-Zeus* y, en el año 1964, en la isla Johnston, con el empleo de misiles modificados tipo *Thor-Agena* portadores de ojivas nucleares. También fue erigida en la isla atlántica de Ascensión una instalación de rastreo de misiles teledirigidos, por entonces a pruebas y, en el año 1966, un contingente de la Agencia Nacional de la Aeronáutica y el Espacio (NASA, por sus siglas en inglés) arribó a la ínsula para probar la eficacia del sistema Lunar *Rover*, un sofisticado equipo que trajo a la Tierra diversas muestras e imágenes de la Luna.

Y, entre los años 1959 y 1962, el Departamento de "Defensa" norteamericano construyó un grupo de barcos para las mediciones telemétricas y la trayectoria de lanzamiento de los cohetes balísticos intercontinentales y los satélites, determinando las coordenadas de los puntos de caída al agua de las cápsulas lanzadas desde los satélites de destino militar. En el año 1963 fue iniciado el funcionamiento de los barcos de seguimiento responsables de la investigación detallada del vuelo de las ojivas en el tramo descendente de la trayectoria y, antes de concluir la década, surgieron las embarcaciones garantes de asegurar el despliegue del programa "*Apollo*" de vuelos a la Luna.

Una de las facetas más costosas de la "guerra fría" fue la competencia soviético-norteamericana hacia la Luna. Ambos países aceleraron amplios programas para su exploración y la fabricación de naves automáticas. El alunizaje de astronautas constituyó un objetivo de primer orden para los norteamericanos. En el mes de abril de 1961, a solo dos días del primer vuelo del hombre en un satélite artificial de la Tierra, protagonizado por el piloto soviético Yuri Gagarin en la nave Vostok-1, el gobierno de los Estados Unidos decidió emprender el proyecto "*Apollo*", que consistió en desembarcar un ser humano en la Luna y retornarlo a la Tierra.

Para las diferentes misiones de "*Apollo*", los norteamericanos crearon, en un plazo de cinco años, los cohetes *Saturn*: primeros lanzadores no derivados de misiles balísticos. El grupo de científicos a cargo de estos medios estuvo encabezado por el alemán Wernher Von Braun[57], quien, el 31 de enero de 1958, colocó en órbita el Explorer-1, primer satélite artificial de los Estados Unidos, luego del fracaso oficial del *Vanguard* en su primer lanzamiento. La experiencia profesional de Von Braun y su grupo, más el respaldo industrial y financiero recibido, facilitaron a los norteamericanos los cohetes más poderosos del mundo y también los más seguros.

---

[57] El científico Wernher Von Braun fue, durante la Segunda Guerra Mundial, el ingeniero principal del Centro de Desarrollo de Misiles de Alemania. Capturado por el ejército norteamericano al final de la guerra, Von Braun es trasladado a los Estados Unidos, donde desarrolla el Redstone, una variante avanzada del misil A-4 alemán.

La orientación militar de los programas espaciales, formalmente considerados civiles, se integró a la concepción estratégica sobre la explotación del espacio que la administración norteamericana hizo suya desde los primeros años de la era espacial. La NASA confeccionó diferentes sistemas cósmicos con más aplicaciones militares que civiles. Figuraron entre éstos: el sistema cósmico geodésico (asegura alta precisión de impacto de las ojivas de los cohetes balísticos intercontinentales); el sistema de comunicación por satélites para las Comunicaciones Sincrónicas (asegura la comunicación bidireccional sincrónica entre el Pentágono y los ejércitos norteamericanos ubicados en cualquier punto del globo terráqueo); el sistema de satélites meteorológicos (ampliamente aplicado durante la agresión de los Estados Unidos contra Vietnam). En fin, esta etapa representó un sólido paso en el camino de la militarización del cosmos, pero como el propio Eisenhower reconociera públicamente, todavía los Estados Unidos carecían de una "defensa" contra un ataque de misiles balísticos.[58]

Sin embargo, los estrategas civiles y militares de la administración de Eisenhower evaluaron cómo modificar o demoler la doctrina militar vigente hasta ese momento. Propusieron dejar de pensar en el uso absoluto del arma nuclear y en la política de poder aéreo para favorecer el mantenimiento de fuerzas armadas más balanceadas, el aumento de las fuerzas convencionales y

58 Discurso de Eisenhower del 7 de noviembre de 1957, véase un comentario en "Implementando el "New Look" de la obra de John Lewis Gaddis, ob. cit; p. 203.

el desarrollo del concepto de "guerras limitadas", que incluyó la posible utilización de armas tácticas nucleares. Esta transformación de la estrategia político-militar no podría verse al margen del nuevo poderío soviético que convirtió inoperantes a las concepciones de política exterior de los Estados Unidos. En lo que respecta a la doctrina de "Represalia Masiva", ésta fue directamente vulnerable a los cambios en la correlación de fuerzas estratégicas soviético-norteamericanas.[59]

En este momento histórico se produce la transmisión de los poderes presidenciales de Eisenhower a John F. Kennedy. Las palabras de Eisenhower del 17 de enero de 1961, sobre las experiencias vividas en la Casa Blanca, pasaron a la posteridad por su carácter aleccionador. El presidente saliente diagnosticó que, en la etapa transcurrida bajo su gobierno, el país se había visto obligado a crear una industria de armamentos de inmensas proporciones, que unos tres millones y medio de hombres y mujeres estaban directamente enrolados en las fuerzas armadas, y solo en el sector militar los norteamericanos gastaban más que las rentas netas de todas las sociedades de las Américas. Esta conjunción de un personal militar considerable y de una importante industria de armamentos, constituyó un hecho nuevo en la práctica económica y para las distintas ramas del poder político y legislativo norteamericano. Devino en un Complejo Mi-

[59] Véase este balance histórico de Roberto González Gómez en Tesis citada; p. 23.

litar-Industrial en el que, tal como predijo Eisenhower, los señores de la guerra[60] adquirieron una influencia abusiva en los organismos gubernamentales de los Estados Unidos.

Si por un lado, la industria obtuvo de inmediato los beneficios de los gastos militares, para la construcción de vehículos espaciales, armas atómicas, submarinos, portaaviones, bombarderos, y resultados positivos en la creación de nuevos empleos y centros de investigaciones científicas; por el otro, Eisenhower culminó sus ocho años en la Casa Blanca con la preocupación de las graves implicaciones de los desembolsos militares para el futuro de la nación imperialista más poderosa de la historia, pues el *Sputnik* soviético había provocado un derroche de los recursos militares del que todavía, al finalizar esta etapa, el presupuesto de los Estados Unidos no se había recuperado.[61]

En una tercera etapa, entre los años 1961 y 1969, la administración del presidente John F. Kennedy, se propuso forjar una teoría estratégica que estuviese en correspondencia con las realidades de la situación internacional de ese momento. Para desplegar esta visión, Kennedy

---

[60] Con anterioridad a Eisenhower, el sociólogo norteamericano C. Wright Mills había caracterizado el Complejo Militar-Industrial de los Estados Unidos. Véase en su obra la Elite del Poder los capítulos "Los Ricos Corporativos" y "Los Señores de la Guerra", Fondo de Cultura Económica, México, 1957, Pp. 145-167.

[61] Criterio de Eisenhower citado por John Lewis Gaddis en "Implementando el "New Look", ob.cit, p. 206; véase de Claude Julien, ob.cit; Pp. 382-384.

contó con los criterios de una entusiasta mayoría demócrata y con el apoyo de un número considerable de republicanos descontentos con la manera en que la anterior administración había conducido la política exterior y la estrategia de "seguridad nacional".

Kennedy le atribuyó importancia a la tarea de poner cierta distancia entre su proyección externa y la de su predecesor, porque existía en la sociedad norteamericana una especie de imperativo "generacional" simbolizado en la transferencia de poder del más viejo presidente electo al más joven. Existía de algún modo el sentimiento de que la legitimidad de una nueva generación de líderes nacionales sería cuestionada, en caso de que sus programas no se diferenciaran visiblemente y de manera substancial de las políticas practicadas con anterioridad.

Desde el principio, sobre las cuestiones domésticas, la administración Kennedy consideró que era esencial alcanzar un alto índice de crecimiento económico que sustentara la posición de liderazgo internacional de los Estados Unidos. Abogó por destinar a la "defensa" los recursos financieros necesarios sin dañar el alto estándar de vida que convertía a la sociedad norteamericana en un "modelo" para el resto de la humanidad; además de lograr, por esa vía, que las responsabilidades mundiales fuesen toleradas por el público estadounidense. Los asesores de Kennedy identificaron que la falta de un alto progreso económico estaba en la aplicación de métodos burocráticos anticuados y en la negativa del presidente Eisenhower a desarrollar las técnicas keynesianas que produjeran la importante tasa de crecimiento económico ambicionada por el establishment.[62]

Frente a los nuevos desafíos, la anterior estrategia de "Represalia Masiva" quedó sustituida por la de "Reacción Flexible": una especie de síntesis de todas las concepciones estratégicas de los Estados Unidos después de la Segunda Guerra Mundial. La "Reacción Flexible" estuvo concebida sobre la base de una valoración más realista de la correlación de fuerzas entre el sistema socialista y el capitalista. Retomó el concepto original de la doctrina de la "Contención del Comunismo", solo que sobre bases más amplias, dentro de una preparación del país para enfrentar las más peligrosas "amenazas": nuclear y convencional. Así quedó desplazada, por cierto, la abarcadora pretensión de Foster Dulles de hacer retroceder (roll back) el Socialismo, aunque asumía perfiles tal vez más *globalistas* que la propia Contención explicada por la administración Truman en su documento 68 del Consejo de Seguridad Nacional.[63]

La superación de la tradicional invulnerabilidad del territorio de los Estados Unidos, con respecto a cualquier fuerza extranjera en el contexto de la nueva correlación de fuerzas a escala internacional, influyó en la toma de conciencia sobre la naturaleza suicida que tendría para

---

[62] Véase "Kennedy, Johnson y la respuesta flexible" de John Lewis Gaddis, ob.cit; p. 249.

[63] Valoración desarrollada por José Miguel Insulza en su ensayo "La primera Guerra Fría: percepciones estratégicas de una amenaza soviética", véase en la obra, Estados Unidos: Una visión latinoamericana, compilada por Luis Maira, Fondo de Cultura Económica, México, 1984, p. 342.

Washington una "guerra nuclear ilimitada". Esta señal suscitó en los círculos militares estadounidenses la convicción de que debían pronunciarse por la limitación del empleo de la fuerza militar total, en uno u otro escenario, sin abandonar del todo la preparación para conducir guerras convencionales y nucleares.

¿Acaso el gobierno de Kennedy estaba sinceramente interesado en un clima de paz mundial? La concepción sobre el necesario "uso gradual de fuerzas" comprendida en la doctrina de la "Reacción Flexible" partía de la suposición de que si los Estados Unidos se comprometían a emplear la fuerza militar "gradualmente", o por lo menos de modo que no fuera irreflexiva e irracional, sus eventuales y permanentes enemigos también habrían de reaccionar con flexibilidad, lo que daría la posibilidad de que, en caso de estallar un conflicto, las potencias involucradas se abstuvieran a lanzar sus misiles balísticos intercontinentales.

La perspectiva de que el territorio norteamericano fuera destruido por una serie de bombardeos estratégicos tomó un auge propagandístico. Se presentó a la URSS como interesada en un conflicto nuclear y a los Estados Unidos en la necesidad de tener que asestarle un "segundo golpe" o "golpe de respuesta". La idea de la "Destrucción Mutua Asegurada" (DMA) previó la capacidad de las fuerzas estratégicas norteamericanas para destruir un 20 ó 25 por ciento de la población y el 50 por ciento de la industria soviética. Cada elemento de la triada estratégica de los Estados Unidos: los Misiles Balísticos Intercontinentales (MBI), los Misiles Balísticos en

Submarinos (MBS) y los Bombarderos, cumplían con las exigencias de poder requeridas en la filosofía de la "Destrucción Mutua Asegurada".

En este lapso histórico, el 22 de octubre de 1962, a las seis de la tarde, el Embajador norteamericano en la URSS, Foykohler, entró al Kremlin para entregarle al primer ministro una carta del presidente de los Estados Unidos acompañada de la declaración que haría en Washington, una hora después, en la que anunciaría el descubrimiento de los cohetes nucleares en Cuba, y la imposición de un bloqueo naval a la isla.[64] A partir de ese instante, comenzó la "Crisis de los Misiles o de Octubre" que, a juicio de algunos historiadores, fue la más grave del período de la "guerra fría" en el siglo XX, pues llevó al mundo al borde de una catástrofe nuclear sin precedentes.[65]

La reacción norteamericana no se hizo esperar. Los misiles en Cuba hicieron a los Estados Unidos más vulnerables que nunca antes y le colocaba ventajas, en un hipotético ataque, a la URSS. Según los estrategas norteamericanos:

---

64 Véase de Carlos Lechuga "Las Cartas" en el libro En el ojo de la Tormenta, Editorial Si/Mar/Ocean Press, 1995, p. 115; y los documentos publicados en la Conferencia sobre la Crisis de Octubre, celebrada en La Habana, 9-12 de enero de 1992.

65 Entre las obras que analizan la gravedad de la crisis y sus repercusiones pueden consultarse de Carlos Lechuga, ob.cit; el libro de Raymond L. Garthoff, Detente and Confrontation (American-Soviet Relations from Nixon to Reagan). The Brookings Institutions, Washington, 1994; en la obra del historiador británico Hugh Thomas, Historia Contemporánea de Cuba" véase "La Crisis de los Misiles: I, II, III", Ediciones Grijalbo, Madrid, 1982.

"Un primer ataque soviético hubiera destruido todas las bases aéreas estadounidenses, bases de bombarderos, bases de misiles y todas las ciudades salvo Seattle, que estaban fuera de alcance. Pero, Washington DC. Nueva York, Dallas... todas hubieran quedado en ruinas".[66] El pánico llegó a los hogares norteamericanos, cuando el temor a una guerra nuclear se expandía por los cinco continentes. La instalación de los misiles atómicos en el Caribe estuvo determinada por dos factores: la inminencia de una invasión a Cuba por las fuerzas militares de los Estados Unidos y el propósito de la URSS de reducir la desventaja que tenía en armamentos nucleares. La "Crisis de los Misiles" "constituyó una confrontación indudablemente, en torno al armamento nuclear."[67]

Para tener una idea de la correlación de fuerzas entre las superpotencias, en el año 1962, solo basta señalar algunos ejemplos comparativos: los Estados Unidos tenían una superioridad en armas nucleares de 17 a 1 con respecto a la URSS. Los norteamericanos poseían 5000 ojivas nucleares estratégicas y los soviéticos contaban solamente con 300; tenían 1500 bombarderos con bases en distintos lugares del globo y los soviéticos tenían menos de 150. Los Estados Unidos poseían 229 proyectiles balísticos intercontinentales y los soviéticos solamente 44, de los cuales solo 20 eran operacionales en aquella

---

[66] Véase Guerra Fría. Una Historia Ilustrada: Cuba 1959-1968, Episodio VI. Tomado del sitio en Internet: www.guerra.fria.com

[67] Raymond L. Garthoff, ob.cit, p.10

época.[68] Los Estados Unidos llevaban una ventaja notable en armas estratégicas respecto a la URSS.

Esta administración comprendió el carácter inviable de una guerra en gran escala. El equipo de Kennedy creía que Eisenhower había confiado demasiado en la amenaza de utilizar las armas nucleares, para disuadir indeseables cambios en el equilibrio de poder internacional, y, con su apego a la solvencia económica, colocó el riesgo de dejar a los Estados Unidos con pocas opciones de acción por debajo del nivel nuclear. En aquel momento, Kennedy consideró importante la expansión del rango de opciones disponibles con el fin de evitar una guerra nuclear generalizada, sin aplazar el desarrollo de una intensa carrera armamentista, en particular, de las armas estratégicas. Para los sectores del Complejo Militar-Industrial, esa debía ser la prioridad presidencial en correspondencia con los intereses norteamericanos del uso de la fuerza en las relaciones internacionales y el involucramiento total en la guerra contra Vietnam, y no la visión de "realismo y diversidad" que ofrecía Kennedy en sus discursos sobre política exterior.

De esta manera, los Estados Unidos ampliaron su potencial nuclear para no solo garantizar una eventual respuesta defensiva, sino también

---

[68] Véanse otras comparaciones entre los medios militares soviéticos y norteamericanos en la obra de Dino A. Brugiaui, Eyeboll to Eyeboll, Random House, Nueva York, 1990-1991, Pp. 254-255.

para ostentar una fuerza de "primer golpe" contra la URSS. Esta concepción quedó confirmada en la construcción de armamentos nucleares ofensivos y, además, por las medidas tomadas entre los años 1962 y 1967, dirigidas a instaurar un sistema de defensa civil, que incluía la edificación masiva de refugios antiatómicos, y el despliegue de una red nacional de "defensa" antimisil. Esta postura militarista constituyó una respuesta a lo que se percibía como una proyección ofensiva de la dirigencia soviética.[69]

En síntesis, la estrategia político-militar de la administración Kennedy puede agruparse en seis áreas de importancia:

- El estímulo de las capacidades militares convencionales y no convencionales;

- La acumulación de misiles estratégicos, que continuó, incluso, después de esclarecido el mito de la "brecha *misilística*" soviética;

- Renovados esfuerzos destinados a consolidar las alianzas;

- Un nuevo énfasis en los instrumentos no militares de Contención;

- Intentos de manejar más eficientemente los recursos económicos de la nación para la defensa;

[69] Un análisis de la "Guerra Fría" y de las percepciones norteamericanas sobre la URSS véase en el ensayo de Zbigniew Brzezinski, "The Cold War and its Aftermath", Foreign Affairs, otoño, n. 4, v. 71, 1992.

- Una expansión de los anteriores esfuerzos de Eisenhower tendientes a abrir posibles áreas de negociación con los soviéticos.

Con el magnicidio de John F. Kennedy, en Dallas, Texas, en el año 1963, asumió la presidencia de los Estados Unidos Lyndon Baines Johnson. Su mandato se extendió desde noviembre del año 1963 hasta enero del año 1969. Los cinco años durante los cuales ejerció la primera magistratura fueron de particular importancia para la historia de los Estados Unidos. La década de los años 60´ se caracterizó, en sus primeros años, por un desarrollo impetuoso de la producción y el capital norteamericano. Estos éxitos estuvieron motivados, en primera instancia, por los resultados de la revolución científico-técnica y las políticas económicas y sociales internas de Johnson que, en cierto sentido, fueron una continuación del reformismo introducido por Kennedy.[70]

Sin embargo, el nuevo presidente disfrutó de determinadas ventajas con relación a su predecesor. Su influencia en el Congreso, sus mejores relaciones con los conservadores, una actitud de entendimiento con los sectores financieros y su amplia victoria electoral en las elecciones del

---

[70] Es imposible, por supuesto, saber si Kennedy hubiera manejado los acontecimientos del período 1963-1965 como lo hizo Johnson. De lo que no hay dudas es de que el encuadre intelectual a partir del cual ambos hombres veían el mundo era muy similar, véase de John Lewis Gaddis, "Kennedy, Johnson y la respuesta flexible", ob.cit; p.221.

año 1964, posibilitaron la ejecución de un programa dirigido a la liberalización de los beneficios sociales, el aumento de la ayuda federal a las escuelas públicas, el incremento de los salarios mínimos y a aliviar la situación de las regiones más pobres del país, mediante la ejecución de un programa titulado "guerra a la pobreza" y la "gran sociedad". Pero ni con estos beneficios Johnson pudo resolver la profunda crisis que afectaba a la sociedad norteamericana, acentuada con la creciente desconfianza del pueblo en sus instituciones políticas y, en particular, en la política exterior del país.

A finales de la década de los años 60´, los Estados Unidos profundizaron sus investigaciones en materia espacial, pero algunas resultaron infructuosas, en especial, las relacionadas con la búsqueda de aparatos espaciales de uso exclusivamente militar. El proyecto *Blue Gemini* (versión militar de la cápsula biplaza *Gemini*) no entró en el ciclo de construcción y la iniciativa de crear, en el año 1968, un Observatorio Militar Orbital (OMO) fue cancelada. No obstante, continuaron los diseños de los sistemas anti satélites destinados a interceptar y destruir los satélites enemigos. Estos proyectos estaban enfocados hacia la militarización del cosmos y a conseguir la superioridad militar frente a la URSS.

Asimismo, se acentuaron los complejos debates en cuanto a la posibilidad de lograr una "defensa" antimisil a gran escala. El sistema, según los teóricos, debía contener tres líneas fundamentales de defensa: una con base en la marina, otra en la aviación y una tercera en el espacio.

El objetivo del Pentágono radicó en poder interceptar en el espacio los misiles balísticos enemigos con medios instalados en barcos, aviones y aparatos espaciales, con el fin de impedir que los mismos alcanzaran los blancos situados en el territorio norteamericano, pero el elevado costo de este programa atentó contra su realización práctica.

Pero, en el año 1967, la aparición de otra "amenaza" provocó que la administración de Lyndon B. Johnson propusiera el programa Sentinel (Centinela, en español) contra misiles balísticos. Su misión declarada enfatizó en la importancia de interceptar los misiles balísticos intercontinentales chinos. La República Popular China, entonces atrapada en la histeria de masas de la Revolución cultural, se convirtió para Washington en el enemigo rebelde por excelencia, implacablemente hostil y totalmente impredecible. La aparición de los misiles intercontinentales chinos generó una gran alarma y los norteamericanos creyeron que la milenaria nación asiática estaba preparándose para un escenario de guerra nuclear. Además, se publicaron declaraciones del presidente Mao con la afirmación de que solo el pueblo chino podría, con su poderío, sobrevivir a una guerra nuclear global que arrasaría a la URSS y a los Estados Unidos. Los estrategas militares estadounidenses sintieron temor de una ofensiva "catalítica" china, encaminada a provocar ataques nucleares mutuos entre norteamericanos y soviéticos.[71]

Así, los militares estadounidenses entendieron que el programa Sentinel podía ser justificado de lograrse el funcionamiento de sus radares y misiles interceptores. La aspiración de proteger a los ciudadanos norteamericanos de la supuesta conminación de los misiles chinos, sin romper el equilibrio disuasivo con la URSS, hubiera sido una realidad, porque el alcance del proyecto Sentinel estaba concebido para interceptar el pequeño número de misiles balísticos intercontinentales de la nación asiática, y no el alto arsenal de misiles balísticos intercontinentales de la URSS con bases en tierra y el mar.

Finalmente predominó la objeción a los preparativos del proyecto Sentinel. Los criterios científicos de que los interceptores dependían de detonaciones nucleares, para destruir los misiles lanzados desde el exterior, agravaron los riesgos de la construcción del sistema Sentinel, que por su sofisticación estaría obligado a funcionar con parámetros exactos desde su primera activación. Pero, al mismo tiempo, el Pentágono insistió en que una defensa "escuálida" estimularía a los chinos a construir cantidades mayores de misiles balísticos intercontinentales, para contar con la seguridad de que al menos un grupo de ellos tendrían posibilidades de penetrar el "escudo protector". [72]

---

[71] Véase el artículo de Edward N. Luttwak. "La falacia estratégica de Clinton", El País, Madrid, 10, julio, 2000.

[72] Ibídem

La parálisis del Sentinel también pudo explicarse en el hecho real de que en ese momento China no significaba una amenaza real para el equilibrio de poder bipolar de posguerra. El naciente poderío chino era incapaz de reemplazar el temor que existía en los círculos militares norteamericanos hacia el potencial estratégico soviético. Los informes de las instituciones norteamericanas habían confirmado que China tenía el mayor ejército terrestre del mundo, ya probado en combates contra los Estados Unidos, y estaba desarrollando armas nucleares, pero carecía de la base industrial necesaria para mantener una guerra con tecnologías avanzadas; sus simples fuerzas aéreas y navales no podían lanzar armas nucleares una vez que estas fuesen desarrolladas, y tenía la desventaja adicional de compartir una frontera de 5000 millas con una URSS cada vez más hostil.[73] Por aquellos años, como amenaza digna de una respuesta a través de una "defensa" antimisil, el caso del peligro chino no era creíble para la comunidad científica y la opinión pública norteamericana.

En todo este período, los círculos político-militares de los Estados Unidos mantuvieron un debate en torno al supuesto retraso de la cohetería con respecto a la URSS, lo cual sirvió de asidero para proceder al despliegue masivo de los misiles balísticos intercontinentales con base en tierra, y comenzar la elaboración de un esquema de

---

[73] Basado en los informes de la CIA del 13 de abril y el 31 de julio de 1963, véase de John Lewis Gaddis "Kennedy, Johnson y la respuesta flexible", ob.cit; p.233.

construcción de submarinos atómicos con misiles balísticos intercontinentales (*SLBM* en inglés).[74]

Se incrementaron extraordinariamente las fuerzas nucleares para teatros de operaciones. Los vectores y las municiones nucleares norteamericanas, en el territorio europeo, experimentaron repetidas modernizaciones, cambios cualitativos en el alcance, la precisión y su eficacia destructora. Las actualizaciones y despliegues de armamentos sofisticados estuvieron insertados en un proceso de militarización de la economía y de creciente aprovechamiento de los adelantos científico-técnicos con fines militares. La carrera de armamentos nucleares impuesta por los Estados Unidos y la OTAN afectó la estabilidad internacional, aumentó el peligro de guerra e indujo elevados costos financieros a las potencias mundiales involucradas.

El poder ejecutivo de los Estados Unidos acentuó su carácter imperial, a la par que recibió el apoyo del Congreso a sus acciones de política externa. Este proceso tuvo su expresión más concreta en la guerra de Vietnam, cuando el presidente Johnson, sin contar prácticamente con el Congreso, comprometió a las fuerzas armadas en el conflicto. Tanto Johnson como Nixon, posteriormente, maniobraron y engañaron de tal manera a la opinión pública norteamericana que incrementaron de forma paulatina la participa-

[74] Los norteamericanos fueron los primeros en construir los submarinos dotados de misiles con ojivas nucleares de reentrada múltiple.

ción de su país en la guerra. Por razón de la provocación del Golfo de Tonkín, en el mes de agosto de 1964, Johnson logró que el Congreso le otorgara prácticamente la autorización para intervenir en mayor escala en la guerra contra Vietnam.[75]

La guerra contra Vietnam tuvo resultados internos y externos contraproducentes para los Estados Unidos. Si bien en sus inicios, en los años 1964 y 1965, estimuló la expansión económica norteamericana, como hizo la Segunda Guerra Mundial o la guerra de Corea, la demasiada prolongación del conflicto fue un factor esencial que llevó a la crisis de superproducción en los años de 1969 a 1971, a la crisis del dólar, a los enormes déficit presupuestarios, comerciales y a todos los desequilibrios económicos de las etapas posteriores. En efecto, con la participación directa de los Estados Unidos en la guerra contra Vietnam, la concepción de "Reacción Flexible" resultó inoperante para la política exterior norteamericana a consecuencia de las implicaciones negativas del fracaso de la superpotencia en el sudeste asiático.

Otro hito, en el desarrollo de una "defensa" antimisil en el siglo XX, se produjo *desde fines de los años 60´- hasta el año 1980.* En este cuarto ciclo predominó en los Estados Unidos la "Doctrina Nixon" de la "Disuasión Realista", la "*Doc-*

---

[75] Sobre Johnson (1963-1969) véase el trabajo de Carlos Alzugaray, "Administración Johnson (1963-1969)" en De Eisenhower a Reagan, Editorial de Ciencias Sociales, La Habana, 1987, p. 143.

trina Schlesinger" de la "guerra nuclear limitada" y la estrategia de "contrapeso" introducida por la administración del presidente demócrata James Carter.

A principio de los años 70´, la URSS logró la paridad estratégica-militar entre ambos bloques político-militares. Se trató de un verdadero "equilibrio del terror". Descansó sobre el potencial destructivo equiparable de la triada estratégica central: cohetes intercontinentales con base en tierra (*ICBM* en inglés), cohetes lanzados desde submarinos (*SLBM* en inglés) y los bombarderos estratégicos. La fuerza de ambas superpotencias en estas armas no fue simétrica, pero el saldo permitió considerarse equilibrado, porque la ventaja de uno en un tipo de arma se compensaba con la ventaja recíproca del adversario en otra.

Para los norteamericanos, la situación había cambiado radicalmente a lo largo de los años transcurridos desde la Segunda Guerra Mundial. "Al principio, los Estados Unidos monopolizaron las armas atómicas, posición que le permitió amenazar a la URSS con una auténtica aniquilación, en respuesta a un supuesto ataque militar suyo de cualquier tipo. Era la época de la doctrina de la "Represalia Masiva", que dejó de ser válida tan pronto la URSS consiguió, en los años 50´, sus propias armas atómicas y, lo que importa más, una capacidad para rechazar un ataque nuclear norteamericano y, aun así, desquitarse con sus propias armas nucleares la llamada capacidad de segundo golpe asegurada. Después, los arsenales nucleares soviéticos crecieron sin parar, hasta que en los años 70´ consiguieron igualar a los Estados Unidos en el número total de sistemas de lanzamiento”.[76]

En esta etapa trató de sustituirse la noción de la superioridad norteamericana por el razonamiento de “suficiencia” de las fuerzas armadas. Esta percepción reconoció la emergente paridad estratégica-militar entre la URSS y los Estados Unidos, y abrió una vía para la reconstrucción militar y el perfeccionamiento cualitativo de las fuerzas nucleares estratégicas norteamericanas. En su mensaje de política exterior al Congreso, el 18 de febrero de 1970, denominado “Nueva Estrategia en Interés de la Paz”, el presidente Nixon, quien gobernó los Estados Unidos entre los años 1968 y 1974, expresó cuál sería la triada que serviría de sostén a la gran estrategia de la administración republicana. Los puntos indicados por Nixon fueron: asociación, fuerza y negociaciones.

Los fundamentos políticos de la nueva orientación de la estrategia político-militar de la administración republicana se basaron en la denominada “Doctrina Nixon”, esbozada por el presidente en la conferencia de prensa concedida en la Isla Guam, en el año de 1969. El sentido de la doctrina que Nixon anunció en Guam consistió en que los Estados Unidos participarían en la defensa y desarrollo de sus aliados y amigos, pero sin la capacidad de concebir todos los pla-

---

[76] Alun, Chalfont, La Guerra de las Galaxias, Editorial Reverté, Barcelona, España, 1988, p, 157.

nes, designar todos los programas, ejecutar todas las decisiones ni tomar a su cargo toda la "defensa" de las naciones libres del mundo. Los políticos norteamericanos estaban dispuestos a ayudar donde hubiese una real necesidad y fuese vital para los Estados Unidos, pues los intereses debían determinar los compromisos y no al revés.[77]

Con este replanteo doctrinal la administración Nixon aceptó la imposibilidad de una victoria definitiva en Vietnam. La explosiva situación interna en los Estados Unidos, caracterizada por un amplio movimiento antibélico, obligó al gobierno a una gradual disminución de los niveles de participación del país en la guerra, reducir los gastos militares, restringir los poderes de guerra del presidente en el extranjero y a eliminar el servicio militar obligatorio. Esta experiencia determinó que, en años posteriores, el factor tecnológico fuese sobrevalorado en la estrategia de la guerra imperialista, explicable por lo que desde entonces se ha llamado el "Síndrome de Vietnam". De ahí los intentos reiterados de los gobiernos norteamericanos de hallar soluciones técnicas viables a la utilización de la fuerza militar en las relaciones internacionales para evitar, a toda costa, mediante la manipulación y la censura informativa, la quiebra del frente interno de la opinión pública estadounidense, tal

[77] El texto de la doctrina Nixon puede consultarse en la obra de Thomas G. Patterson y Denis Merril, ob. cit; Pp. 590-591. Asimismo, véase de Richard Nixon, La verdadera paz: una estrategia para occidente, Editorial Planeta, Barcelona, 1984.

y como ocurrió durante la guerra contra Vietnam.

La "Doctrina Nixon" contenía muchos elementos del tradicional accionar imperialista adaptados a la naciente situación internacional. El elemento esencial de esta concepción estuvo en la tentativa de reeditar la clásica idea del equilibrio de balance de poder, en la que, mediante la maniobra con algunas potencias, los Estados Unidos podrían afianzar el poderío militar y optimizar las contradicciones entre los diferentes centros de poder capitalistas.

El curso de la "guerra fría" pasó a una fase determinada por notables cambios en las relaciones internacionales. Para Henry A. Kissinger, Secretario de Estado de Nixon, "la bipolaridad estratégica, que había dominado la primera etapa de la "guerra fría", estaba siendo desplazada por una cierta multipolaridad en el plano político, debido a la recuperación económica y el nuevo peso internacional de Europa occidental y de Japón, que comenzaron a desempeñar, sobre todo la primera, un papel más autónomo con relación a los Estados Unidos, y la emergencia de China con el rango de potencia nuclear en contradicción con el bloque socialista europeo.[78] Pero, de todas formas, "la Unión Soviética se encontraba en la cima de su poder y estaba más

[78] Henry A. Kissinger, ensayo "Central Issues of American Foreign Policy" en la obra, American Foreign Policy, WW. Norton & Co. Inc; New York, 1969, p. 58.

que dispuesta a utilizarlo".[79]

Frente a las nuevas realidades: la ascensión de China a potencia nuclear, los movimientos revolucionarios y hacia el socialismo en el Tercer Mundo y la confrontación con la URSS, los norteamericanos aumentaron la producción de los misiles balísticos estratégicos de reentrada múltiples con objetivos independientes y de gran precisión. De manera similar a la guerra de Corea, el presidente Nixon, el 25 de abril de 1972, sugirió la idea de emplear una bomba nuclear en el teatro de operaciones vietnamita. Pero tal propuesta fue inmediatamente descartada por Kissinger. Nuevas revelaciones sobre la "guerra fría" han demostrado que la conversación grabada entre el binomio Nixon-Kissinger sobre el uso de una bomba nuclear contra Vietnam ilustró, por si sola, el extremo que podían alcanzar las concepciones estratégicas del presidente Norteamericano: -Nixon: "Prefiero usar una bomba atómica"; -Kissinger replicó: "Creo que eso sería demasiado"; -Nixon preguntó: "La bomba nuclear ¿Té molesta? Solo quiero pensar en grande". Al mes siguiente, Nixon ordenó la mayor escalada en la guerra contra Vietnam desde el año1968.[80]

---

[79] Condoleezza Rice, en el ensayo "La promoción del interés nacional", hace esa valoración histórica para llamar la atención de que, a pesar de las tendencias hacia la multipolaridad, el poderío soviético nunca fue perdido de vista por los Estados Unidos, véase en: Foreign Affairs (En español), enero-febrero, 2000.

[80] Esta conversación fue hallada en una colección de cintas de unas 500 horas de duración en poder del Archivo Nacional de los Estados Unidos. El material ocupa los primeros seis

La administración Nixon, sin plantearse retomar el proyecto del sistema antimisil Sentinel, propuso el programa *Safeguard* (Salvaguardia, en español). Aunque las diferencias eran muy pocas en relación con Sentinel por su débil "defensa", este proyecto añadió interceptores de corto alcance para "resguardar" selectivamente los silos de los misiles de largo alcance norteamericanos, que en aquel momento parecían vulnerables a un "primer ataque" soviético y no chino.

Nixon realizó negociaciones con los líderes políticos de las principales instituciones de poder norteamericanas para lograr consenso interno y apoyo en el enfrentamiento a quienes estaban opuestos a *Safeguard*. Finalmente, los argumentos para el despliegue del sistema *Safeguard* carecieron de consentimiento entre los estrategas militares, y el gobierno norteamericano negoció con la URSS, en el año 1972, el Tratado que prohíbe el despliegue de los Sistemas de Defensa contra Misiles Balísticos (*ABM*), renunciando así a la "defensa" antimisil en la coyuntura de la distensión entre las grandes potencias, que facilitó la firma del primer acuerdo de limitación de los armamentos estratégicos con Moscú, denominado SALT-I, según sus siglas en inglés. Los orígenes y el contenido internacional de la distensión entre las superpotencias se interpretó por las naciones del Tercer Mundo aliadas a la

meses de 1972 e incluye el viaje de Nixon a China, y los primeros días del escándalo Watergate, véase "Nixon planteó usar la bomba atómica", Deb Riechman, AP, Maryland, Estados Unidos, 1, marzo, 2002.

URSS, como una consecuencia del poderío soviético en los órdenes económicos, políticos, militar, y de la creciente influencia de decisivos sectores de la política interna y de la economía norteamericana que habían tomado en cuenta las lecciones de la derrota de los Estados Unidos en Vietnam.

Para la recuperación de cierta pérdida de influencia internacional, en medio de la situación de paridad estratégica soviético-norteamericana, el Pentágono retomó las concepciones de la estrategia nuclear. Sustentada en las ideas de la "contrafuerza", durante la segunda mitad de los años 70´, James Schlesinger, Secretario de Defensa de las administraciones de Nixon y Ford, proclamó la concepción de la "guerra estratégica limitada", que preveía la posibilidad de efectuar un determinado número de golpes nucleares de alta precisión sobre objetivos militares. La estrategia militar norteamericana volvió a considerar la posibilidad de ganar una guerra de tipo nuclear.[81]

Las discusiones sobre la posibilidad de una "guerra estratégica limitada", en un período de distensión entre las grandes potencias y en el que existían negociaciones sobre un segundo acuerdo para la limitación de los armamentos estratégicos (SALT-II), revelaron el carácter bélico de las acciones estadounidenses y el poco interés en un mejoramiento de las relaciones con la URSS. Con la proclamación de la "Doctrina

[81] Sobre la "Doctrina Schlesinger" véase la obra de Robert C. Aldridge, The Counter Force Syndrome. Institute for Policy studies, Washington, 1984.

Schlesinger", los Estados Unidos mantuvieron las concepciones de la estrategia nuclear entre los pilares fundamentales de su política exterior.

Con el demócrata James Carter en la dirección del ejecutivo norteamericano, en los años de 1976 a 1980, los principales postulados de la estrategia político-militar norteamericana mantuvieron vigencia. Un estudio ordenado en el Memorando Nro. 10 de la Casa Blanca sobre el equilibrio estratégico entre los Estados Unidos y la URSS, aseveró la estabilidad del balance y confirmó la tesis de que en el desenlace de un conflicto nuclear no habría ningún vencedor. Aunque ambas partes tenían responsabilidad en el desenlace de la confrontación, por el contenido y la trascendencia de sus objetivos, los norteamericanos cargaban con el peso de las culpas en el plano de la agresividad militarista y la retórica, condicionadas, en parte, por las propias necesidades de su sistema social.[82]

El presidente Carter con la presentación de la doctrina del "Contrapeso" trató de demostrar los "esfuerzos" estadounidenses para hacer prevalecer una equivalencia esencial con la URSS en el plano de los armamentos estratégicos. El mantenimiento de ese equilibrio exigía, según el Secretario de Defensa Harold Brawn, que: "las fuerzas nucleares estratégicas soviéticas no se convirtiesen en un instrumento de apalanca-

---

[82] Véase ese análisis en la obra de Eric Hobsbawn, Age of Extremes: The Short Twentieth Century 1914-1991, Editor Michael Joseph, London, 1995, p. 235.

miento político, coerción diplomática o preponderancia militar; el mantenimiento de la estabilidad nuclear, especialmente en caso de crisis; toda ventaja de las fuerzas estratégicas soviéticas debía ser compensada por la superioridad norteamericana en otros parámetros; la ejecución de la proyección estratégica de los Estados Unidos, no debía ni podía ser percibida inferior a la de la URSS". [83]

En realidad, la manifestación oficial de proseguir el equilibrio estratégico con la URSS resultó una falsedad. El pensamiento estratégico y militar norteamericano buscaba ventajas estratégicas a través del perfeccionamiento y crecimiento del potencial de "contrafuerza" de sus armas nucleares, pues la creación de la superioridad en "contrafuerza" daría la posibilidad de conservar el arsenal estratégico no solo para "disuadir" al eventual enemigo de un ataque a los Estados Unidos, sino, además, como un instrumento militar real para tomar la iniciativa de hacer la guerra nuclear y conseguir la victoria.

El descontento estaba presente en los sectores militaristas norteamericanos inconformes con la paridad estratégico-militar y el acuerdo para la limitación de las armas estratégicas (SALT-II), que estipuló consolidar el balance estratégico bipolar. Las ideas a favor de combinar una poderosa "contrafuerza" con una "guerra nuclear limitada" encontraron apoyo gubernamental. Sobre esta base se elaboró la directiva presidencial Nro. 59, aprobada el 25 de julio de 1980, que es-

[83] Citado por el Genrikn Trofimenko; ob. cit, p. 182.

tableció los parámetros esenciales para caracterizar la estrategia nuclear estadounidense en su conjunto. La directiva 59 fue una muestra de las concepciones aprobadas de "guerra limitada" tendientes, ante todo, a prevenir el estallido de una guerra nuclear total.[84] Al parecer, Washington intentaba poder hacer de la guerra nuclear un instrumento "racional" de la política hasta el punto de planificar la producción y el despliegue de nuevos sistemas de armas estratégicas nucleares con bases en tierra, mar y el espacio cósmico.

En esta etapa, el Pentágono activó un complejo sistema de "defensa" antimisil en la base de Grand-Forks, en el Estado norteamericano de Dakota septentrional, con 100 cohetes antimisiles en posiciones de lanzamiento, que había sido parcialmente congelado tras la firma del Tratado ABM. Se crearon y desplegaron nuevos sistemas de "defensa" antisubmarina; comenzó la producción de nuevos submarinos atómicos multipropósito y la instalación de misiles balísticos del tipo "aire-tierra". Fueron puestos en órbita una serie de satélites de ayuda a la navegación y de reconocimiento, y modernos sistemas de alarma anticipada, en particular, radares que mejoraron los sistemas de comunicación, mando y control. La administración Carter aceleró los trabajos para crear nuevos modelos de armamentos estratégicos: misiles cruceros, misiles con múltiples cabezas nucleares y de sistemas

[84] Véase de Henry A. Kissinger el ensayo, "¿La Guerra limitada debe ser convencional o nuclear?", ob. cit; p. 171.

de guiado para los misiles balísticos, la "defensa" antimisil y aeroespacial.

En el mes de junio de 1979, el presidente Carter, presionado por el Complejo Militar-Industrial, aprobó un programa de renovación y fabricación de cohetes estratégicos de asentamiento terrestre pertenecientes al sistema MX. De acuerdo con ese proyecto, los Estados Unidos desplegarían, en el año 1986, 200 cohetes móviles MX, que debían estar dotados de vehículos de reentrada múltiple. Para mantener la supervivencia de estos misiles, existió la propuesta de desplazarlos sistemáticamente entre diferentes refugios especiales instalados en los Estados de Utah y Nevada.

La decisión de la administración Carter de posponer la ratificación del Tratado SALT-II indicó que los sectores militaristas y de la extrema derecha presionaban para introducir sus intereses en la formulación de la política exterior norteamericana. El presidente Carter tuvo el propósito de aflorar como un político "fuerte" en el contexto de las elecciones generales norteamericanas con la puesta en práctica de una línea de política exterior "dura" que objetaba la intervención del Ejército Rojo soviético en Afganistán, y la presencia de una brigada militar soviética en Cuba. Estas dos problemáticas no le ofrecieron otra opción a su administración que retirar la aprobación del Tratado SALT-II, en el Senado, y hacer un alto en el proceso de distensión con la URSS. [85]

---

[85] Véanse los criterios de Luis Mesa Delmonte en el trabajo "Administración Carter (1976-1980)" en: De Eisenhower a

Al cierre de esta década, en el orden interno, la economía norteamericana reflejaba un crecimiento económico lento e inestable, con altos índices de inflación, desempleo, un creciente déficit presupuestario, reducción de las tasas de inversión, descenso de la productividad del trabajo, deterioro de la capacidad competitiva externa y un déficit de la balanza comercial que agudizó su dependencia del comercio exterior en importaciones de combustible y otros productos vitales. En ese momento, la crisis interna había dejado claro la ausencia de una estrategia en el gobierno para contrarrestar la dependencia energética y la alta inflación. Por otra parte, la política internacional se tensaba en torno al conflicto de Afganistán y el dilema de los rehenes estadounidenses en Irán, que conmocionó y desacreditó la capacidad de acción internacional de la administración demócrata.

Los trastornos económicos de la nación posibilitaron la aglutinación de los enfoques políticos neoconservadores que abogaron por una nueva era de dinamismo y predominio mundial de la economía norteamericana. La ofensiva reaccionaria de las capas sociales internas que influyen en el proceso de toma de decisiones de la política exterior estadounidense determinó que la situación internacional describiera alguna similitud con el escenario de la posguerra, cuando para justificar los planes militaristas y los preparati-

---

Reagan, ob. cit; Pp. 239-286; y de John Lewis Gaddis, "La Contención después de Kissinger", ob.cit; p.383.

vos de un ataque nuclear contra la URSS, el presidente Harry Truman inició la "guerra fría". En los albores de la década de los 80´ apareció, en el sistema internacional, una segunda confrontación Este-Oeste "que resultó, más tarde, tan peligrosa como la primera."[86]

Una quinta y última etapa – se extiende hasta la actualidad – de la tentativa estadounidense de militarizar el espacio ultraterrestre tomó prioridad con la ascensión de Ronald Reagan a la presidencia de los Estados Unidos, en representación de la llamada nueva derecha del espectro político y de sus ideas portadoras de una "revolución conservadora" en esa sociedad.

La administración Reagan, entre los años de 1981 y 1988, hizo que el culto a la fuerza en las relaciones internacionales y el "nacionalismo" conservador, exacerbado por los círculos militaristas, prevalecieran en todas sus manifestaciones. La formulación de la "Doctrina del Neoglobalismo" estipuló un conjunto de medidas políticas, económicas e ideológicas que rechazarían el poderío de las naciones socialistas y sugerirían el empleo directo de las fuerzas militares estadounidenses contra los países clasificados de amenazantes para sus intereses globales.

---

[86] La distensión soviético-norteamericana no concluyó la confrontación Este-Oeste. Este proceso culminó posteriormente con la desaparición de la URSS, aunque ha sido simbolizado con la caída del "Muro de Berlín". El período de la segunda "Guerra Fría" o la llamada "Guerra Fría" de Reagan, véase en una visión progresista del politólogo Fred Halliday en la obra: « The Making of the Second Cold Ward », Varso Editions and NLB, London, 1983, p. 99.

El "neoglobalismo" de la Casa Blanca, unido a la teoría militar de la "Frontera Alta", pretendió liquidar el proceso de distensión entre las grandes potencias extendiendo al espacio cósmico la estrategia de dominación mundial, aplastar el movimiento por la eliminación de las armas nucleares y limitar los daños de un supuesto "primer golpe" nuclear lanzado desde la URSS. La "Frontera Alta" preparó una serie de multicapas de dispositivos baratos y simples para repeler por lo menos el 95 por ciento de los misiles lanzados por un ataque nuclear de la URSS. Tales dispositivos incluían satélites en órbita que interceptarían a los cohetes soviéticos cuando estos salieran de sus plataformas de lanzamiento y sistemas antimisiles con base en tierra, para destruir los misiles que hubiesen logrado traspasar la doble señal de ataques proporcionada por los satélites.

Con esta concepción, el presidente Reagan expuso, en el mes de octubre de 1981, su programa de perfeccionamiento de las armas estratégicas que abarcaron todas las fuerzas ofensivas en dos direcciones: el establecimiento de la producción de los bombarderos estratégicos B-1, suspendidos por Carter, y el despliegue, a partir del año de 1986, de nuevos bombarderos con modificaciones (B-1B) capaces de portar en vuelo hasta 3000 cargas nucleares. Las medidas tomadas por el gobierno de Reagan potenciaron la estrategia militar de las precedentes administraciones, en cuanto al desarrollo de los armamentos estratégicos. En el año 1981, Reagan tomó la decisión de comenzar la producción de municiones para el arma neutrónica, con el fin de quebrantar el equilibrio estratégico-militar mundial.

El plan militarista de Reagan concibió perfeccionar el sistema de mando operacional y de comunicaciones de las fuerzas estratégicas ofensivas, con el objetivo de garantizar un seguro control de las mismas en una guerra nuclear prolongada. La "Doctrina Reagan" se propuso una sustancial modernización de todos los elementos de sus fuerzas militares estratégicas, el despliegue de nuevos sistemas de radares de largo alcance, la renovación de los bombarderos, de los equipos electrónicos de todos los puestos de controles aéreos y la creación de nuevas líneas de comunicaciones para sus fuerzas estratégicas.

Sobre la "defensa" espacial, la administración Reagan se pronunció, el 4 de julio de 1982, cuando firmó la directiva 32 para la "seguridad nacional",[87] encargada de la formación de un organismo responsable de la creación de un grupo de coordinación interdepartamental para la elaboración de estudios sobre el uso del espacio ultraterrestre con fines militares y el empleo de sofisticadas tecnologías. Reagan apoyó las primeras propuestas para desplegar en el espacio diversos tipos de satélites de detección, seguimiento y destrucción de misiles. Su gobierno rechazó los planes de una "defensa" de poco espesor o selectiva porque prefería una "protección absoluta" contra cualquier ataque con misiles balísticos intercontinentales, cuyo resultado equival-

---

[87] Por sus siglas en inglés: NSDD, National Security Decision Directive.

dría a la reducción o eliminación del peligro nuclear, y al desmontaje constructivo de los misiles cruceros y los bombarderos estratégicos.[88]

Con esta estrategia el programa espacial de los Estados Unidos creó nuevos órganos de supervisión y rígidas normas para la colaboración con otras potencias capitalistas en la investigación y el uso del cosmos. Y suspendió con la URSS la cooperación en materia espacial por causas relacionadas con las concepciones de política exterior imperantes en la administración republicana. En el plano económico interno, el aumento de los gastos militares formó parte significativa de la política anticíclica desarrollada por el gobierno, y se atribuyó al Complejo Militar-Industrial un notable peso en la suavización de las contracciones periódicas de la economía norteamericana[89], pues en la industria bélica no rigen los precios del mercado, sino que los mismos son fijados de acuerdo a las negociaciones entre los monopolios y el gobierno que garantiza un determinado nivel de ganancia por encima de las pérdidas de valores que introduce la competencia capitalista.

Al mismo tiempo, la industria bélica sirvió de esfera alternativa de inversión para el capital monopolista mediante el empleo de la fuerza de trabajo "libre". La producción de este sector tuvo

---

[88] Véase de Edward N. Luttwak, artículo citado.

[89] José Luis Rodríguez, "El gasto militar en la economía norteamericana contemporánea". Mesa Redonda internacional los Estados Unidos en los 80, La Habana, 14-16, marzo, 1983, p.4.

la ventaja de no competir con las otras ramas civiles de la economía y eludió los problemas de su realización en el mercado; por eso las preferencias de las transferencias de capital hacia la esfera militar en la economía norteamericana. La historia conoce que las ganancias de los fabricantes de armamentos fueron elevadas, a pesar de encontrarse la economía en plena recesión. Así, en el cuarto trimestre del año 1982, las ganancias de los ocho mayores fabricantes de armamentos aumentaron en un 23 por ciento en comparación con el año anterior, en tanto las ganancias de todas las grandes empresas combinadas disminuyeron en un 24 por ciento.[90]

Esta administración constituyó el Comando Espacial de la Fuerza Aérea de los Estados Unidos e inició la instalación de las bases de propulsión atómica para sistemas espaciales, las cuales habían sido congeladas, en el año 1973, debido a la poca aplicación práctica que proporcionaban. Y, el 23 de marzo de 1983, en un discurso televisado a toda la nación, el presidente Reagan anunció la Iniciativa de Defensa Estratégica (IDE) o "Guerra de las Galaxias". Los pretextos fueron muy simples: el despliegue de un sistema "defensivo" que permitiera eliminar en el espacio ultraterrestre cualquier contingencia de ataque nuclear contra los Estados Unidos. Con este argumento, la estrategia norteamericana reafirmó la aspiración geopolítica de trasladar a

---

90 Véase de Víctor Perlo, "¿Qué es el Complejo Militar- Industrial?". Seminario sobre El Complejo Militar -Industrial, La Habana, 16-19, abril, 1983, p.8.

ese nuevo campo de batalla un sofisticado y tecnológico sistema de "defensa" antimisil sustentado en la utilización del rayo láser o el rayo de partículas.

El gobierno de Reagan emprendió la construcción del centro conjunto de operaciones espaciales a nueve millas de Colorado Springs, Estado de Colorado, destinado al control de los satélites y las misiones militares dentro del programa "*Space Shuttle*", un complejo cósmico que serviría de apoyo a todas las armas del ejército norteamericano y ejercería influencia sobre el desenlace de los conflictos militares con la puesta en órbita de satélites de reconocimiento desde el espacio cósmico. Los vehículos espaciales tripulados del programa "*Space Shuttle*" eran adaptables para el ensayo de diversos tipos de armamentos, la inspección, destrucción de objetivos militares en el espacio y el emplazamiento de medios de ataque.

Por consiguiente, la extensión del militarismo al espacio adquirió un carácter cualitativo. Ninguno de los sistemas de armas nucleares estratégicas desplegados podía funcionar eficazmente sin los satélites ya en órbita que proporcionaron la alerta temprana, el reconocimiento, las comunicaciones y las informaciones sobre los objetivos del enemigo. Hacia finales del año 1983, había al menos 2000 satélites militares en órbita, empleados en toda una gama de aplicaciones militares. El espacio ocupó, por estas razones, un lugar primordial en la gran estrategia y, algo más, un genuino "campo de batalla" en las concepciones de los planificadores de la política exterior.

Convencido del éxito de su estrategia, el 25 de enero de 1984, Ronald Reagan presentó la creación de la estación orbital permanente Columbus. Esta estación serviría de experimento para el diseño y funcionamiento de armas espaciales; y sería una plataforma para el espionaje y control de la URSS. Y, por primera vez en la historia, el 10 de junio de 1984, a una altura de 160 Km sobre el Océano Pacífico, fue interceptada de forma simulada por un misil la ojiva de un cohete balístico intercontinental. Este acontecimiento representó una de las principales pruebas del nuevo sistema de "defensa" contra misiles balísticos diseñado por esa administración.

Posteriormente, se efectuaron los primeros ensayos de un arma antisatélite denominado "pequeño vehículo busca blancos". Estas pruebas formaron parte de la decisión de instaurar un sistema antisatélite (*ASAT*, en inglés), que utilizó como blanco un objetivo real en el cosmos. Con la firma, en enero del año 1985, de la directiva presidencial 119, que contempló la asignación de importantes recursos financieros, los trabajos relacionados con las armas láser, de partículas y de efecto cinético tomaron un renovado impulso. Los propósitos de estas acciones supusieron el despliegue de los medios de ataque espaciales que facilitarían el desarrollo de la carrera armamentista en el espacio ultraterrestre.

Salvo con el desastre de la nave de transporte espacial *Challenger*, el 28 de enero de 1986, que forzó la cancelación del plan de quince vuelos tripulados concebidos para ese año por el programa de vehículos espaciales tripulado "*Shuttle*", el interés de la administración Reagan de convertir el espacio en un campo de confrontación, en detrimento de la colaboración, marcó un jalón importante en la aspiración de extender la carrera armamentista al espacio ultraterrestre. La tarea principal de la "Política Nacional en el Espacio", proclamada por Reagan, buscó asegurar el liderazgo militar de los Estados Unidos en el cosmos, pues también los soviéticos continuaban con su programa de modernización y desarrollo de las armas nucleares estratégicas.

La URSS había llegado a esta década con la capacidad necesaria para destruir, solo con el empleo de un número reducido de los suyos, una fracción importante de los misiles estratégicos norteamericanos con base en tierra. Esta posibilidad lograda por la URSS conformó en los Estados Unidos la concepción sobre la "Ventana de Vulnerabilidad" en consideración a la "amenaza" que significaba para su seguridad los arsenales nucleares y las fuerzas estratégicas soviéticas, capaces, en teoría, de propinar un "primer golpe" y represalias mayores contra los intereses norteamericanos.

En el año 1986, la promulgación de la Ley de Reorganización del Departamento de Defensa, conocida como el Acta Goldwater-Nichols, impuso un debate en las estructuras militares norteamericanos sobre las reformas contenidas en dicha legislación congresional. La Ley Goldwater-Nichols destacó la designación del presidente de los Jefes de Estado Mayor Conjunto para el cargo de asesor principal del Presidente y del Secretario de Defensa en todos los asuntos militares, incluyendo la educación profesional de los militares (anteriormente era de la incumbencia de los Jefes del Estado Mayor Conjunto); se definieron los "asuntos conjuntos" para fines educacionales, las acciones que implican a las fuerzas terrestres, marítimas y aéreas en los ámbitos de la estrategia militar nacional; la planificación estratégica y de contingencias, y el mando y control de las operaciones de combate bajo un comando unificado.

La polémica Acta estipuló la "adecuación" periódica de las concepciones de "seguridad nacional" de los Estados Unidos, generalmente en los cambios de administraciones o de coyunturas mundiales. En el año 1988, la Ley Goldwater-Nichols, publicó la estrategia de "seguridad nacional" norteamericana que reafirmó en la URSS la "amenaza" más significativa a sus intereses de seguridad y el mayor desafío global para su política exterior.

En esta etapa, a pesar de la superación de los obstáculos que alentaron la "guerra fría", la carrera armamentista continuó. Los círculos militares norteamericanos tomaron una serie de medidas para establecer la superioridad militar con respecto a la URSS: los pedidos totales de presupuesto planificados para la IDE o "Guerra de las Galaxias", entre los años 1985 y 1989, se estimaron en cerca de 26000 millones de dólares[91], además del elevado financiamiento para la producción de los misiles balísticos intercontinentales con cabezas múltiples (MX), el desarrollo de nuevos submarinos *Trident* y bombarderos estratégicos, con el objetivo de fortalecer cada uno de los componentes de la denominada triada estratégica nuclear.

En este momento de "distensión" internacional en que comenzaba a desmoronarse el sistema socialista de Europa del Este, se inició la erosión acelerada de la URSS y emergió la "Guerra de las Galaxias" en calidad de palanca de presión política y económica destinada a impulsar, mediante una carrera armamentista acelerada, el colapso del debilitado bloque económico, político y militar socialista.

Documentos históricos, publicados tras la desaparición del poder soviético, revelaron que, en el año 1987, los analistas de la Agencia Central de Inteligencia (CIA) pronosticaron el escenario probable de la "imposibilidad de la URSS de rivalizar con el programa antimisil estadounidense llamado IDE o "Guerra de las Galaxias", y que por sus afectaciones económicas, el Kremlin buscaría concesiones en materia de desarme y control de armamentos." En la segunda mitad de la década de los 80', la probabilidad de un enfrentamiento soviético-norteamericano en la es-

---

[91] Keeith B. Payne, Strategic Defense: "Star Wars" In perspective. Hamilton Press, Boston, 1986, p. 24

fera nuclear se alejó mientras avanzaba la reestructuración de la política interna en la URSS. Para los estrategas militares estadounidenses, el peligro de una confrontación militar se desplazó hacia las periferias regionales.[92] En el año 1990, otra plataforma estratégica y de "seguridad nacional" analizó la "crisis del socialismo" en Europa Oriental y los progresos – léase concesiones – que hacían los líderes soviéticos al imperialismo.

En esa década, los Estados Unidos definieron que la disuasión nuclear continuaba siendo la esencia de su estrategia militar y que sus prioridades globales asociadas a sus objetivos político-militares serían los siguientes: el mantenimiento de la supremacía nuclear, la conquista del espacio ultraterrestre y el fortalecimiento de su presencia militar en diferentes regiones del sistema internacional; controlar las zonas marítimas más críticas, sus espacios aéreos asociados y las líneas de comunicación que en casos de crisis o de guerra resulten vitales; fortalecer el apoyo financiero a las actividades de investigación necesarias para garantizar la preponderancia en el campo tecnológico, particularmente, en el área nuclear y de la "defensa" antimisil; desarrollar inversiones que garanticen unas fuerzas armadas poderosas para detener una supuesta agresión y que, además, puedan hacerle frente a

92 Véase de Paul Wolfowitz, "Regional Conflicts: New Thinking Old Policy". Parameters, March, 1990, Pp. 2-8.

las posibles amenazas que provengan de conflictos y tensiones en el Tercer Mundo.[93]

En esta etapa, con la administración republicana del presidente George Bush, entre los años 1988 y 1992, la carrera armamentista siguió su curso ascendente con énfasis en el desarrollo de novedosas tecnologías militares. En el mes de marzo de 1991, el Pentágono comenzó el emplazamiento del cohete nuclear Trident-2 en submarinos, el perfeccionamiento de una potente arma estratégica portadora de 12 cabezas nucleares y con capacidad de dirigirlas a diferentes blancos situados a unos 7500 kilómetros de distancia. En contradicción con el espíritu de las negociaciones soviético-norteamericanas para la reducción de las armas estratégicas, el gobierno de Bush fortaleció el Complejo Militar-Industrial con la obtención de nuevos tipos de armas, algunas de las cuales fueron probadas, por primera vez, contra Iraq en la llamada "Guerra del Golfo" del año 1991.

Durante el período presidencial de George Bush, el debate sobre la reducción del gasto militar, la reconversión industrial, el cierre de bases militares y la transformación del aparato militar tensó las relaciones políticas entre republicanos y demócratas. La propuesta de la administración Bush para disminuir los gastos militares resultó menor a la que recomendó el sector de-

---

[93] Tomado de los documentos: Seguridad Nacional de los Estados Unidos: El equipo de Bush, Washington, La Casa Blanca, 2001; y National Strategy for a New Century, Washington, The White House, 1997.

mócrata. Los cambios en los temas de la seguridad también abarcaron propuestas sobre la reordenación de las instituciones: el Consejo Nacional de Seguridad, el Departamento de Estado y la CIA, entre las más significativas.[94]

La administración Bush buscó otorgarle "nuevas" funciones a la industria militar en un entorno internacional de posguerra fría y de discusiones internas en los Estados Unidos sobre la desmovilización de la economía de guerra, porque la debilidad de algunos sectores industriales, desde la recesión del mes de julio del año 1990, había creado reducciones considerables en los niveles de empleo y en la producción industrial. Una posible solución se confió a la orientación de los programas de Investigación y Desarrollo (I + D) hacia los proyectos militares y de exportación de armamentos.

Las posibilidades de obtener avances en las tecnologías de uso militar, para un mejor aprovechamiento de la microelectrónica, de los sensores, el procesamiento rápido de la información y el desarrollo de la energía dirigida, hicieron que el Pentágono comenzara la fabricación de las armas que le proporcionarían considerable seguridad y poderío con la integración de los sistemas de difícil detección, la fabricación de municiones con guiados de precisión que combinan el largo alcance con una alta exactitud, la "defensa" contra misiles balísticos y las capacidades

---

94 Para los cambios en estas instituciones norteamericanas véanse de G. A. Carrer, Jr. "Intelligence in the Age of Glaznost", Foreing Affairs, v. 69, n. 3, Summer, 1990, Pp. 147-166; y de Z. Brzezinski, "The NSC ´s Midlife Crisis", Foreign Policy, n. 69, Winter, 1987-1988, Pp.80-89.

espaciales necesarias para las operaciones en tiempo de guerra.

Como resultado de las aplicaciones tecnológicas en la carrera armamentista, se incrementó la utilización de plataformas espaciales para actividades de información, vigilancia, navegación y comunicación. Los científicos norteamericanos mejoraron la capacidad de los satélites que intervienen en los sistemas antimisiles, para proporcionar imágenes en tiempo real, y pusieron a disposición de las fuerzas aéreas y terrestres una información detallada sobre los objetivos del enemigo. Los medios militares señalados no solo fueron diseñados para los sistemas antimisiles, sino también para su posible uso en guerras convencionales.

El gobierno de Bush debió enfrentar un momento histórico de notables cambios en el sistema internacional que provocaron graves consecuencias para la estabilidad global y regional. La URSS se derrumbó y el poder ruso heredero continuó su declinación, mientras la influencia del potencial económico, político y militar de China emergió con rapidez, generando también profunda preocupación en el establishment político y militar norteamericano. En el año 1992, bajo la dirección del Secretario de Defensa, Richard Cheney, y un grupo de especialistas militares "neoconservadores", entre los que se encontraba Paul Wolfowitz, el Pentágono elaboró una propuesta para cambiar la estrategia de "defensa" de acuerdo con la nueva situación proveniente de la desaparición de la URSS y la emergencia de China, como otro polo de significativo poder mundial.

Para los proponentes, se trataba de un documento indispensable para los Estados Unidos, porque postulaba una estrategia de "acción preventiva" con el propósito de impedir, por todos los medios posibles, el ascenso de una potencia o grupo de naciones con la pretensión de desafiar el liderazgo militar y económico norteamericano. El carácter unilateralista e intervencionista del texto creó un estado de opinión de censura en el Congreso, la prensa local e incluso en los gobiernos extranjeros, lo cual motivó que el documento no prosperara y las ideas extremas fuesen sustituidas por formulaciones más multilateralistas.

No obstante esos acontecimientos trascendentes, la situación real de la configuración internacional de fuerzas siguió siendo la misma: los Estados Unidos mantuvieron la supremacía de única superpotencia mundial con todos los atributos y dimensiones del poder militar, económico y político.[95]

[95] Véase de Joseph. Nye S. Jr "Política de Seguridad de los Estados Unidos: retos para el siglo XXI. Agenda de la Política Exterior de los Estados Unidos de América, Washington, agosto, 1998, p. 26. Este es un período de transición o recomposición de las relaciones internacionales bajo el liderazgo de los Estados Unidos en su condición de superpotencia, véase también el ensayo de Roberto González Gómez, "Posguerra fría y "Orden Mundial": la recomposición de las relaciones internacionales". Temas, La Habana, n. 9, enero-marzo, 1997, Pp. 88-97.

En franca contradicción con la tesis "declinista"[96] divulgada por el historiador anglo-estadounidense Paul Kennedy, cuando la humanidad se aprestaba a comenzar un nuevo siglo, quedaba demostrada la equivocación de quienes solo una década antes habían vaticinado la inevitable decadencia estadounidense.[97] Pero, si bien el poderío estratégico-militar y tecnológico de los Estados Unidos carecía de precedentes en los anales de la historia y, entre los años 1989 y 1991, habían ganado la "guerra fría" contra la URSS, las debilidades estructurales de una economía en exceso militarista se manifestaron aceleradamente en su relativo "desgaste" o pérdida de competitividad económica frente a otros principales centros de poder económico capitalista: Unión Europea y Japón.

Pero la inobjetable unipolaridad estratégico-militar norteamericana en la posguerra fría otorgó créditos a los argumentos antideclinistas y contribuyó a que la gran estrategia de la administración Bush expandiera sus relaciones de poder en el escenario internacional, priorizando los intereses geopolíticos en regiones y países ubicados en el Tercer Mundo. Sin embargo, el descuido de las consecuencias de la latente crisis socioeconómica neoliberal en la sociedad norteamericana y la falta de dedicación a los aspectos claves de la política exterior y de defensa provo-

---

96 Véase en la obra de Paul Kennedy, The Rice and Foll of the Great Powers, Viritage Books, Random House, Nueva York, 1987.

97 Joseph Nye S. Jr, Ibídem.

caron la derrota electoral del político republicano frente a los demócratas en el año 1992.

Cuatro años después del colapso soviético, en el mes de febrero del año 1995, la Estrategia Militar Nacional de los Estados Unidos, denominada por la administración que encabezó el presidente William Clinton, entre los años 1993 y 2000, "Estrategia de Comprometimiento y Expansión", resultó incapaz de mencionar las tradicionales amenazas a la "seguridad nacional" norteamericana. Los militaristas introdujeron algunas modificaciones en los conceptos estratégicos para enfrentar los retos de la posguerra fría, y aprovechar las oportunidades estratégicas ofrecidas por un período de transición del sistema internacional que arrojó, a los efectos de los Estados Unidos, una coyuntura incomparable para influir en la conformación de un "Nuevo Orden Mundial" [98], pero solo en función de sus intereses imperialistas.

El Pentágono otorgó prioridad a las acciones contra la "inestabilidad regional" y otros problemas considerados globales en la agenda de la política exterior norteamericana: la proliferación de armas de destrucción masivas, el narcotráfico y el terrorismo. La estrategia militar explicó el carácter disperso e incierto de las amenazas, y Rusia, sacudida por el caos interno, siguió valorada por los líderes políticos-militares como un poder militar peligroso dada la conservación de un número elevado de armas nucleares y sus respectivos sistemas portadores asociados.

---

[98] Esta concepción está presente en el ensayo de Condoleezza Rice, artículo citado.

Aun así, el principal enemigo había desaparecido en su forma histórica clásica. Las probabilidades de un enfrentamiento militar nuclear con la URSS y la Organización del Tratado de Varsovia (OTV) habían desaparecido. Por aquellos años, la concepción de que las "nuevas" amenazas a la "seguridad nacional" de los Estados Unidos estarían situadas en el Tercer Mundo, fundamentó los ajustes realizados a la tradicional estrategia norteamericana. En ese contexto, el Congreso y las instituciones militares redujeron las asignaciones financieras para algunos proyectos desarrollados durante la era de la confrontación Este-Oeste.

De ahí el hecho de una coyuntura de inflexión en el desarrollo de la estrategia antimisil norteamericana. La "Guerra de las Galaxias" pareció un plan complejo de sostener en las nuevas condiciones internacionales, porque el Pentágono había diseñado una estrategia militar que perseguía desarrollar unas fuerzas armadas menos numerosas y costosas. Para los Estados Unidos era entonces preferible y necesario contar con un ejército mejor dotado, más entrenado y con mayores capacidades de traslado a cualquier región del planeta.

En consonancia con esos propósitos, el presupuesto militar norteamericano disminuyó en un 40 por ciento y el personal de las fuerzas armadas en un tercio, comparado con lo que existía en los momentos de mayor intensidad de la "guerra fría". Sin embargo, los Estados Unidos mantuvieron unos 100 000 efectivos en Europa, otros 100 000 en Asia y 20 000 en el Golfo Pérsico y sus alrededores. Esta capacidad, combinada con la colocación anticipada de equipos y las maniobras conjuntas con aliados y países amigos, ayudó a conformar la proyección política de la administración en esas regiones y constituyó, por tanto, una forma de "diplomacia preventiva"[99], que garantizó la presencia norteamericana en los países del Tercer Mundo.

Con las reducciones financieras fueron afectados los programas de la "Guerra de las Galaxias", los sistemas antimisiles de teatro y el programa inicial de los bombarderos estratégicos (B-2) con tecnología de difícil detección. Esta transitoria paralización de los proyectos armamentistas transcurrió bajo los contradictorios intereses internos representados en el Congreso, y las desavenencias de los sectores neoconservadores vinculados a la industria militar, quienes defendieron la revitalización de la IDE y con sus posturas extremas pusieron en peligro las conversaciones que, sobre la reducción de las armas nucleares, se efectuaban con Rusia.

Desde el punto de vista de la "seguridad nacional", tanto en el seno del Congreso como en la industria militar, ocurrió una división en dos grupos: los que defendieron la construcción de un sistema antimisil y quienes argumentaron que, en las condiciones internacionales de la posguerra fría, los riesgos de un ataque con misiles balísticos contra los Estados Unidos serían ínfimos. En el debate sobre los temas relacionados con la "defensa" antimisil influyeron dos factores esenciales, en el plano interno: el estado de

99 Véase de Joseph S. Nye. Jr, artículo citado.

la economía nacional en relación con la global y, en el externo: los procesos relacionados con el fin de la "guerra fría" y la recomposición de las relaciones internacionales.

El factor interno estuvo marcado todo el tiempo por la necesaria reducción del presupuesto que imponía el alto déficit federal, cuestión explicada en la Ley Gramm-Rudmann-Hollings, la oposición pública al incremento de los gastos militares y la creciente solicitud popular de que no se redujeran las asignaciones federales para los programas sociales y económicos. En el nuevo contexto mundial, los enfoques teóricos que acompañaron la doctrina de la "Contención del Comunismo" perdieron justificación y la estrategia norteamericana para enfrentar el advenimiento de una coyuntura internacional diferente estaba poco definida. La estrategia militar norteamericana priorizó los aspectos de la guerra convencional ajustándola a los progresos de la Revolución Científico-Tecnológica, pues ésta debía proporcionar la absoluta supremacía de los Estados Unidos en cuanto a la posesión y el uso de la mejor tecnología militar.[100]

La administración de William Clinton fue la primera que desarrolló su gestión en un período mundial en transición y redistribución del poder de los principales actores en el sistema internacional. Aunque en sus primeros años el gobierno de Clinton no intentó ofrecer una nueva doctrina

[100] Véase de Isabel Jaramillo Edwards, "La estrategia militar de la administración Bush hacia América Latina". Cuadernos de Nuestra América, La Habana, n, 18, v. XI, enero-junio, 1992, Pp.126-127.

de política exterior, por lo que continuaron predominando los factores de continuidad en la estrategia de "seguridad nacional", el escenario global hizo que los Estados Unidos se propusiera reconstruir su poder hegemónico más allá del alcance de la doctrina de la "Contención del Comunismo".

Los estrategas militares percibieron que en un entorno internacional cambiante la amenaza fundamental a la "seguridad nacional" de los Estados Unidos estaba en la inestabilidad global y, especialmente, en Rusia, donde se desmantelaban armas nucleares y removían los materiales esenciales para producirlas. Los sistemas de control de los lugares de almacenamiento y de los reactores de investigación nuclear en los países que integraron la URSS, eran mucho menos rigurosos que las medidas establecidas durante la "guerra fría". Se pensó en el peligro de que las bombas o secretos nucleares llegasen al mercado negro o cayesen en manos de supuestas fuerzas terroristas transnacionales.

La identificación de algunas problemáticas de carácter transnacional: la proliferación de armas nucleares y de destrucción masiva, el terrorismo, el tráfico de drogas y el extremismo religioso islámico, se convirtieron en las principales "amenazas" para los intereses globales de los Estados Unidos. Con esta conclusión, en el año 1997, la Ley de la Comisión Asesora Federal, con el patrocinio de los líderes del Congreso, la Casa Blanca y el Departamento de Defensa, reevaluó la estructura y el proceso de toma de decisiones del sistema de "seguridad nacional" que se mantenía vigente desde la aprobación de la Ley de

Seguridad Nacional del año 1947.

Por otro lado, en el año 1997, los círculos académicos y políticos "neoconservadores", opuestos a una proyección externa menos agresiva y a los enfoques multilateralistas del equipo de Clinton, fundaron la organización Proyecto para un Nuevo Siglo Americano[101], que sirvió de plataforma para criticar lo que denominaron "las políticas incoherentes" de la administración Clinton, y resaltó los logros de la política exterior de la administración Reagan, insistiendo en la necesidad de preservar el "liderazgo global estadounidense". Los fundamentos expuestos por dicho proyecto pretendieron influir en el proceso de definición de la estrategia de "seguridad nacional" que inevitablemente aprobaría la administración Clinton para justificar las bases conceptuales del accionar de los Estados Unidos en el "nuevo" escenario internacional. Las propuestas más importantes de los "neoconservadores" fueron las siguientes:

- Priorizar el incremento del gasto militar para sostener las responsabilidades globales del presente y modernizar las fuerzas armadas para el futuro.

- Fortalecer los vínculos con los aliados "democráticos", y enfrentar a los regímenes incompatibles con los intereses y valores norteamericanos.

---

[101] Por sus siglas en inglés PNAC: Proyect for the New American Century.

- Promover el insustituible liderazgo de los Estados Unidos en la preservación y extensión de un orden internacional conveniente a su seguridad, prosperidad e intereses estratégicos.[102]

Con esta declaración de principios, los nostálgicos "neoconservadores" de la era Reagan ofrecieron a la administración Clinton una interpretación de la realidad internacional a partir de los presupuestos básicos de la llamada Teoría de la Estabilidad Hegemónica. Este enfoque teórico de las relaciones internacionales que sustenta sus concepciones en las enseñanzas de la escuela del Realismo Político, acometió la validación de sus criterios académicos y políticos en el momento oportuno del fin de la bipolaridad que produjo la desaparición de la URSS.

Para los ideólogos de esa teoría, la estabilidad del sistema internacional solo es posible mediante la supremacía o dominación de un único Estado que establezca, dicte o imponga determinadas reglas de conducta e interacción entre los principales actores del sistema. Para lograr su función hegemónica un estado debe poseer determinadas cualidades: la capacidad para imponer el cumplimiento de las normas del sistema, la voluntad de hacerlo y el compromiso con el sistema que es percibido por sus principales actores como un bien colectivo. Las mencionadas cualidades solamente podrían materializarse

[102] Para ampliar sobre los principios del PNAC, Véase Statement of Principles. PNAC, June 3, 1997: http://www.newamericancentury.org/statementofprinciples.htm

por una nación con una economía de gran escala, fuerte, estable, respaldada por avances tecnológicos notables y un poder político acompañado de un efectivo poderío militar.

El documento del PNAC declaró categóricamente que los Estados Unidos debía desplegar "defensas" globales antimisiles para defender su territorio y el de sus aliados, y proveer de una base segura a la proyección del poder norteamericano en el mundo

Sin que estuviese completamente superado el anterior debate, en el mes de septiembre de 1999, el Pentágono designó una comisión de alto nivel para estudiar los problemas de la "seguridad nacional" y hacer las recomendaciones pertinentes. El trabajo de la comisión estudió, en su primera fase, cómo cambiaría el sistema internacional en los primeros 25 años del siglo XXI y, como resultado, arribó a seis conclusiones esenciales para la política exterior y de "defensa" norteamericana:

- Los Estados Unidos serán más vulnerables a un ataque en su territorio y todo el poderío militar no podrá proteger la nación.

- Los rápidos avances en información y biotecnología crearán nuevas vulnerabilidades para la seguridad estadounidense.

- Las fronteras entre los Estados se harán más porosas y podrían desaparecer.

- La fragmentación de algunos Estados provocará efectos desestabilizadores en regiones completas.

- El espacio cósmico se convertirá en un teatro militar crítico y competitivo.

- El trabajo de inteligencia de los Estados Unidos enfrentará adversarios más peligrosos y un excelente servicio de inteligencia no podrá evitar todas las amenazas posibles.[103]

En la fase II el documento recomendó una estrategia para afrontar las "amenazas de una nueva era" en las relaciones internacionales y la persistencia del terrorismo: los Estados Unidos debían articular su "seguridad nacional" combinando acciones preventivas, porque los grandes centros urbanos de la nación podrían ser víctimas, en cualquier momento, de un ataque con armas de destrucción masivas y el sistema de "defensa nacional" no estaba totalmente preparado para enfrentarlos. Cuando describieron estas nuevas "amenazas", los expertos previeron que el fracaso en prevenir ataques contra el territorio nacional pondría en peligro la vida de muchos norteamericanos y la propia política exterior del país.[104]

Las cuestiones básicas para una amplia estrategia de "seguridad nacional", contra todo tipo

---

[103] Tomado de Un Nuevo Mundo Arribando. La Seguridad Nacional para el Siglo XXI. Parte I, Documento de la Dirección de Inteligencia Militar de las FAR, La Habana, noviembre, 1999, p.4.
[104] Ibídem.

de ataques, debían ser: el "fortalecimiento de la seguridad del territorio, el trabajo científico, educativo y la reestructuración del gobierno de la nación".[105] Los puntos esbozados por la comisión se convirtieron en líneas indispensables para el mantenimiento de la hegemonía estadounidense. El uso del espacio cósmico con propósitos militares devino en una prioridad del establishment norteamericano. La colocación de armas en el espacio y el mantenimiento de la capacidad nuclear dieron cuerpo a la estrategia militar estadounidense para enfrentar a las "nuevas" amenazas descritas.

Unos meses después, el 4 de enero de 2000, el presidente William Clinton transmitió al Congreso, según establece la Ley Goldwater Nichols del año 1986, el informe sobre la "Estrategia de Seguridad Nacional para un Nuevo Siglo". Se aseguró que los Estados Unidos seguirían siendo, en el primer cuarto del siglo XXI, el principal actor político, económico, tecnológico y cultural en el sistema internacional; y que sería, a lo largo de todo ese período, la única superpotencia militar.

Para esta administración la estrategia de "seguridad nacional" debía garantizar la prosperidad económica y tecnológica obtenida por los Estados Unidos en la última década del siglo XX, la promoción del modo de vida norteamericano en el exterior y la presentación de un plan para

[105] Ibídem, p. 8.

desplegar un Sistema Nacional de Defensa Antimisil (*SNDA*)[106]. Los Estados Unidos debían crear amplias capacidades de "defensa" antimisil en escenarios de guerra regionales y contra un ataque limitado de misiles balísticos a determinados objetivos en territorio norteamericano, pues en la medida que los misiles cruceros y otras tecnologías del mismo tipo proliferasen, los estrategas norteamericanos debían enfrentar el desafío de construir "defensas" antimisiles.[107]

El espacio ultraterrestre pasó a ser nuevamente un asunto prioritario en la planificación de la política exterior norteamericana. En sus concepciones el espacio sideral y el ciberespacio son las principales arterias de los sistemas informáticos y económicos en evolución, ya que ofrecen la capacidad de transmitir ideas e información a través de ellos. El acceso seguro al espacio sideral y el ciberespacio sobrevino la condición *sine qua non* para que la capacidad económica, comercial y militar norteamericana funcionasen activamente.

Para la conservación del liderazgo militar en el siglo XXI, el Pentágono relacionó cinco tipos de capacidades militares relacionadas con la estrategia antimisil:

---

[106] Clinton habla sobre la estrategia de Seguridad Nacional para el siglo próximo. Documento distribuido por la Oficina de Programas de Información Internacional del Departamento de Estado de los Estados Unidos, Washington, 21, enero, 2000, p. 1.

[107] Un Nuevo Mundo Arribando. La Seguridad Norteamericana en el Siglo XXI. Parte II, Documento de la Dirección de Inteligencia Militar de las FAR, La Habana, noviembre, 1999, p. 8.

- Capacidades nucleares para disuadir y proteger a los Estados Unidos y sus aliados.

- Capacidades de seguridad en su territorio.

- Capacidades convencionales para ganar grandes guerras.

- Capacidades expedicionarias para el despliegue y la intervención rápida.

- Capacidades de ayuda humanitaria y para imponer el orden.[108]

La estrategia para la "seguridad nacional" de los Estados Unidos en el siglo XXI, delineada por la administración Clinton, en su segundo mandato, resumió los esfuerzos para adaptar las concepciones de la política exterior a un sistema internacional en transformación con la desintegración de la URSS y la desaparición de sus aliados socialistas. Con la "crisis" de los enfoques teóricos [109] tradicionales de la segunda mitad del siglo XX, los líderes político-militares norteamericanos reelaboraron los temas y argumentos

---

108 Ibídem, Pp. 19-20.

109 Los cambios internacionales de la última década del siglo XX introdujeron un desafío para los tradicionales enfoques teóricos de la política exterior norteamericana: Realista y Liberal, véanse las obras de Fred Halliday, Rethinking International Relations, The Macmillan Press, London, 1994; y de Celestino Arenal, Introducción a las Relaciones Internacionales. Editorial Tecnos, S. A, Madrid, 1990.

unificadores que podrían proveer de un contenido e identidad a la política exterior de los Estados Unidos. Pero, en la práctica, el pensamiento sobre la "seguridad nacional" norteamericana continuó influido de la filosofía, los prejuicios y los esquemas de las estrategias de la "guerra fría" y la doctrina de la "Contención del Comunismo".

El agotamiento de la argumentación teórica en el campo doctrinal de la política exterior y en la estrategia militar fue reconocido por influyentes académicos estadounidenses. Para Eliot A. Cohen, "la estrategia estadounidense aún responde a una concepción del poderío militar derivado de la "guerra fría"; en consecuencia es incapaz de adaptarse a los desafíos del nuevo siglo: defensa del propio territorio, creciente poderío de China (...) Las fuerzas armadas continúan organizadas para responder a los retos del mundo bipolar."[110]

La transmisión del poder a la administración de George W. Bush, en el mes de enero del 2001, debilitó los aspectos que intentaron ser "renovadores" en los preceptos de la gran estrategia de los Estados Unidos. El discurso unilateralista y la decisión de desplegar el Sistema Nacional de Defensa Antimisil (SNDA) retrotrajo las circunstancias de la confrontación Este-Oeste e indicó que la denominada "Seguridad Nacional para el Nuevo Siglo" debía modificarse sin abandonar la "doctrina de la disuasión", porque "el

[110] Véase el ensayo de Eliot A. Cohen, "El sistema de defensa estadounidense en el siglo XXI", Foreign Affairs, (En Español), primavera, 2001.

arma nuclear seguiría siendo un elemento imprescindible para la "defensa" contra cualquier ataque al territorio estadounidense con armas de destrucción masiva.[111] En el debate interno sobre la posguerra fría y la política exterior demócratas y republicanos coincidieron en que los Estados Unidos debían tener una activa política exterior y de "defensa", para preservar un notable grado de superioridad estratégica militar, lo cual sería garantizado si se evitase la emergencia de otras potencias nucleares.

Después de los atentados terroristas el 11 de septiembre del 2001 en los Estados Unidos, que provocaron la muerte de miles de personas inocentes y el desencadenamiento de las primeras guerras del imperio en el siglo XXI contra Afganistán e Iraq, nuevas evidencias fueron publicadas sobre la estrategia nuclear. El Pentágono preparó un plan para la utilización de armas nucleares contra siete países: China, Rusia, Iraq, Irán, Corea del Norte, Libia y Siria en caso de contingencias para la "seguridad nacional" de los Estados Unidos en escenarios críticos como una grave crisis entre israelíes y palestinos, una ofensiva de Corea del Norte contra Corea del Sur, un conflicto entre China y Taiwán; e incluyó directivas concernientes a la producción de armas nucleares tácticas y adaptables a teatros de guerra que no requieran el empleo de los armamentos de alcance intercontinental.

Este documento estratégico titulado Revisión de la Postura Nuclear de los Estados Unidos

---

[111] Ibídem.

(*NPR*, por sus siglas en inglés)[112] sería un instrumento para "disuadir" a quienes participan en la proliferación de armas de destrucción masiva y se pondría en ejecución según los siguientes enunciados: contra objetivos capaces de resistir ataques no nucleares, en represalia contra ataques con armas nucleares, biológicas o químicas, así como los casos de desarrollos militares sorpresivos. De tal manera, por primera vez en la historia de la estrategia nuclear, aunque vimos que distintas administraciones estuvieron tentadas a usar el arma nuclear en situaciones de conflicto, los Estados Unidos planificaron el empleo del arsenal nuclear contra países considerados Estados no nucleares situados en el Tercer Mundo.

La revisión de la postura nuclear revirtió la política aplicada durante décadas sobre la utilización de los arsenales nucleares como un arma de disuasión y solo en caso de un ataque nuclear contra el territorio o los "intereses nacionales" norteamericanos. Con la revelación de los objetivos del NPR dejó de ser un secreto el proceso de modernización y ampliación de la tradicional estrategia nuclear estadounidense.

Con posterioridad a la retirada unilateral de los Estados Unidos del Tratado ABM siguieron los cambios en la doctrina militar de los Estados Unidos, que primero fue acentuada por el NPR,

---

[112] El documento Revisión de la Postura Nuclear (NPR) de los Estados Unidos fue revelado a la opinión pública por el periódico estadounidense Los Angeles Times, el 9 de marzo de 2002.

luego por la Doctrina para Operaciones Nucleares Conjuntas y después CONPLAN 8022-02, que hizo que los ataques nucleares ofensivos estén disponibles para la guerra tanto preventiva como convencional.[113] La confrontación en la esfera nuclear se mantuvo con la planificación de nuevos escenarios bélicos contra dos potencias nucleares: China y Rusia, lo cual alejó mucho más la posibilidad de que se produzca un desarme nuclear real a consecuencia de la postura de dominación estratégica-militar de los Estados Unidos.

Según las concepciones especulativas estadounidenses, en el escenario internacional de la postbipolaridad, el principal desafío para la "seguridad nacional" no provino de un Estado con un sistema político contrapuesto, sino de grupos con un acumulado sentimiento antinorteamericano dispuestos a colocar un portafolio bomba en sus instituciones, secuestrar aviones comerciales o situar un auto con explosivos en una central nuclear. Ante ese panorama, algunos estrategas norteamericanos coincidieron en que el despliegue del *SNDA* tendría únicamente sentido si ofreciese una protección adecuada no solo contra los misiles de Corea del Norte, Irán y Siria, sino también contra China: una nación que, desde la antigüedad y la época de Napoleón I, ha sido considerada, por sus amplias capacidades,

---

113 Véase de William Arkin, « Not Just A Last Resort »: A Global Strike Plan, With a Nuclear Option », The Washington Post, 15 de mayo de 2005.

para ejercer un substancial poderío mundial.[114]

En esta etapa se acentuaron las tendencias hacia el protagonismo de la política exterior estadounidense en el sistema internacional hasta el punto de traslucirse en un excesivo activismo en relación con los verdaderos requerimientos de la "seguridad nacional".[115] En el mes de septiembre del 2002, fue publicada la estrategia de "seguridad nacional", cuyos excesos tuvieron un gran impacto en la opinión pública internacional, en influyentes sectores académicos y la prensa norteamericana. Aunque existen muchos antecedentes, expuestos en este capítulo, esta estrategia tuvo y tendrá una connotación especial: por primera vez una potencia anunciaba con toda decisión y fortaleza sus intenciones de gobernar el planeta de forma permanente y sin vacilar en la posibilidad de enfrentar por la fuerza militar cualquier desafío que pudiera encontrarse.

La nueva concepción para la dominación militar global expuesta en la estrategia de "Seguridad Nacional" de la administración de W. Bush, se denominó Doctrina de "guerra preventiva". Esta doctrina fue entendida como una "autorización" para recurrir a la guerra contra un país

[114] Aunque el poderío actual de China todavía no sustituye el vacío de poder dejado por la URSS, como superpotencia del sistema internacional, algunos estrategas norteamericanos avizoran en la potencia asiática un factor de confrontación y rivalidad con los Estados Unidos en el siglo XXI, véase de Eliot A. Cohen, artículo citado.

[115] Véase de Barry R. Posen, "The Best Defense". The National Interest, Washington, n. 67, Spring, 2002, Pp. 119-126; y la obra de John J. Mearsheimer, The Tragedy of Great Power Politics, NY: WW. Norton, 2001.

que estuviera desarrollando supuestas armas de destrucción masivas. El presidente Bush intentó legitimar sus postulados con el pretexto y los falsos argumentos de las armas de destrucción masivas en poder de Iraq. La guerra criminal contra ese país y la búsqueda de cualquier evidencia o posibilidades de producción de esas armas en el territorio iraquí, crearon el precedente de que virtualmente todos los países podrían ser blancos "legítimos" de ataques estadounidenses al margen de la legalidad internacional.

La administración de W. Bush se propuso, por medio de la acción militar sustentada en la concepción de "guerra preventiva" y "cambio de régimen", la configuración de un nuevo mapa político y de dominación económica global, en especial para aquellas regiones ricas en petróleo, gas y otros recursos naturales.[116] Las problemáticas relacionadas con la seguridad de la nación acapararon la atención de los políticos y estrategas militares del Pentágono, los cuales aprovecharon la oportuna presencia militar estadounidense en todos los continentes para dotar de un

[116] Para el gobierno norteamericano, las concepciones de "guerra preventiva" y "cambio de régimen" son una contribución a un sistema mundial no sólo "más seguro, sino mejor"; pero, por supuesto, para los intereses geopolíticos y económicos de los Estados Unidos. Véase "The National Security Strategy of the United States of America", 11/2002, en: http//www.whitehouse.gov. También sobre la Doctrina Bush de Roberto Miguel Yepe Papastamatiu, el artículo "Consideraciones sobre las bases teóricas de la Doctrina Bush", Política Internacional, Instituto Superior de Relaciones Internacionales "Raúl Roa García", Nro. 5, enero-junio, 2005, p. 52.

aparato de seguridad militar al proceso de globalización económica neoliberal conducido por las principales instituciones financieras internacionales: Fondo Monetario Internacional (FMI) y Banco Mundial (BM).

En el mes de enero del 2008, cinco exgenerales de la OTAN presentaron un documento preparatorio para un encuentro en la cumbre de la OTAN en Bucarest. Sus propuestas revelaron una tendencia absolutamente espantosa: el establecimiento de un directorio que reúna a los Estados Unidos, la Unión Europea y la OTAN. Su misión sería coordinar todas las operaciones en la esfera atlántica. O sea, un supergobierno mundial. Una estrategia ambiciosa de dominación global para preservar los intereses de las multinacionales bajo el modelo del liberalismo económico y con la utilización bien integrada de todas las armas disponibles.

En la visión de la OTAN, el arma nuclear puede parecer a primera vista desproporcionada, pero si se tiene en cuenta los daños que evita, es posible que sea razonable, lo que deja ver la inmoralidad de los estrategas de la OTAN y la atrocidad de sus concepciones militares.

El plan de los cinco generales proporcionaría a los Estados Unidos tres supuestas ventajas: integrar a las fuerzas armadas europeas en sus guerras; trasladar los gastos militares a los aliados; repartir los costos políticos y la impopularidad que producen las guerras. Este plan de supergobierno mundial conducido por los Estados Unidos, se opuso a todo intento de justicia y aplicación del derecho internacional, legitimó el concepto de "guerra preventiva", el uso de las armas nucleares y organizó la manipulación sistemática de la opinión pública. Fue un plan extremista y de naturaleza fascista.

Con posterioridad al ascenso del demócrata Barack Obama al poder estadounidense, en el mes de enero del 2009, fue conocida la llamada "Doctrina Obama" en un documento de 72 páginas denominado Revisión de la Postura Nuclear (*NPR*), con el supuesto objetivo de reducir el número y el papel de las armas nucleares en la política de "defensa" de los Estados Unidos.

Se consideró que esta revisión fue la más exhaustiva después del fin de la confrontación bipolar. Por esta vía, los Estados Unidos se "comprometieron" a no utilizar el arma nuclear contra otros Estados no poseedores de armas nucleares, a condición de que ellos respeten las disposiciones del Tratado de No Proliferación Nuclear (*TNP*) del año 1968. Quedaba claro que, para los países que no cumplieran esta regla dictada por Washington, todas las opciones de una represión militar continuaron vigentes, tal y como explicaron las doctrinas de política exterior enunciadas por las administraciones precedentes.

De este modo, la "Doctrina Obama" ratificó que los Estados Unidos no renunciaban al uso del arma nuclear, cualesquiera que sean las circunstancias, manteniéndose así la estrategia de la disuasión nuclear en resguardo de los intereses del bloque de países occidentales liderados por los Estados Unidos. Esta proyección doctrinaria de la administración Obama colocó la prevención del riesgo terrorista como una prioridad, pues también estimó que la probabilidad de una guerra nuclear mundial se había alejado, pero el riesgo de un ataque nuclear de carácter terrorista contra los Estados Unidos o sus aliados siguió latente y con tendencia a aumentar en el futuro cercano.

Esta doctrina reconoció que los Estados Unidos y China son cada vez más interdependientes, pero expresó inquietudes por los esfuerzos de China para actualizar sus armas nucleares en el contexto de amplias intenciones estratégicas en el siglo XXI, a pesar de que los arsenales nucleares de China seguirán siendo, en las próximas décadas, mucho más reducidos que los depósitos nucleares de los Estados Unidos y Rusia.

En la época de Obama la carrera armamentista mantuvo su espiral ascendente. La industria Boeing produjo nuevos proyectiles de alcance global hipersónicos. Este productor confirmó haber puesto a prueba con éxito el proyecto misilístico *X-51*. Este misil permitiría atacar a cualquier Estado, en cualquier parte del mundo, en menos de una hora. El Pentágono dedicó a este proyecto armamentista 500 millones de dólares para la verificación de sus posibilidades reales, antes de emprender la producción a gran escala del misil.

Obama presentó a sus aliados europeos el proyecto de despliegue de componentes del sistema antimisil en territorio polaco surtido de misiles Patriot, vehículos blindados militares y unos 100 soldados estadounidenses, unido al entrenamiento de las tropas nacionales. El gobierno polaco, en correspondencia, suscribió, en el año 2010, otro anexo al pacto con los Estados Unidos relativo al emplazamiento de misiles receptores SM-3 (*Standard Misil-3*) en un plazo de tres años, lo cual se inscribió en el renovado plan del sistema antimisil, propuesto por Obama en el mes de septiembre del 2009. La postura estadounidense siempre insistió en que la base de misiles balísticos de los Estados Unidos en Polonia, no estuvo dirigida contra Rusia, sino que tuvo la finalidad de proteger a Polonia de la supuesta amenaza nuclear y misilística de Irán.

A principios del año 2009, fue firmada la Doctrina de Guerra Irregular por Obama, priorizando esa forma de beligerancia sobre la convencional. En la guerra irregular, el campo de batalla no tiene límites, las tácticas y estrategias utilizadas difieren de las tradicionales. La contrainsurgencia y la subversión, además del uso de las fuerzas especiales, para ejecutar operaciones clandestinas de guerra, son las principales técnicas empleadas en la desestabilización, "desde adentro", del adversario. La administración Obama compartió la visión imperial de que el mundo es un campo de batalla.

Dentro de este concepto, fachadas y agencias, como la Organización de los Estados Unidos para el Desarrollo Internacional (*USAID*), el *National Endowment for Democracy* y *Freedom House*, entre otras, fueron utilizadas para canalizar dinero a los actores que promueven la agenda de Washington, y en la penetración de la "sociedad civil" en países estratégicamente importantes para los intereses imperiales.

Simultáneamente a las operaciones militares en Iraq y Afganistán, el Pentágono libró una guerra pública y secreta contra Irán, Georgia, Ucrania, Bolivia, Paraguay, Ecuador, Venezuela, Colombia, México, Perú, Yemen, Paquistán, Filipinas, Somalia y Siria, organizada bajo el Mando de Operaciones Especiales (*SOCOM),*[117] que llegó a tener presencia en 60 naciones al concluir la era de George W. Bush, y dispuso de unos 57 000 especialistas de las fuerzas armadas estadounidenses desplegados en 75 países ubicados en el Medio Oriente, Asia Central y África Oriental.

El *SOCOM*, es un microcosmos del Departamento de Defensa, lo integran componentes de tierra, mar y aire. Tiene presencia global con facultades y responsabilidades militares. La estructura esencial del *SOCOM* es el Comando Conjunto de Operaciones Especiales (*JSOC*, siglas en inglés), que informa y responde directamente al presidente estadounidense y tiene la misión fundamental de perseguir y asesinar a sospechosos de terrorismo en cualquier "oscuro" lugar del planeta, en correspondencia con la doctrina de W. Bush. Esta estructura de acciones militares encubiertas tiene su propia división de inteligencia, aviones no tripulados y de reconocimiento, satélites y "*ciberguerreros*". El velo de clandestinidad que envolvía a esas fuerzas especiales empezó a rasgarse bajo la administración Obama, después del operativo que terminó con la vida de Osama Bin Laden, el 2 de mayo de

[117] El Socom fue creadom en 1987, para el « combate antiterrorista », una tarea que cobró mayor relevancia después del 11 de septiembre del 2001. Es una tropa elite combinada de marines, grupos de la fuerza aérea, boinas verdes, rangers, así como asesores y militares de otras armas.

2010, en Paquistán, demostrando que los soldados de los Estados Unidos tienen "licencia" para matar en cualquier parte del mundo donde se encuentren desplegados.

Según las informaciones del Pentágono, los Estados Unidos están enfrentados a la gran amenaza futura de las tecnologías cibernéticas, lo que requerirá de la coordinación civil y militar para proteger las redes contra imaginarios ataques. Se estimó que más de 100 organizaciones de inteligencia extranjeras intentaron irrumpir en las redes estadounidenses. Los mayores proveedores del Pentágono –incluyendo Lockheed Martin, Boeing y Northrop Grumman- invirtieron en el creciente terreno de la cibertecnología y el ejército reconoció haber logrado considerables avances en la protección de sus propios sitios en un trabajo conjunto con sus afiliados en el sector privado.

El gobierno de Obama dictó instrucciones precisas para militarizar el espacio cibernético. Su estrategia abarcó el establecimiento de una exhaustiva colaboración con otras naciones a fin de convertir a Internet en un foro "más seguro" y permitir la aplicación de leyes que intensificarán la vigilancia cibernética. El ciberespacio fue definido como un terreno que puede propiciar conflictos bélicos, pues, cuando haya justificación, los Estados Unidos responderán a actos hostiles en el ciberespacio proveniente de otro país, por lo que tomó medidas para aprobar una mayor cooperación entre la Agencia de Seguridad Nacional y el Departamento de Seguridad

Nacional. En estas instituciones recayó la responsabilidad de proteger la información sensible, las redes e interceptar las comunicaciones extranjeras. Como en el aspecto nuclear, la estrategia manifestó que los Estados Unidos se reservan el derecho de usar todos los medios necesarios: diplomáticos, militares, económicos e informáticos, en forma apropiada, para salvaguardar sus intereses y la de sus aliados.

Con Obama se mantuvieron los planes de ataques preventivos o de represalias militares contra supuestas amenazas a la "seguridad nacional". Dichas operaciones especiales, que no requirieron la aprobación del Congreso, formaron parte del diseño de una estrategia de ataques militares contra Irán, en caso de la agudización de la confrontación por el programa nuclear de Teherán, cuyas autoridades afirmaron que poseía un carácter netamente civil y pacífico.

Esta estrategia había dado continuidad a la doctrina "Conmoción y Pavor", una teoría de ataque militar elaborada por Harlam K. Ullman, expiloto y profesor del Colegio Nacional de Guerra de los Estados Unidos, recogida en un libro de ese mismo nombre, que fue acogida con entusiasmo por el Pentágono y aplicada en Iraq. Esta concepción desplazó a la llamada "Doctrina Powell", que sirvió de base a la guerra que emprendió George Bush (padre) para expulsar a las tropas iraquíes que invadieron Kuwait. La "Doctrina Powell" consideró que los Estados Unidos solo debían arrojarse a un conflicto militar después de desplegar en el teatro de operaciones una fuerza insuperable y teniendo muy claro el objetivo y la estrategia de salida.

En los tiempos de Obama, Ullman, por su parte, concibió las acciones bélicas utilizando una fuerza más pequeña, pero con gran superioridad tecnológica y apoyada en una intensa guerra psicológica que impresionara y convenciera al enemigo de la inutilidad de cualquier resistencia al poderío estadounidense.

La gran estrategia exacerbó la aspiración de los Estados Unidos de seguir siendo el único Estado en ejercer una dominación militar de espectro completo en la tierra, el aire, los mares y en el espacio, con el mantenimiento y la extensión de bases militares, tropas, portaaviones y bombarderos estratégicos sobre y en casi cada latitud y longitud del planeta.

El arsenal utilizado para neutralizar y destruir las defensas aéreas y estratégicas, de prácticamente todas las fuerzas militares importantes de otras naciones, consistió en misiles balísticos intercontinentales, misiles balísticos adaptados para lanzamientos desde submarinos, misiles cruceros, bombarderos hipersónicos y bombarderos estratégicos "*super stealth*" capaces de evitar la detección por radar y evitar las defensas basadas en tierra y aire. Unido a este poderío, los Estados Unidos perfeccionó e intensificó los programas de guerra espacial para paralizar los sistemas de vigilancia y mando militar, control, comunicaciones, informáticos y de inteligencia de otras naciones, llevándolas a la indefensión en todos los ámbitos.

Estos elementos sustentaron el concepto de Ataque Global Inmediato que, concentrado en una embestida centralizada de varios misiles de armas convencionales muy precisas, en apenas 2 ó 4 horas, destruiría las infraestructuras críticas del país blanco, y así lo obligaría a capitular. El concepto de Ataque Global Inmediato tuvo el propósito de asegurar el monopolio de los Estados Unidos en el campo militar y ampliar la brecha entre ese país y el resto del mundo. En combinación con el despliegue del sistema de "defensa" antimisil, que supuestamente deberá mantener a los Estados Unidos inmune contra ataques de represalias de Rusia y China, la iniciativa de Ataque Global Inmediato convirtió a Washington en un dictador global de la era moderna.

Esencialmente, la doctrina nuclear de los Estados Unidos en la nueva estrategia de "seguridad nacional" formó parte de una diplomacia que se condujo en impunidad total. La estrategia facilitó la planificación de un gasto militar para el año 2011 de $750,000 millones de dólares, $31,000 millones más que en el año 2010, y casi $100,000 millones más que en el año 2009, según el Instituto de Estudios de la Paz de Estocolmo (*SIPRI*)[118]. La parte más sustancial de ese exorbitante gasto militar estuvo dirigido al sos-

---

[118] Consecuente con su política de dominación mundial, a partir del año 2001, los gastos militares de EE.UU a precios constantes del año 2005, se incrementaron pasando de 361,3 mil millones de dólares en el año 2000 a 626,2 mil millones en el año 2010, lo que representa un crecimiento del 73,3 % y una proporción del PIB que evolucionó en este período de 3 al 4,9 %. Véase estudio "Gasto militar y economía mundial" en: Suplemento Especial « Crisis económica, Cambio climático y amenaza de Guerra Nuclear ». Editorial Academia, La Habana, 2010, p. 2.

tenimiento de sofisticados sistemas de armamentos para sus fuerzas navales y aéreas, lo que hizo pensar en un despilfarro de recursos financieros y que debieron ponerse en práctica medidas de contención para los gastos militares.

Casi un tercio del descomunal presupuesto, exactamente $250,000 millones de dólares anuales, se dedicaron a mantener las 865 bases e instalaciones militares que los Estados Unidos tienen en más de 40 países; y no fueron desdeñables los $155,000 millones de dólares que paga el Departamento de Defensa a $766,000 contratistas privados. En su conjunto, el costo total para el tesoro estadounidense de las guerras en Iraq, Afganistán y Paquistán estuvo en alrededor de los $3,7 millones de millones de dólares y podría llegar a $4,4 millones de millones de dólares, según el proyecto de investigaciones de costos de la guerra del Instituto Watson de estudios internacionales de la Universidad Brown.

En los diez años que transcurrieron desde el envío de las tropas estadounidenses a Afganistán, tras el 11 de septiembre del 2011, los gastos en los conflictos sumaron entre $2,3 y $2,7 millones de millones de dólares. Estas cifras continuarían aumentando si lógicamente fueran tenidas en cuenta las obligaciones a largo plazo con los veteranos heridos y los gastos en conflictos previstos entre el año 2012 y el 2020.

La estrategia estadounidense es de guerra permanente y concedió riendas sueltas a la OTAN, como gendarme global en alianza con Israel, para la continuación de los juegos de guerra en una situación "real" contra Irán, lo cual probaría la eficacia en la práctica de la iniciativa de Ataque Global Inmediato.

En medio de una intensa campaña mediática y las amenazas de guerra contra Irán, en torno al tema nuclear, Israel y los Estados Unidos anunciaron la realización, en el mes de mayo del 2012, de las maniobras conjuntas más importantes y de mayor trascendencia en la historia de su alianza. La planificación de este ejercicio militar conjunto, con el nombre de "*Desafío Austero*", se produjo cuando Tel Aviv avivó las exigencias de atacar las instalaciones nucleares iraníes, tras la publicación de un informe del Organismo Internacional de Energía Atómica (*OIEA*), donde se acusó arbitrariamente a Irán de haber trabajado en la creación de un arma nuclear, que puso al mundo al borde de la guerra con empleo de armas nucleares; un escenario que los Estados Unidos, en alianza con Gran Bretaña e Israel, tiene preparado minuciosamente contra Irán.[119]

El informe de la *OIEA* estuvo en correspondencia con la resolución 1929 del Consejo de Seguridad de la ONU, aprobada el 9 de junio de 2010, basada en la noción de que Irán es una futura potencia nuclear y una amenaza para la paz global. Asimismo, le proporcionó luz verde a la alianza militar de los Estados Unidos, la OTAN

[119] El líder de la Revolución cubana, Fidel Castro Ruz, denunció de insólito, tarifado y sectario el informe político proveniente de la OIEA, órgano de Naciones Unidas, una institución que debiera estar al servicio de la paz mundial. Véase Reflexiones del compañero Fidel: « Cinismo genocida » (Primera parte). Tomado del sitio CubaDebate, 12 de noviembre del 2011.

e Israel, para que amenazara a Irán con un ataque nuclear preventivo punitivo al invocar el visto bueno por el Consejo de Seguridad de la ONU. La posición de los Estados Unidos en el Consejo de Seguridad quedó fundamentada, en parte, en supuestos documentos de inteligencia que ofrecieron supuestos indicios de un programa de armas nucleares de Irán.

Los estadounidenses reconocieron, desde el principio, que los documentos no probaron que Irán poseyera una bomba atómica. Lo presentaron como la prueba más contundente hasta ese momento de que, a pesar de la insistencia iraní en que su programa nuclear tiene fines pacíficos, ese país trató de desarrollar una ojiva compacta con posibilidades de colocarse en un misil *Shahab*, cuyo alcance podría llegar hasta Israel y otros países del Oriente Medio.[120] Con el informe de la *OIEA*, una vez más, los Estados Unidos utilizaron información de inteligencia falsa para crear una justificación que les permitiera el objetivo de librar otra guerra. La autenticidad del contenido de dichos documentos fue cuestionada en varias ocasiones, ya que los dibujos no se correspondieron con el misil *Shahab*, sino con un sistema de misiles norcoreano obsoleto que había sido desactivado por Irán a mediados del decenio de 1990.

Por otro lado, las maniobras "*Desafío Austero*" reflejaron esos impulsos bélicos con la participación de más de 5000 efectivos de ambas fuerzas

---

[120] Véase de Jason Leopold, "Powell denies intelligence failure in buildup to war, but evidence doesn't hold up", Global Research, 10 june 2003.

armadas para la simulación de la "defensa" antimisil de Israel. Los estrategas norteamericanos insistieron que la tecnología israelí resultó esencial para mejorar la seguridad nacional y proteger las tropas de los Estados Unidos, especialmente la diseñada para los efectivos militares en Afganistán e Iraq, que demostró ser un éxito. El "Desafío Austero" fue otro ejemplo del compromiso histórico de los Estados Unidos con la seguridad de Israel, la cual es ahora más amplia, más profunda e intensa que en cualquier otro período de las relaciones internacionales.

Al mismo tiempo, Obama hizo gala, en el marco de una reunión con la Unión Europea, el 3 de abril de 2009, en Praga, de un doble discurso en el que expuso la esperanza de Washington en un mundo totalmente libre de armas nucleares. En su retórica, los Estados Unidos avanzarían en un plan de desnuclearización, porque constituía una responsabilidad moral el progreso en ese sentido, manteniendo un arsenal nuclear "seguro y eficaz", mientras el avance en la construcción de una "defensa" antimisil dependería del cese de lo que llamó la "amenaza iraní".

Estos pronunciamientos de Obama poco sorprendentes, tuvieron el antecedente de un texto publicado por el periódico The Wall Street Journal, el 15 de enero de 2008, en el que los antiguos Secretarios de Estado, Henry Kissinger y George Shultz, el expresidente de la Comisión de Defensa del Senado, Sam Nunn, y el antiguo Secretario de Defensa, William Perry, llamaron a un mundo sin armas nucleares. Obama igualmente prometió actuar a favor de la ratificación por el Senado del Tratado de Prohibición Completa de los Ensayos Nucleares, y anunció la preparación de un tratado internacional capaz de poner fin de manera verificable a la producción de materiales fisionables con fines militares.

En verdad, Obama pretendió engañar a la opinión pública internacional cuando se refirió a una humanidad libre de armas nucleares, que serían sustituidas por otras más idóneas que permitan aterrorizar a los gobiernos de los Estados opuestos a su nueva estrategia hegemónica de impunidad total. Obama procuró desnaturalizar la esencia militarista del Imperio al fingir que abandonaba el despliegue de los elementos del sistema de "defensa" antimisil en Polonia y República Checa, proponiéndose priorizar la concepción de una Europa protegida por la OTAN, más que por el sistema antimisil prometido por la administración de W. Bush.

Sin embargo, esta administración retomó los preceptos del Proyecto para un Nuevo Siglo Americano (*PNAC*), en el que se encuentra toda la proyección ideológica de la cruzada militarista de Washington. No es ocioso recordar que enfatizó: "actualmente Estados Unidos no tiene ningún rival mundial. El objetivo de la gran estrategia de los Estados Unidos debe ser preservar y extender esta posición ventajosa el mayor tiempo posible (...) Preservar unas capacidades militares predominantes a nivel mundial".[121]

Por lo tanto, también aquí queda implícita la tesis, ya abordada, sobre la ridícula posibilidad

[121] Véase Statement of Principles. PNAC, ob.cit.

de que los Estados Unidos sean eternamente el amo del mundo. A largo plazo, la política internacional está condenada a hacerse cada vez menos propicia a la concentración de un poder hegemónico en las manos de un solo Estado. Visto así, los Estados Unidos no solo ha sido la primera superpotencia global, sino que muy probablemente será la última.

La razón profunda se encuentra en la evolución de su economía. El poder económico también corre el peligro de dispersarse. En los próximos años ningún país será susceptible de alcanzar aproximadamente el 30 por ciento del PIB mundial, cifra mantenida por los Estados Unidos durante la mayor parte del siglo XX, que llegó a ser del 50 por ciento en el año 1945. Según ciertos cálculos, los Estados Unidos todavía podrían detentar el 20 por ciento del PIB mundial en los próximos años, para caer a un 10 ó 15 por ciento en el año 2020, mientras que las cifras de otras potencias: Unión Europa, China, Rusia, India y Japón, aumentarían para igualar de forma aproximada el nivel de los Estados Unidos. Una vez que se haya iniciado el declive del liderazgo estadounidense, ningún Estado aislado podrá obtener la supremacía que gozó los Estados Unidos en la segunda mitad del siglo XX.

En la actualidad resulta claro que el declive del poderío estadounidense se ha iniciado totalmente y que el sistema internacional es multipolar. Estas realidades, y el balance de fracaso de los años de W. Bush, hicieron que el pensamiento estratégico estadounidense debatiera dos opciones posibles con la intención de salvar al Imperio en el siglo XXI.

Para unos, la opción militarista es viable y se aviene a la política impuesta por los sectores neoconservadores de la era de W. Bush y el proyecto *PNAC*. Es una estrategia, como hemos visto, que se sustenta, en su planteo general, en la agresión y la intimidación. Su objetivo es multiplicar las guerras de agresión e incrementar al máximo los gastos militares, colocando en pleno funcionamiento el Complejo Militar-Industrial, para conseguir crecimiento económico, afianzar el dominio de las multinacionales y, con toda esta fuerza incalculable, amedrentar a aliados y rivales.

En este contexto, la administración Obama hizo un uso creciente de los aviones no tripulados ("drones"), que según su alcance pueden llevar el siniestro nombre de *Predator* ("Depredador") o de *Reaper* ("Segador o Parca", la muerte). Los aviones no tripulados persiguieron evitar bajas del ejército en cualquier teatro bélico por medio de la alta tecnología, y se convirtieron en la principal arma de los Estados Unidos en sus esfuerzos para derrotar a Al-Qaeda y espiar los gobiernos que no eran del agrado de la Casa Blanca. Por ejemplo, en Paquistán la CIA incrementó drásticamente los ataques con aviones no tripulados (a casi 200) contra objetivos de "alto valor" de Al-Qaeda y del movimiento islamista Talibán.

En Etiopía, desde un aeropuerto civil, la Fuerza Aérea estadounidense operó en secreto aviones no tripulados contra presuntos destacamentos terroristas en el Cuerno de África y la

Península Arábiga. La Fuerza Aérea de los Estados Unidos invirtió millones de dólares en la creación de las condiciones técnicas del campo aéreo en Arba Minch, donde construyó instalaciones para acoger una flotilla de aviones no tripulados que fueron equipados de misiles *Hellfire* y bombas guiadas por satélites. Los "*drones Reaper*" también ejecutaron misiones en la vecina Somalia, donde los Estados Unidos y sus aliados tuvieron como objetivo la eliminación de los opositores armados al gobierno. Lo cierto es que Washington construyó una constelación de bases secretas en la Península Arábiga y el Cuerno de África, como parte de sus motivaciones de penetración en el África Subsahariana y por el control militar del Golfo Arábigo-Pérsico.

Aunque Obama deseaba evitar las reacciones críticas a las políticas bélicas, estuvo obligado a implementar la agenda del gobierno permanente instituido en el Complejo Militar-Industrial. Pero, de todas formas, es conocido que los bombardeos contribuyeron al resentimiento contra la política de los Estados Unidos en las poblaciones de distintos países de Asia, Medio Oriente y África.

Para otros favorables al ejercicio de un poder blando (*Soft Power*) o "imperialismo inteligente", teoría defendida por Brzezinski[122], se trató, en la práctica, de lograr los mismos fines

[122] Zbigniew Brzezinski, es uno de los consejeros clave del viraje doctrinario de Washington. De origen polaco, fue el director de la Trilateral Commission, organización creada por David Rockefeller, para la cooperación entre los Estados Unidos, Europa y Japón, y exconsejero de Seguridad Nacional del presidente estadounidense James Carter.

de los Estados Unidos en el escenario internacional, pero por medio de formas de violencia menos directas y visibles, contando menos con las intervenciones militares directas de las fuerzas armadas estadounidenses, que resultaron muy costosas, y más con los servicios secretos, las maniobras de desestabilización, las guerras por medio de países interpuestos y también con acciones de desestabilización interna incitada por métodos encubiertos y la corrupción.

Los estrategas militares estadounidenses distinguieron tres tipos de guerras que ellos podrían desencadenar:

a) Las guerras de alta intensidad: Se trata de enfrentamientos entre grandes potencias del tipo de las dos guerras mundiales.

b) Muchas veces se omite toda referencia al inminente riesgo de una guerra nuclear entre dos potencias mundiales o regionales, pero la amenaza existe y podría hacer desaparecer a la especie humana.

c) Las guerras de intensidad media: Comportan también un compromiso militar estadounidense directo, pero contra potencias o países mucho más débiles.

Por ejemplo: Yugoslavia, Iraq y Afganistán.

a) Las guerras de baja intensidad o indirectas: No comportan un compromiso militar directo de los Estados Unidos, que logra que otros combatan por ellos. Provoca conflictos entre países vecinos y son utilizados movimientos paramilitares, mercenarios y/o terroristas.

El término "baja intensidad" es engañoso, puede dar la impresión de que los daños son menores, pero en realidad, solo son mínimos para los Estados Unidos.

Por ejemplo, la guerra llamada de "baja intensidad" que Washington desencadenó contra el Congo (antiguo Zaire, a través de los ejércitos de los vecinos Ruanda y Uganda, y de diversas milicias) dejó cinco millones de muertos y paralizó el desarrollo de ese país. Lo mismo sucedió con los conflictos de baja intensidad promovidos en Centroamérica durante los años 80` del siglo pasado, y la guerra de la OTAN contra Libia, apoyada por mercenarios y las monarquías del Golfo Pérsigo aliadas a los Estados Unidos.

A diferencia de la etapa de W. Bush, la estrategia Brzezinski, en la administración Obama, privilegió el tipo de guerras de baja intensidad o indirectas, no con una intención moral, sino simplemente para lograr fines político-militares por vías más "inteligentes" que van desde las campañas mediáticas de demonización, embargos y bloqueos comerciales, golpes de Estado, y bombardeos, hasta ocupaciones terrestres, entre otras acciones.

El método de Brzezinski de guerras de baja intensidad o indirectas persiguió dos ventajas: devolverle a los Estados Unidos una mejor imagen internacional que restableciera su autoridad moral y facilitara invertir menos dinero en el Complejo Militar-Industrial, lo que permitiría una cierta mejoría a la economía estadounidense en un momento de profunda crisis económica global, en la que no debía descuidarse la competencia e interdependencia con otras potencias mundiales.

Al parecer, después de las experiencias en Iraq y Afganistán, el Imperio hará en el futuro menos guerras directas, de modo que el movimiento progresista internacional contra la guerra, que atraviesa una indudable debilidad, respondería aún menos ante unas estrategias más discretas de los Estados Unidos, lo cual pudo verse en Europa durante la guerra injusta contra Libia, cuando la opinión pública quedó anestesiada por la gran prensa y hasta los partidos políticos tenidos por progresistas, en el más amplio espectro de la llamada izquierda, terminaron bochornosamente apoyando, en un primer momento, la zona de exclusión aérea y la agresión militar aprobada por la ONU, para proteger a los civiles víctimas de una supuesta represión por el presidente libio Muammar Al-Gaddafi. El caso de Libia demostró que la política estadounidense alterna sus métodos y que los Estados imperialistas no podrán enmascarar su accionar brutal y agresivo en el escenario internacional.

El discurso que Obama pronunció al recibir el

Premio Nobel de la Paz, aportó una viciada interpretación de la doctrina de la "*Guerra Justa*". Esta es una doctrina que se caracterizó desde siempre por su enorme elasticidad para ajustarse a las necesidades de las clases dominantes en sus diversas empresas de conquista. Buscando apoyo en esta tradición teórica, Obama sentenció que una guerra es justa "si se libra como último recurso o en defensa propia; si la fuerza utilizada es proporcional; y cuando sea posible, los civiles son mantenidos al margen de la violencia". De este modo la versión original de la doctrina experimentó una nueva redefinición para una mejor adecuación a las necesidades del Imperio y culminó entrelazada con la teoría de la "Guerra Infinita" desarrollada por los teóricos reaccionarios del Nuevo Siglo Americano", que acompañaron a W. Bush en la justificación de sus agresiones militares a lo ancho y a lo largo del planeta.[123]

La doctrina de la "*Guerra Justa*" no resultó suficientemente flexible para que el Imperio otorgara una justificación ética a sus guerras de rapiña. Había que ir más lejos y la teoría de la "Guerra Infinita" fue la respuesta a esa necesidad de expansión de los Estados Unidos. Pero no hubo ni hay causa justa para desencadenar masacres e invadir otros pueblos, algo crucial para la ética y la teoría política tradicional.

La administración Obama asimiló como propia

---

[123] Véase los enunciados de la « Guerra Justa » y sus orígenes en el excelente artículo de Atilio Borón, « Obama, reprobado en teoría política, 9 de enero 2011, Transnational Institute. www. Atilioboron.com

la política de mentiras que argumentó la existencia de armas de destrucción masiva en Iraq; que Osama Bin Laden y Saddam Hussein compartían un proyecto político contra occidente; o que la población afgana dio la tarea a Bin Laden de concertar los atentados terroristas del 11 de septiembre de 2001; o que el Muammar Al-Gaddafi reprimió deliberadamente a su pueblo; y que esas razones eran suficientes para los bombardeados salvajes contra esos países. En la peculiar visión de los círculos dominantes del Imperio, la concepción de "*Guerra Justa*" se convirtió en la "*Guerra Infinita*".

Todo esto ubicó ante nuestros ojos que los Estados Unidos recurren a la guerra en cualquiera de sus variantes, porque sabe que un sistema internacional multipolar es ya una tendencia irreversible. Su gran estrategia consiste en detener, a toda costa, el empuje sostenido de un conjunto de países emergentes como China, Rusia, Brasil, India e incluso Irán, un fuerte competidor regional para Israel.

Un tratamiento especial merece la guerra que Obama desencadenó con la OTAN en Libia, otra "guerra preventiva", con el pretexto de la "protección de civiles". Supuestamente para evitar una masacre, los Estados Unidos y la OTAN, atacaron militarmente a un Estado soberano, sin que mediaran amenazas alguna a la paz y la seguridad internacionales, y desataron una operación de "cambio de régimen".

En esta guerra, además del empleo de las tecnologías militares más avanzadas y letales, los medios de comunicación fueron utilizados en calidad de armas de combate por los emporios financieros mediáticos que lucran con los conflictos y la reconstrucción de los países bombardeados.

La intervención militar en Libia y la creciente amenaza militar a Siria e Irán fueron parte de las respuestas oportunistas de los Estados Unidos y Europa al colapso de su sistema de dominación y saqueo en África Norte y Medio Oriente, con el surgimiento de movimientos genuinamente populares en Túnez, Egipto y otros países, lo cual estuvo también interrelacionado con la estrategia para apoderarse de grandes reservas de petróleo, agua y confiscar activos financieros en tiempos de grave crisis económica y social del sistema capitalista.

La guerra contra Libia representó para los estrategas estadounidenses un nuevo modelo de acciones militares pretendidamente más eficaces y menos costosas, pues la estrategia de W. Bush comprendió la ocupación de los países, mientras que la de Obama supuso una aparente operación de liberación nacional en apoyo a supuestas revoluciones locales. Estas concepciones pretendieron rectificar los errores y las pérdidas económicas de las guerras en Iraq y Afganistán, con la puesta en práctica de un tipo de agresión militar sin bajas, sin tropas terrestres, cuyos costos recaerían fundamentalmente en los aliados europeos. Los estrategas estadounidenses estimaron que el esquema de intervención militar en Libia, también podría aplicarse contra otros países contestatarios a la política del bloque de países miembros de la OTAN.

A la desestabilización de un país mediante la subversión, las operaciones encubiertas y las sanciones económicas, se le llamó "desarrollo de un movimiento nacional", porque estuvo enmarcada en la política de "cambio de régimen" y dio continuidad al uso de la fuerza militar bruta desarrollada por W. Bush; y demostró que las actuales doctrinas militares de los Estados Unidos y de la OTAN son aún más agresivas que las precedentes y que la llamada "*periferia euro-atlántica*" abarca al resto del planeta.

Nadie podría tener dudas de que América Latina y el Caribe fueron incluidas en esta concepción. El redespliegue de la IV Flota, el desarrollo de bases, fuerzas y medios militares norteamericanos para intervenir en cualquier punto de la región; el golpe de estado contra Venezuela en el año 2002 y luego el golpe petrolero; la sedición en Santa Cruz en Bolivia, el golpe militar en honduras y el intento de golpe en Ecuador encajan perfectamente en la nueva Estrategia de Seguridad Nacional de los Estados Unidos divulgada el 27 de mayo del 2010. [124]

Este documento demostró que América Latina y el Caribe siguieron constituyendo una prioridad en la Estrategia de Seguridad Nacional y en la gran estrategia del establishment estadounidense, para poder mantener el acceso y control

---

[124] Véase también el discurso de Bruno Rodríguez Parrilla, Ministro de Relaciones Exteriores de la República de Cuba, en el debate General del 66 periodo de sesiones de la Asamblea General de la ONU, Nueva York, 26 de septiembre del 2011, Granma, 28 de septiembre 2011, p. 4 y 5.

sobre los recursos naturales y económicos, el dominio de los mercados, el acceso a las fuentes primarias de energía, la preservación del sistema de colonización ideológico cultural y la contención de aquellas fuerzas políticas, movimientos o procesos revolucionarios que pretendan desafiar las bases fundamentales de su dominación global.

Y toda esa hostilidad imperial se debió a que, desde América Latina y el Caribe, surgieron poderosas y dinámicas alianzas regionales, que buscaron configurar un espacio político de independencia respecto a los Estados Unidos y la Unión Europea, respetuoso de las particularidades y las diversidades de cada nación. La Alianza Bolivariana para los pueblos de Nuestra América (*ALBA*) avanzó en un proyecto de vanguardia de gobiernos progresistas y antiimperialistas, buscando fórmulas de rupturas con el orden internacional imperante y fortaleciendo la capacidad de los pueblos de hacer frente, colectivamente, a los poderes fácticos.

A ello se añadió que sus miembros dieron un impulso decidido a la consolidación de la Unión de Naciones Suramericanas (*UNASUR*), bloque político que federó a los 12 Estados soberanos de Suramérica, con el fin de agruparlos en lo que El Libertador Simón Bolívar llamó “una Nación de Repúblicas”. Y más allá, los 33 países de América Latina y el Caribe trabajaron unidos para el paso histórico que fundó en una entidad regional, los días 2 y 3 de diciembre del 2011, la Comunidad de Estados Latinoamericanos y Caribeños (*CELAC*), para la integración real de la región y la consolidación de la independencia y la soberanía de "Nuestra América", sin la presencia de los Estados Unidos y Canadá.

Un informe del Consejo de Relaciones Exteriores, presidido por la antigua representante de Comercio de los Estados Unidos, Charlene Barshefsky, y el general James T. Hill, ex comandante del Comando Sur de los Estados Unidos, e integrado por legisladores, políticos, asesores, reconocidos especialistas y guiado con la asesoría de Julia Sweig, directora de Estudios de América Latina de dicho Consejo, reconoció la tendencia señalada en el párrafo anterior, cuando calificó de "obsoletos los principios de la Doctrina Monroe"; que "la política estadounidense ya no puede estar basada sobre la suposición de que los Estados Unidos es el actor exterior más importante en América Latina" y que "el destino de América Latina está, en gran medida, en las manos de América Latina".[125]

Independientemente de que la situación geopolítica haya sido compleja para la administración Obama, en el antiguo traspatio de los Estados Unidos, en lo inmediato, existió una gravísima amenaza para la paz mundial tras el desencadenamiento de un nuevo ciclo de guerras coloniales con el siniestro objetivo de darle un segundo aire al sistema-mundo capitalista en crisis estructural, pero sin ponerle ninguna clase de límites a su voracidad consumista y destructiva.

---

[125] Véase el informe del Consejo de Relaciones Exteriores en el que se afirma que se « acabó la hegemonía de los Estados Unidos en América Latina », puede encontrarse en el siguiente enlace: www.cfr.org/content/publications/attachments/ LatinAmerica_TF.pdf

La guerra colonial de la *OTAN* contra Libia tuvo como motivo real apoderarse de sus riquezas. Todo lo demás se subordinó a este objetivo.[126] Los despliegues de sistemas antimisiles en diversas regiones del mundo estuvieron dirigidos a proteger las tropas e instalaciones de los Estados Unidos y la *OTAN*, para el éxito de esta nueva cruzada imperialista de dominación global.

En este período la visión mesiánica de los Estados Unidos prevaleció y sus aliados fueron más o menos tenidos en cuenta en las aventuras militares del Imperio. La Unión Europea dependió más que nunca de los conceptos estadounidenses sobre la guerra y las supuestas amenazas a la seguridad internacional. La administración Obama, a pesar de su retórica, no descartó la opción nuclear y, como todas las anteriores, privilegió el sobredimensionamiento militar y el uso de la fuerza en las relaciones internacionales.

Prevaleció el desplazamiento estratégico de la disuasión a la prevención. Esta fue la lógica para el lanzamiento de nuevas guerras que siguen teniendo sus orígenes en el excepcionalismo estadounidense, el cual postula que la seguridad de los Estados Unidos no debe depender de una persona y que ella podría justificar por sí misma

---

[126] El líder de la Revolución cubana, Fidel Castro Ruz, denunció en varias ocasiones los objetivos de la estrategia global de dominación estadounidense e incluso los peligros de una Tercera Guerra Mundial en un mundo saturado de armas nucleres. Véanse los comentarios reseñados en el artículo « La verguenza supervisada de Obama ». Reflexiones del compañero Fidel, septiembre 2011.

un ataque preventivo. Los sucesos acaecidos en la arena internacional, desde el 11 de septiembre del 2001 hasta la actualidad, dejaron comprender de forma descarnada esa premisa histórica del Imperio.

En resumen, en esas condiciones geoestratégicas, la política exterior de los Estados Unidos trasladó la "guerra" contra el terrorismo de la periferia al centro de la estrategia de "seguridad nacional", sin abandonar los planes de la militarización del espacio y de la supremacía militar por medio de la construcción de un Sistema Nacional de Defensa Antimisil (*SNDA*): el núcleo central de una acción de repercusión mundial, para el afianzamiento del poder militar estadounidense en un nuevo siglo vaticinado por la preeminencia de la alta tecnología y la conquista del espacio cósmico.

CAPÍTULO II

La administración de Ronald Reagan: la Iniciativa de Defensa Estratégica (IDE) o "Guerra de las Galaxias"

La victoria electoral de los republicanos sobre los demócratas llevó, en el mes de enero del 1981, a la presidencia de los Estados Unidos a un político que, apoyado en sus cualidades histriónicas y en la fuerza social de un movimiento "neoconservador", se propuso potenciar el protagonismo internacional de la superpotencia.

El triunfo electoral de Ronald Reagan y el incremento de la influencia política de la derecha estuvo directamente relacionado con la crisis que atravesaban la economía y la política de ese país. En lo económico, existía el descontento acumulado por el fracaso de las políticas económicas keynesianas causantes de 32 millones de pobres, 13 millones de desempleados, 2 millones de personas sin hogar y de 11 millones que perdieron su derecho a contar con un seguro médico;[127] problemas internos que el candidato re-

---

[127] Datos que aparecen en: "Generales para la paz y el desarme", La carrera armamentista hacia el Armagedón, Siglo XXI. Editores México, 1985, citado por Nelson Marinello en: Sistemas Militares Internacionales. La OTAN y el Pacto de Varsovia, Universidad Nacional Autónoma de México, 1986, p. 9.

publicano prometió resolver para mejorar el nivel de vida estadounidense y el poderío económico internacional de la nación. Y, en lo político, el electorado norteamericano consideró que la gestión del presidente demócrata James Carter había sido ineficaz y con resultados negativos en política exterior.

Con la tensa situación interior emergió un debate académico y político en torno a la "crisis o pérdida de la hegemonía" de los Estados Unidos. Esta porfía influyó en el nuevo diseño de la política exterior y de la estrategia de "seguridad nacional", con el fin de reconstruir el poderío y la preeminencia en el sistema internacional. Para convencer a la opinión pública norteamericana sobre el necesario giro en la política exterior de la Casa Blanca, se señaló que una muestra de la debilidad de los demócratas en el plano exterior había sido el ascenso de la URSS a potencia global en la década de los años 70', el periodo de la distensión y el secuestro de los 52 funcionarios de la representación diplomática estadounidense en Teherán, a fines del año 1979, por los revolucionarios islámicos bajo las órdenes del Ayatola Jomeini en Irán, en protesta por el asilo que el presidente Carter otorgó al derrocado Shá iraní.

Pero, con toda certeza, el temor de los políticos norteamericanos estuvo centrado en que los cambios en la correlación de fuerzas internacionales y en las zonas de influencias tenían un resultado negativo para los Estados Unidos. La Revolución de Irán, Yemen y Afganistán afectaron los intereses estadounidenses en el Medio Oriente y en Asia Central. En América Central, una región de histórica importancia geopolítica para los Estados Unidos, los guerrilleros sandinistas derrotaron la dictadura de Somoza, tomando fuerza el proceso revolucionario y las victorias de los pueblos en el cono sur africano amenazó con modificar las características del orden internacional de posguerra, como ningún otro acontecimiento lo había hecho desde hacía décadas.[128]

El disgusto con la relativa declinación de la economía y los cambios internacionales posibilitaron que los "neoconservadores", asociados al triunfo electoral de Reagan, comenzaran a desempeñar el lugar que les correspondía en la formulación y la toma de decisiones de la política exterior, a fin de propiciar la era de renacimiento económico y expansión que el presidente Carter no había podido conseguir.

La línea de conducta política y militar de la administración Reagan, conformada por George Bush, George Shultz, Caspar Weinberger, William Casey, William Clark, James Baker y E. Meese, cinco representantes del Complejo Militar-Industrial y dos de los intereses financieros, petroleros y electrónicos, estuvo regida por un documento preparado para el Consejo Interamericano de Seguridad del gobierno de los Estados Unidos llamado Comité de Santa Fe. En este esfuerzo por descubrir las vías estratégicas más convenientes para las concepciones de la política exterior, los académicos "neoconservadores",

128 Véase de Robert Turker el ensayo, "The Purposes of American Power", Foreign Affairs, Winter, 1980-1981, p. 241.

comprometidos con determinados intereses de la burguesía monopolista y las industrias militares, pusieron énfasis en que "contener" no era suficiente y que la supervivencia exigía para los Estados Unidos adecuadas garantías de "seguridad nacional".[129]

De ahí que la gran estrategia se centrara en una postura dura y ofensiva contra la URSS y en la consecución del predominio militar de los Estados Unidos y la *OTAN* sobre el sistema socialista europeo. La estrategia militar de la administración Reagan fue sintetizada en la directiva 32 para la "seguridad nacional y la defensa" (*NSDD*, siglas en inglés) En este documento presidencial, aprobado el 4 de julio del 1982, radicó la esencia de la concepción que propuso librar una "guerra nuclear limitada" o prolongada contra la URSS, y que la disuasión entre las superpotencias dependería de las capacidades bélicas dc los Estados Unidos.

La directiva estratégica orientó el desarrollo de nuevos sistemas de armamentos situados en el espacio, que estimularon la competencia armamentista y presionaron a la economía soviética. Con este plan, Reagan orientó la creación de un grupo interdepartamental que se encargaría de elaborar las doctrinas espaciales y los respecti-

129 En la elaboración del llamado Documento de Santa Fe para una "nueva estrategia interamericana" participaron, bajo la dirección de Roger W. Fontaine, los intelectuales neoconservadores: L. Francis Bouchey, David C. Jordan y Gordon Summer jr. Véase de Volodia Teitelboim, "Santa Fe y los intelectuales de América Latina", Araucaria, Madrid, n. 16, 1981, Pp. 19-29.

vos estudios sobre el empleo de sofisticadas tecnologías en el espacio cósmico.

Este empuje derechista en la esfera militar orientó la gran estrategia norteamericana hacia una dirección agresiva y un revanchismo, cuyos aspectos más representativos fueron el rechazo al acuerdo sobre la Limitación y Control de los Armamentos Estratégicos (SALT-II), porque impediría incrementar sus arsenales nucleares y la tentativa de revisión del Tratado ABM de 1972, pues uno de los propósitos fundamentales de la administración Reagan era desarrollar la Iniciativa de Defensa Estratégica (IDE) o "Guerra de las Galaxias".

Con ese programa perfilado para resolver los problemas de la hegemonía de los Estados Unidos mediante los mecanismos de la militarización de su economía y la política exterior, la situación internacional retrocedió al tenso ambiente de confrontación de los más complejos tiempos de la "Guerra Fría".[130] Las características de esa estrategia antimisil y sus más amplios objetivos se explican en el próximo epígrafe.

---

[130] Demetrio Boersner en una breve historia de las Relaciones Internacionales de América Latina, dice que el año 1980 transcurrió en un ambiente angustiante, de retorno a la "Guerra Fría", y que el cuadro fue completado con la elección de Ronald Reagan, quien agregó otro elemento de temor y preocupación. El militarismo global y el proyecto de "Guerra de las Galaxias" coronaron la situación descrita por Boersner. La obra citada está publicada por la Editorial Nueva Sociedad, Caracas-San José, 1986, p. 342.

2.1. LA INICIATIVA DE DEFENSA ESTRATÉGICA (*IDE*). PLATAFORMA HACIA EL SISTEMA NACIONAL DE DEFENSA ANTIMISIL (*SNDA*)

El surgimiento de la Iniciativa de Defensa Estratégica (*IDE*) o "Guerra de las Galaxias", según el nombre popular o cinematográfico utilizado, se produjo cuando el presidente norteamericano Ronald Reagan, el 23 de marzo de 1983, en su discurso a la nación sobre la "seguridad nacional", anunció la idea de que los Estados Unidos creasen un inexpugnable "escudo espacial".

Reagan estaba obsesionado con dejar anticuadas las armas nucleares. Para él, la humanidad – léase el bloque de países occidentales – rebasaría el lanzamiento de los misiles nucleares. El antinuclearismo de Reagan era tan fuerte como su anticomunismo. Así la segunda "guerra fría" de la época Reagan inauguró un nuevo capítulo en la histórica confrontación de la bipolaridad Este-Oeste.[131]

Con el anuncio de lo que significó una ruptura del proceso de "distensión" en las relaciones internacionales, Reagan quiso dejar constancia de su creatividad cuando expresó a sus colaboradores: "En cierto modo me divierte que todos estén tan seguros de que no me lo haya dicho alguien, de que se me ocurrió a mí solo. La verdad es que

---

[131] De este período véase el estudio de Fred Halliday, ob.cit.

se me ocurrió a mí (...) En una de mis reuniones con el Estado Mayor Conjunto puse en el tapete este tema referente a un arma defensiva (...) y les pregunté: ¿Sería posible hoy con nuestra tecnología moderna desarrollar un arma que pueda detectar los misiles nucleares cuando salgan de sus silos? Y en el momento que ya no parecían pasmados ante la idea contestaron que sí, que creían que tal cosa ofrecía posibilidades y que convendría investigarla, les dije: ¡Adelante! [132]

Años después, George A. Keyworth, asesor científico del presidente norteamericano reflexionó sobre este acontecimiento: "En el mes de marzo de 1983, Ronald Reagan cambió el rumbo del hombre en el siglo XX. Cualquiera que sea el resultado de la "Guerra de las Galaxias", la era nuclear ya no volverá a ser la misma. Es importante que todo ciudadano, sometido al riesgo derivado de una confrontación nuclear lo conozca. La historia consignará que el hombre de la segunda mitad del siglo XX contempló cómo se ponían a su alcance, por primera vez, unas armas capaces de destruir civilizaciones enteras de la noche a la mañana. Peor aún, esas armas producirían devastaciones que desbordaban totalmente cualesquiera de las medidas que en el campo militar se tomaran previamente para contrarrestarlas". [133]

La iniciativa de Reagan surgió de un análisis del Pentágono sobre el estado de las fuerzas nucleares estadounidenses. En el estudio la Junta

---

[132] Fragmento de las palabras de Reagan tomado de la obra de Alun Chalfont, ob.cit; p. 20

[133] Palabras del prólogo al libro de Alun Chalfont, ob, cit; p. 9

de Jefes de Estados Mayores de los Estados Unidos reflejó que la triada estratégica existente: cohetes de base terrestre, cohetes en submarinos atómicos y bombarderos estratégicos carecían de condiciones para asegurar la victoria en caso de una guerra con la URSS. La concepción de lanzar un primer golpe nuclear con dichas fuerzas contra la "amenaza soviética", implicaba para Washington un suicidio, pues, en aquel momento, resultaba inevitable un potente golpe de respuesta por parte del bloque soviético.

Este enfoque del problema quedó expuesto por Reagan en su discurso sobre la IDE: "Cuando tomé posesión, en enero de 1981, me sorprendí de lo que encontré: aviones que no podían volar y barcos que no podían navegar por falta de piezas de repuesto, de personal entrenado, de municiones y combustible suficiente para el entrenamiento esencial. El resultado inevitable de todo esto había sido una pobre moral de nuestras fuerzas armadas, dificultades para reclutar a los jóvenes norteamericanos más brillantes y dificultades para convencer a nuestro personal militar más experimentado que permanecieran en el ejército". [134]

La administración Reagan, desde el año 1983, parecía haber dejado de confiar en el aumento de las fuerzas nucleares estratégicas ofensivas para la ruptura del equilibrio bipolar. Esa era la única vía que, además, iría perdiendo el con-

---

[134] Ronald Reagan, "President's Speech on Military Spending and New Defense". The New York Times, New York, March 24, 1983, p. 8.

senso en cuanto a su mantenimiento y desarrollo. Desde entonces, los círculos de poder estadounidenses concentraron sus esfuerzos en la IDE, un sistema clasificado en lo convencional de defensivo, o sea, la otra modalidad de los medios estratégicos.

Sobre este particular Reagan se proyectaba convencido: "Había una cuestión real entonces acerca de cómo estábamos preparados para enfrentar una crisis, y era claro que teníamos que empezar un importante programa de modernización para garantizar que pudiéramos impedir una agresión y preservar la paz en los años venideros. Tuvimos que movernos de inmediato para mejorar la rapidez básica y el poderío permanente de nuestras fuerzas, para poder resistir una crisis y por tanto ayudar a evitarla. Tuvimos que recuperar los años perdidos de inversiones y avanzar con un plan a largo plazo para preparar a nuestras fuerzas y contrarrestar las capacidades militares que nuestros adversarios desarrollaban hacia el futuro"[135]

Con toda intención, la presentación de la IDE trató de exhibir un programa para el desarrollo de nuevas tecnologías "defensivas" tendientes a disuadir una agresión externa y fortalecer la "seguridad nacional" de los Estados Unidos. Para sus defensores, en el Complejo Militar-Industrial y el Pentágono, constituía una respuesta calibrada a las intensas actividades soviéticas de investigación y desarrollo en el campo de la "defensa" antimisil.

---

[135] Ibídem.

Empero, este proyecto estadounidense dirigido a militarizar el Cosmos no sólo representó una amenaza para la seguridad internacional, sino que también impregnó una dimensión más peligrosa a la carrera armamentista. La IDE llevó la confrontación Este-Oeste a un nuevo escenario mucho más peligroso. Pues, aunque los nuevos sistemas de armas espaciales fueron diseñados bajo el rótulo de "defensivos" y el pretexto de la amenaza militar soviética, los fines estaban precisados en la estrategia militar: garantizar la capacidad de primer golpe nuclear, desarticular el golpe de respuesta y, de ese modo, obtener la superioridad militar sobre la URSS. O sea, poder asestar un ataque nuclear que "desarmara" a los países integrantes de la Organización del Tratado de Varsovia (OTV) y contribuir a la cruzada contra el comunismo liderada por la administración estadounidense.

El desarrollo del proyecto se erigió en un objetivo de la política exterior de los Estados Unidos y en una visión geopolítica coherente con la proyección de la doctrina de la "Contención del Comunismo" para la imposición, desde posiciones de fuerza, de los enfoques norteamericanos sobre diversas problemáticas en el sistema internacional. Sin embargo, ¿Cuáles fueron las razones domésticas que condujeron al presidente Reagan a tomar la decisión de desplegar la IDE, un año y medio antes de las elecciones presidenciales del año 1984?

En primer lugar, su política guerrerista suscitó un movimiento de oposición y repulsa de diferentes sectores de la sociedad estadounidense: religiosos, sindicales, congresistas e influyentes intelectuales. El movimiento por la eliminación de los armamentos nucleares proclamó inmoral el arma nuclear. Mientras, personalidades políticas, académicas e industriales, sin relación alguna con el Complejo Militar-Industrial, reclamaron la reducción del presupuesto militar dispuesto para la IDE y el compromiso de Reagan de que los Estados Unidos no serían los primeros en usar el arma nuclear.

Por otra parte, la "Guerra de las Galaxias" también fue ridiculizada en los medios de comunicación y objeto de críticas de altos funcionarios vinculados a la "defensa estratégica" quienes, "envueltos en un vasto programa de rearme centrado en la producción de armas ya existentes más que en la innovación de cualquier tipo, rechazaron las armas radicalmente nuevas propuestas por los asesores extraoficiales de Reagan. Los jefes del ejército se opusieron a que se desviaran fondos destinados a las fuerzas tradicionales, mientras que sus homólogos civiles, aterrados con la indiferencia de Reagan hacia la "Destrucción Mutua Asegurada", conspiraron para aplazar las investigaciones sobre la IDE".[136]

En marzo de 1984, los científicos norteamericanos patrocinados por la Unión de Científicos Preocupados (UCP) publicaron un informe con reservas sobre la "Guerra de las Galaxias". Los científicos concluyeron que, para disponer de un "escudo protector", el gobierno estadounidense necesitaría "miles" de satélites; que uno de los

[136] Véase de Edward N. Luttwak, artículo citado.

equipos a considerar para poner en órbita sería un satélite de 40000 toneladas; que la potencia necesaria para los láseres y otros dispositivos equivaldrían al 60 por ciento del total de la potencia generada en los Estados Unidos; y que la "defensa estratégica", en su conjunto, podría ser fácilmente vencida por una contramedida relativamente simple.[137]

En esas condiciones, resultó difícil que Reagan contase con el apoyo suficiente de la opinión pública nacional para poner en práctica el programa de desarrollo de nuevas armas nucleares. Para ser reelecto, en 1984, Reagan recogió en su estrategia la voluntad de paz del pueblo norteamericano y para ello utilizó el proyecto de la IDE, que había sido esbozado con supuestos fines defensivos y pacíficos. Con esa habilidad, la administración republicana sorteó el creciente sentimiento antibelicista al interior de los Estados Unidos, sin nunca abandonar la política "neoglobalista" en aras de una hegemonía militar.

Desde el inicio, la IDE representó una posibilidad para proteger al "pueblo norteamericano" contra un ataque con armas nucleares procedentes del exterior, pues, gracias al desarrollo de las tecnologías, podrían convertirse en "inoperantes y obsoletas". El interés de Reagan de canalizar a favor suyo los ánimos pacifistas de los norteamericanos quedó manifestado cuando sentenció: "¿No sería preferible salvar vidas en vez de

---

137 Véase de Robert Jastrow, "Reagan versus the Scientists: Why the President is right about missile defense", Commentary, n. 1, v. 77, enero, 1984.

vernos obligados a vengar nuestras pérdidas?”.[138]

Nuevamente el pueblo estadounidense fue víctima de una operación de propaganda y desinformación. La conformación de una imagen alejada del verdadero sentido del plan y la manipulación de la IDE justificó, en el plano moral, el inicio de una nueva fase de la carrera armamentista. Así aparecieron disímiles denominaciones para enmascarar su carácter agresivo, entre ellos: “escudo impenetrable”, “máscara antigás”, “sombrilla nuclear”, “opción antimisil”, las cuales pretendieron desorientar a todas aquellas personas poco avezadas en cuestiones militares o esconder la naturaleza real de la estrategia antimisil.

A través del programa de investigación de la IDE, Reagan convocó a los más talentosos y lúcidos científicos de los Estados Unidos para que, convirtiendo en obsoletos a los misiles balísticos, “ayudasen” a la causa de la paz mundial. En suma, propuso el uso de la capacidad tecnológica norteamericana en la construcción de un mundo “más seguro y estable”. En su retórica, los Estados Unidos no buscaban ni superioridad militar ni ventaja política. Su único propósito estaba centrado en encontrar la forma de reducir el peligro de una guerra nuclear.[139]

A la propaganda de Reagan le costó trabajo es-

---

[138] Ronald Reagan, discurso citado.

[139] Ronald Reagan, “Prefacio Presidencial”, Cuaderno de Nuestra América, La Habana, n. 4, v. 11, Julio- diciembre, 1985, p. 296.

conder el objetivo principal de la "opción antimisil" consistente en asegurar, sin equívocos, la superioridad militar de los Estados Unidos sobre la URSS, y la capacidad de asestar el primer golpe nuclear contra la otrora potencia eurasiática. Para la dirigencia soviética de la época, en aquellas condiciones, el propósito era obtener la posibilidad de destruir con ayuda de la "defensa" antimisil los correspondientes medios estratégicos de la otra parte, privándolos de la capacidad de propinar un golpe de respuesta y desarmar a la URSS ante la amenaza nuclear norteamericana.[140]

La visión estadounidense de la IDE, sustentada en sólidos argumentos históricos y geopolíticos, rebasó la percepción soviética. Habían cifrado el cumplimiento de sus objetivos hegemónicos bajo el predominio de la tradicional idea de que en el espacio se encuentra la última posición norteamericana. La "cuarta frontera" de la nación, desde la cual sería posible ejercer el control total sobre la Tierra. Precisamente el lugar que el presidente Lyndon B. Johnson, tras el lanzamiento del Sputnik soviético en el año 1957, había denominado: "la meta de todos los hombres libres." [141]

En esa coyuntura la administración Reagan recompensó al Complejo Militar-Industrial. Sus principales consorcios apoyaron los propósitos

---

[140] Véase criterio de Yuri Andropov en la recopilación, Discursos y artículos escogidos, Editorial Progreso, Moscú, 1983, p. 253.

[141] Véase de Michael Krepan el trabajo, "Perdidos en el espacio o la nueva carrera armamentista", Foreign Affairs, (En Español), verano, 2001.

de la "Guerra de las Galaxias" y comprendieron que la apertura del espacio a la carrera armamentista aportaría importantes flujos de créditos y un formidable período de ganancias económicas. Un ejemplo claro fueron los millonarios contratos de las principales empresas asociadas a la IDE. Sin dudas, el Complejo Militar-Industrial fue la principal fuerza interesada en mantener e impulsar la orientación militarista de la política exterior trazada por Reagan.

La "Guerra de las Galaxias" representó en la comunidad empresarial norteamericana un subsidio del Estado para la obtención de tecnologías avanzadas. El gobierno de Reagan fortaleció el poder estatal de la economía y creó mecanismos de asistencia social dirigidos a las clases ricas de la sociedad. Básicamente, por medio de los gastos militares, aumentó la proporción estatal en el Producto Interno Bruto (PIB) a más de un 35 por ciento hasta el año 1983, un incremento mayor al 30 por ciento, comparado con la década anterior.[142] Con estas acciones, los *reaganistas* simplemente cerraron el mercado a la competencia japonesa y fortalecieron sus propias industrias, principalmente la automovilística. Además de la confrontación estratégico-militar con la URSS, esta política económica también acentuó las relaciones de competencia de los Estados Unidos con otros centros de poder económicos del sistema capitalista: Japón y la Unión Europea.

---

[142] Datos tomados de Noam Chomsky, ob.cit, p. 36.

Del mismo modo, al relanzar la carrera armamentista al espacio ultraterrestre, los Estados Unidos persiguieron empujar a la economía soviética, y al conjunto de países socialistas, a sensibles gastos militares, con la finalidad de afectar la estabilidad interna de esas naciones, socavarlas en esfuerzos que a la postre dañarían el consumo y su desarrollo económico. Se esperaba que la carrera armamentista llevase a la URSS al agotamiento financiero, debilitara su influencia mundial y dejase a los norteamericanos un amplio margen de maniobra internacional.[143]

Personalidades asociadas al universo intelectual de los Estados Unidos aseguraron que el Tratado ABM evitó que los soviéticos gastaran más recursos económicos. En el fútil intento por construir defensas contra misiles balísticos, la URSS indudablemente habría gastado enormes recursos financieros que fueron invertidos en fuerzas mucho más amenazantes como los submarinos nucleares. Con la IDE, los Estados Unidos tuvieron una excelente oportunidad de renovar el interés soviético en las defensas estratégicas antiaéreas. Solo la derogación del Tratado ABM hubiera dado el poderoso beneficio de distraer realmente grandes recursos soviéticos hacia las defensas contra misiles balísticos.[144]

---

143 Para algunos historiadores ya la URSS antes del anuncio de la IDE sufría serias dificultades con síntomas de estancamiento en la producción, crecientes déficit y pérdidas económicas. Véase de Demetrio Boersner, ob, cit; p. 342.

144 Véase criterios sobre la IDE de Edward N. Luttwak, "Why we need more Waste, Fraud and mismanagement in the Pentagon", Survival, n. 3, v. XXIV, may/june, The International Institute of Strategic Studies, Londres, 1982.

Los norteamericanos, con la extensión armamentista al espacio cósmico, colocaron un reto militar a la URSS. Había quedado atrás la proeza militar soviética que rompió con el monopolio atómico de los Estados Unidos y permitió alcanzar la paridad estratégica-militar. La carrera armamentista manifiesta en la IDE impuso el riesgo de que el socialismo fuera agredido y destruidos en la URSS y Europa Oriental por la vía de una confrontación militar.

La URSS había caído, en décadas anteriores, en la escalada armamentista, y desviado el esfuerzo productivo hacia la defensa y el desarrollo de nuevos tipos de armas con la utilización de un modelo de planificación rígido y de dirección centralizada de la economía. Con el fortalecimiento del sector militar y la activa participación en la competencia armamentista, la economía soviética recibió un golpe irrecuperable, puesto que una parte considerable de la producción nacional y de los recursos financieros, que debían destinarse a la economía civil y los servicios, fueron desviados, en términos categóricos, hacia la industria militar.

En su expresión absoluta, los gastos militares de la URSS se triplicaron desde el año 1940. Las inversiones soviéticas en el campo de la política militar quedaron ilustradas en la siguiente tabla sobre los gastos del presupuesto en el período comprendido entre los años 1940 y 1980.

Años	1940	1965	1970	1975	1980
Miles de Millones de Rublos	5,7	12,8	17,9	17,4	17,1[145]

El carácter estrictamente centralizado de la industria militar soviética obstaculizó que los avances en el sector militar pasaran al desarrollo científico-técnico y a la producción civil. La IDE fomentó la carrera armamentista y después de alcanzada la paridad estratégica-militar, para la defensa del socialismo, comenzó a traspasarse la línea de la paridad y se buscó la superioridad militar. Esta rivalidad tuvo para la URSS un impacto en sus dos últimas décadas de existencia, y fue arruinada por la falta de perspectiva histórica sobre los procesos económicos en marcha y de las tecnologías de avanzada en una época de inevitable globalización de las economías del futuro. Mientras los japoneses y estadounidenses proclamaron en los años 70´ y 80´el desarrollo de la llamada sociedad de la informática, en la URSS se hacía énfasis en el fortalecimiento del poder económico mediante el aumento de la producción de acero, energía y la exportación de materias primas, los sectores típicos de un país subdesarrollado.

En lo que atañe a la IDE, los científicos y académicos soviéticos mostraron una posición teórica atrincherada y dogmática. El plan fue calificado de "aventurero" en previsión de que muchos de sus parámetros técnicos y tecnológicos parecían inalcanzables. Un estudio académico

[145] Estos datos provienen de Dmitri Volkogonov, Amenazas míticas y peligros reales para la Paz, Editorial APN, Moscú, 1982, p. 22.

de la época aseveró desacertadamente: "Es probable que, dificultando la utilización de los recursos científicos y técnicos, la IDE haga mucho más lenta la introducción de las tecnologías civiles. Además, el programa de la "Guerra de las Galaxias" conducirá a que el servicio de seguridad se imponga a la actividad científica en general, disminuyendo, aún más, la introducción de las innovaciones y nuevas tecnologías en las distintas ramas económicas no militares". [146]

¿Desconocían esta realidad los estrategas del Pentágono cuando impusieron los planes de la "Guerra de las Galaxias"? En tal sentido, los principales móviles se sitúan en la contradicción en el ámbito exógeno entre el capitalismo y el socialismo, en la que este último presionado por su supervivencia y no contando con las fuentes de retroalimentación en el mundo subdesarrollado, que siempre ha poseído el militarismo de las potencias imperialistas, se vio asfixiado y finalmente derrotado tanto en la competencia bélica como en la socioeconómica en general.[147]

La posterior caída económica y política del sistema soviético presentó una oportunidad excepcional para que los Estados Unidos se beneficiaran de los mejores resultados científicos de la otrora superpotencia mundial. Si la victoria en

---

[146] Esta errónea y dogmática visión de las Ciencias Sociales soviéticas aparecen en el libro de G. Marinko, ¿Qué es la Revolución Científico-Técnica?, Editorial Progreso, Moscú, 1989, p. 111.

[147] Para una mayor información sobre los aspectos multicausales de la crisis del "socialismo real", véase de Pablo Guadarrama González, Antinomias en la Crisis del Socialismo, Editora Política, La Habana, 1992, p.7.

la Segunda Guerra Mundial le permitió a la elite estadounidense apropiarse de los conocimientos científicos-tecnológicos de la Alemania nazi por valor de cientos de millones de dólares, el triunfo en la "guerra fría" y la disolución de la URSS, le proporcionó el segundo gran botín en el siglo XX.[148] Abrió al gran capital transnacional un potencial de mercado y de fuerza de trabajo que favoreció la dinámica del desarrollo capitalista global.

Otra arista de la decisión de Reagan estuvo relacionada con sus aliados europeos. El presidente norteamericano pensó que la participación de Europa en la IDE permitiría a los Estados Unidos beneficiarse de los progresos científicos y técnicos obtenidos en los laboratorios y empresas occidentales, y hacer que sus adelantos se pusieran al servicio de su estrategia antimisil. Por consiguiente, los intentos estadounidenses de apoderarse de los progresos científicos de otras potencias "aliadas" también causaron una competencia internacional en el campo de las tecnologías.

Los *reaganistas* igualmente reconstruyeron la industria estadounidense de tarjetas electrónicas (chips) mediante medidas proteccionistas y una alianza entre el Estado y las industrias para impedir que los japoneses y europeos se posesionaran de ellas. Las industrias militares de los Estados Unidos lograron este fin con la producción de aviones de combate de alta tecnología y comerciales, equipos electrodomésticos y de computadoras avanzadas que mantienen una

[148] Véase de Noam Chomsky, ob.cit; p. 66.

alta demanda en el mercado mundial. Nunca antes el desarrollo tecnológico constituyó en el imaginario político norteamericano un indispensable factor de poder en el ejercicio de su plena hegemonía sobre el sistema de relaciones internacionales.

No podemos negar que las innovaciones técnicas difundidas actualmente son una resultante de la nueva "revolución industrial" en el campo de las tecnologías, y que aparecieron por primera vez en la esfera de los trabajos de investigación con fines militares. El Internet, por ejemplo, es originalmente una creación del Pentágono: una red interna que surgió en la década de los 60´en una propuesta del Servicio de Proyectos de Investigación de esa institución para evitar la destrucción de las comunicaciones en caso de guerra nuclear. Esta idea, concebida en el período de la "guerra fría", previó construir una red que no pudiera ser controlada desde ningún centro de redes informáticas. Posteriormente, con el acelerado proceso de la globalización económica y financiera internacional, Internet se independizó y le asignaron aplicaciones en múltiples fines.

Otro proyecto denominado Arponet –la primera red constituida– se convirtió en la génesis de una red de comunicaciones globales y horizontales de miles de redes. En la primera mitad de los años 80´, los estrategas militares norteamericanos, ante el desarrollo tecnológico observado en Japón, financiaron el plan SEMATECH:

un consorcio de empresas electrónicas estadounidenses destinado al apoyo de programas de innovación para el manejo de la información y fabricación de equipos electrónicos. El Departamento de Defensa, durante la administración Reagan, respaldó el desarrollo de computadoras avanzadas y la creación de una naciente industria que, en general, hoy está conformada por las poderosas y competitivas compañías de la computación y la informática.

La evolución de las redes informáticas en la década de los 80´ estuvo relacionada con la constatación de que existía una tendencia histórica en que las funciones y los procesos dominantes en los tiempos de la información son organizados, cada vez más, en torno a las redes, debido a que ellas constituyen la nueva morfología social de los países capitalistas industrializados y la difusión de su lógica de enlace modifica de forma sustancial la operación y los resultados de los procesos de producción, del poder militar, político, tecnológico y cultural.[149]

El salto cualitativo de la Tercera Revolución Científico-Técnica y de los resultados tecnológicos producidos en el contexto de los programas de la IDE, favorables a las investigaciones e inversiones en obras de infraestructura científica, posibilitaron el fortalecimiento económico norteamericano de las últimas décadas del siglo XX,

---

[149] Consúltese sobre la trascendencia de las redes de Manuel Castells, "La era de la información. Economía, Sociedad y Cultura". La sociedad Red, Madrid, Alianza Editorial, 1997, p. 445.

y su preponderante posición de potencia informática, nuclear, marítima y espacial.

En el orden económico, la importancia y complejidad de este fenómeno está dado porque: "Una revolución industrial no solo se mide por el desarrollo de una tecnología más, se trata de un cambio rotundo en la manera de producir y de consumir; puede decirse que el mundo ya ha conocido dos. La primera revolución, que alcanzó hasta 1840, nació en Inglaterra con la invención de la máquina de vapor por James Watt en 1776 (...) La segunda se inició en los Estados Unidos con la apertura de la primera central eléctrica en 1882 por Thomas Edison (...) La tercera es la electrónica, que fue avanzando progresivamente antes de invadir todo el sistema técnico y llegar hasta la informática, la robótica y las redes como las de Internet". [150] En esta última podríamos insertar la estrategia militarista que, en 1983, el presidente Reagan presentó en la IDE o "Guerra de las Galaxias".

---

[150] Fragmento de la entrevista de François Caron a Sabine Delonglade: L´ Express, 27, abril, 2000, véase en el ensayo de Ignacio Ramonet, "Las masas manipuladas" en el libro, Propagandas Silenciosas, ob. cit; p. 13

2.2. Componentes. Concepciones políticas y militares de la IDE

Para los promotores de la IDE la protección del territorio estadounidense contra un ataque nuclear estaba asegurada con el despliegue de sus componentes y sistemas. Su cumplimiento abriría una brecha en el proceso de desarrollo continuado y ascendente del arma nuclear sobre la base de la estrategia de la "disuasión" y la amenaza de una "represalia", en el marco geoestratégico de la concepción central de la política exterior de los Estados Unidos durante la "guerra fría": la "Contención del Comunismo".

En un principio la IDE concebía la idea de proveer una defensa por estratos que emplease avanzadas tecnologías de armamentos, varias de las cuales se encontraban tan solo en una etapa de investigación preliminar. Tenía el propósito expreso de interceptar misiles enemigos en la mitad de su curso y a gran altura en la atmósfera terrestre. Este sistema de "defensa" antimisil requería de proyectiles con base en la tierra y en el espacio, radiaciones de partículas subatómicas, láseres nucleares de rayos X y de cañones sobre raíles electromagnéticos, todo bajo el control de un sistema computadorizado. Las armas con base en el espacio y los rayos láser hicieron que los medios informativos norteamericanos dieran al sistema el nombre de "Guerra de las Galaxias". En apoyo a esas armas, se establecería una red de sensores espaciales y de espejos especializados para dirigir los rayos láser contra los blancos. Algunas de estas armas estaban en una etapa de investigación y desarrollo, pero otras, en particular, los sistemas láser y el control supercomputadorizado, todavía no estaban disponibles.

Con todo esto, la defendida concepción del sistema "defensivo" de Reagan, para la "guerra espacial", consistió en el desarrollo de toda una serie de armas que situadas en el espacio ultraterrestre complementarían la capacidad balística de los cohetes estratégicos nucleares norteamericanos con bases en la tierra y el mar, con la misión de desencadenar un posible ataque nuclear contra la URSS.

Para el logro de un sistema efectivo, los estrategas militares previeron que debían contar con los armamentos y medios necesarios capaces de destruir en el espacio la respuesta misilística de la URSS, a un primer golpe, y de mantener una labor constante de espionaje. Un elemento importante del sistema era la colocación en órbita de una estación espacial. El razonamiento utilizado para la construcción de estas estaciones radicó en trasladar los diferentes módulos al espacio en un transportador espacial y ensamblarlos in situ allí.

Cada estación debía constar, al menos, de cuatro módulos en los que laborarían y vivirían dotaciones de seis a ocho personas. Estas estaciones orbitales, verdaderas bases militares, contarían con equipos de procesamiento de datos y de control de todo el complejo espacial. En ellas se realizarían las reparaciones, el mantenimiento del sistema y el suministro de combustible.

Otra modalidad de estación orbital diseñada sería la portadora del sistema antibalístico ABM[151], que tendría como armamento el rayo láser. Esas estaciones estarían protegidas por minas espaciales, además de estar resguardadas por una superficie que les permitiera desviar los rayos láser enemigos y ser a la vez resistentes a las radiaciones de las explosiones nucleares.

Mientras los técnicos investigaban las nuevas tecnologías, el sistema antibalístico estaría fundamentado en la utilización de interceptores con explosivos convencionales. Estos interceptores en número de 21600 tendrían sus bases en 432 estaciones orbitales. Junto al rayo láser y la posibilidad de utilizar explosivos convencionales, fueron tomados en consideración otros tipos de rayos basados en partículas nucleares, microondas e impulsos electromagnéticos.

El proyecto PMALS (*Prototype Miniature Air Launched System*, en inglés) constituyó una modalidad de armamento para ser situado en el espacio. Consistió en un satélite altamente computadorizado compuesto por 8 telescopios infrarrojos y 56 cohetes balísticos pequeños, los cuales serían dirigidos de acuerdo con la imagen que captasen los telescopios del objetivo a destruir.

La misión del sistema antisatélite (ASAT, siglas en inglés) preveía el lanzamiento de un

---

151 Sobre este sistema y sus orígenes véase la obra compilada por Edward M. Kennedy, An Evaluation of the decision to Deploy an Antiballistic Missile System. The New American Library, New York, 1969.

cohete desde un avión F-15. Este cohete estaría equipado con sensores infrarrojos para localizar el blanco y sería lanzado en las capas superiores de la atmósfera a una velocidad de 30681 millas por hora, lo que le otorgaba la capacidad de alcanzar cualquier satélite de los existentes hasta esa época. El sistema, para que funcionase, debía mantener las comunicaciones e incluyó una serie de satélites que tendrían la tarea de obtener información de inteligencia.

Para las comunicaciones se pensó en el aprovechamiento del sistema DSCS (*Defense Satellite Conmunications System*, en inglés) que, formado por cuatro satélites con un peso de más de 1010 libras cada uno, permitiría la comunicación entre 27 puestos de mandos militares y transmitiría voces, imágenes y señales de teletipo mediante el uso de avanzados programas de computadoras. Un sistema dotado de sensores infrarrojos denominado "vela" contenía dos satélites en una órbita de 60000 millas, y en su funcionamiento detectaría las explosiones nucleares y suministraría información sobre la efectividad de los proyectiles disparados con el fin de poder rectificar el lanzamiento o dirigir otros más al mismo blanco si fuera necesario.

Con el diseño del sistema de satélites "*Navstar*", los científicos se propusieron medir la gravedad terrestre: un fenómeno físico que afecta la trayectoria de los misiles balísticos intercontinentales. Los mapas, elaborados con ayuda de estos satélites y llevados a computadoras, tendrían la misión de guiar eficazmente a los proyectiles balísticos hacia sus blancos, los cuales podrían ser utilizados por la aviación, la artillería y los tanques.

Un lugar importante dentro de todo el sistema estaba destinado al transbordador espacial "*Space Shuttle*": encargado de la reparación de los satélites, el montaje de las estaciones orbitales, el traslado al espacio ultraterrestre del armamento desarrollado a partir de rayos láser, del combustible necesario para la operación del sistema y el personal de las estaciones orbitales. Estos transbordadores espaciales también fueron concebidos para ser utilizados con fines civiles.

De manera general, los sistemas propios de la IDE pueden clasificarse como armas de transmisión dirigida de la energía con varios tipos de láser y sistemas de haces de partículas, armas cinéticas con proyectiles de diferentes tipos y los sistemas portadores, verdaderas estaciones orbitales de ataque y módulos capaces de portar o transportar las armas antes mencionadas. [152]

Según hemos examinado, la IDE estaría dotada de complejos y sofisticados medios destructivos. Estos componentes podrían usarse no solo para derribar los misiles estratégicos soviéticos, sino también para amenazar el territorio de cualquiera de los Estados del sistema internacional. En su condición de armas de posicionamiento espacial podían abatir objetivos en el cosmos, en la atmósfera, en el mar o en la superficie terrestre.

---

[152] Véase de Vivían del Rosario Hernández, "La IDE y el pensamiento estratégico-militar actual". Cuaderno de trabajo CESEU, La Habana, n. 6, agosto, 1988, p. 88.

En el conjunto de las concepciones político-militares norteamericanas, un proyecto con la magnitud de la IDE solo podía ser viable en el contexto de la administración Reagan, caracterizada por el considerable peso de las cuestiones militares en el proceso de toma de decisiones sobre la política externa del país. El gobierno de Reagan aglutinó las tendencias más reaccionarias del espectro político norteamericano, aquellas que cuestionaron la política de distensión, el Tratado ABM y que impidieron la ratificación del acuerdo SALT-II. Se trató de una revisión de la postura política y estratégica de los Estados Unidos en sus relaciones con la URSS. El elemento “persuasivo” de esta política estuvo matizado por las posiciones de fuerza y la presencia influyente de un pensamiento político “neoconservador” y de derecha en el ejecutivo estadounidense.

La IDE representó mucho más que un programa de investigación de armamentos, constituyó la creación de una nueva concepción de “defensa” que tendría peligrosas consecuencias para la seguridad internacional y propiciaría el desarrollo acelerado de la carrera armamentista. La IDE creó los cimientos para continuar el perfeccionamiento de las fuerzas ofensivas estratégicas en una dirección plenamente pensada: la obtención del potencial de “primer golpe” nuclear. En esas condiciones, el propósito esencial estaba centrado en la posibilidad de destruir las correspondientes fuerzas estratégicas de la URSS y, sobre todo, su capacidad de asestar un contragolpe ante el hecho de un ataque nuclear norteamericano.

Esta visión de la IDE la corroboró un autor desposeído de veleidades izquierdistas: "Nos hace falta llevar a cabo una transformación a largo plazo de nuestra estrategia nuclear, los armamentos que la sirven y nuestra política de control de armamentos (...) Ahora la clave para la necesaria transformación se encuentra en el desarrollo tecnológico que posibilite a los Estados Unidos y sus aliados la consecución de unos sistemas defensivos eficaces. El requisito prioritario está en una defensa no nuclear contra misiles, capaz de anular la utilidad militar de un ataque de misiles soviéticos y de disminuir su destructibilidad"[153]

Aunque Reagan no proclamó con la IDE una intención radical de abandonar el Tratado ABM, solo su anuncio representó una primera amenaza de envergadura para la conservación de ese acuerdo, pues trató de socavar la doctrina de la "Destrucción Mutua Asegurada" (DMA), sobre la cual se había edificado la distensión entre las grandes potencias, la reducción de los armamentos y el peligro de guerra nuclear. Las concepciones político-militares de la IDE afloraron la idea de minar la DMA, por el hecho de que pretendían limitar los efectos del contragolpe soviético o la confianza en la fuerza del contragolpe, de manera que los Estados Unidos volvieran a tener la posibilidad de utilizar el arma nu-

[153] Oklé, Charles Fred. "La IDE", Foreign Affairs, abril, 1985, Pp. 115-116.

clear, como un instrumento político de intimidación y chantaje en las relaciones internacionales.

Con ese propósito, los estrategas militares esbozaron una concepción teórica afín a la IDE que denominaron "Supervivencia Asegurada". Anunciada en el texto de la Plataforma del Partido Republicano, para las elecciones del año 1984, expuso que los "Estados Unidos apoyaban los esfuerzos intensivos y más completos para rendir la obsoleta doctrina de la Destrucción Mutua Asegurada (...) El Partido Republicano la rechaza y en su lugar introduce la estrategia de la Supervivencia".[154]

La "Supervivencia Asegurada" constituyó una fantasía, puesto que no existía la capacidad técnico-militar ni las condiciones científicas para sustentarla. Esta pretensiosa formulación encubría el propósito de otorgarle al dispositivo estratégico estadounidense claras ventajas en relación con el soviético, y el interés político de hacer un uso activo de la supuesta superioridad de los Estados Unidos. Con la IDE, el establishment norteamericano albergó las esperanzas de modificar la relación estratégica global y sus riesgos fueron admitidos, porque podrían desviar recursos de la URSS a la esfera militar, provocando, en medio de la confrontación bipolar, un debilitamiento general de su economía al entorpecer la realización de sus programas sociales y para el desarrollo científico-técnico.

---

154 "Republican Platform: The Future of National Security", Congressional Quarterly, Washington, August 25, 1984. p. 211.

La IDE o "Guerra de las Galaxias" encarnó una apuesta a la superioridad militar y tecnológica de los Estados Unidos. Por supuesto, poco despreciable en términos financieros: "26 mil millones de dólares entre los años 1984-1989, y se estimó en unos 90 mil millones entre los años 1989-1994, y 225 mil millones de dólares en 20 años".[155] En fin, tuvo el objetivo primordial de conservar el recurso de la fuerza y la superioridad tecnológica norteamericana.

En oposición al sesgo ideológico de los argumentos de Reagan y su equipo, la IDE significó edificar una plataforma antimisil con bases terrestres, espaciales y marítimas que sirviera de cimiento al despliegue de un amplio Sistema Nacional de Defensa Antimisil (SNDA). La "Guerra de las Galaxias" proporcionó un desarrollo de la carrera armamentista que condujo a nuevas tensiones en el sistema de relaciones internacionales y militarizó la política exterior norteamericana.

Por ello, existen tres razones principales que desmontan el histórico argumento expuesto acerca del sentido defensivo del programa de la IDE o "Guerra de las Galaxias": el tipo de arma que se propuso desarrollar, sus objetivos políticos y las implicaciones estratégico-militares de sus componentes y concepciones, que inducen al uso del arsenal nuclear como instrumento de la política y arma de primer golpe.

---

155 Elizabeth, Skons, "The SDI and The International Research Cooperation", SIPRI, Estocolmo, 1986, p. 275.

2.3. Europa y la cuestión tecnológica.

En acápites anteriores hice referencia a que entre los objetivos de la IDE o "Guerra de las Galaxias" sobresalió la propensión de involucrar a Europa occidental en el despliegue de la iniciativa. Esa estrategia de los Estados Unidos hacia sus aliados trasatlánticos tuvo dos cuestiones fundamentales que deben ser analizadas:

Primeramente, la IDE no solo persiguió el fin de romper con el equilibrio estratégico y militar soviético-norteamericano en materia de armamentos nucleares, sino que también intentó impulsar las investigaciones y el desarrollo científico-técnico de los Estados Unidos con la asimilación de las tecnologías de punta producidas en Europa. La finalidad suprema de esa acción estuvo directamente relacionada con la repercusión que tendrían las nuevas tecnologías en la economía y en el nivel de vida de los norteamericanos. Así lo reveló el presidente Ronald Reagan en su discurso a la nación: "Volvamos a la fuerza tecnológica que hizo posible nuestra gran base industrial y que nos dio la calidad de vida que disfrutamos actualmente".[156]

A mediados de los años 80´, el desarrollo científico y tecnológico alcanzado por Europa occi-

[156] Ronald Reagan, discurso citado.

dental mereció el interés de los estrategas norteamericanos, para la puesta en práctica de los propósitos políticos-militares del Complejo Militar-Industrial. Y, en segundo lugar, porque, con la IDE, los Estados Unidos aspiraron a consolidar la dependencia de sus aliados europeos en los planos económico, tecnológico y en la esfera militar, para situarse en una posición de vanguardia e indiscutible liderazgo dentro del conglomerado de países capitalistas europeos decididos a forjar un competitivo proceso de integración regional.

Así Washington invitó oficialmente a sus aliados a tomar parte en el programa de la "Guerra de las Galaxias". Esta iniciativa espacial preocupó a influyentes grupos sociales, científicos y políticos de Europa occidental por el temor de que ocurriese una escalada de preparativos militares contrarios al diálogo pacífico Este-Oeste, extrajera enormes recursos financieros y, en definitiva, quebrantara la llamada seguridad colectiva.[157]

Ante el deterioro de la situación internacional, los líderes europeos adoptaron actitudes diferenciadas hacia la IDE. En unos suscitó reticen-

[157] El concepto seguridad colectiva es promovido y difundido en vísperas y después de la Segunda Guerra Mundial. Supone que "todos" sus participantes admiten los principios del Derecho Internacional Público e incluye un sistema de medidas que coadyuvan al proceso de limitación de armamentos y al desarme. Los principios de la seguridad colectiva sirven de base para la actividad de la ONU, pero entra en contradicción con las estrategias de "seguridad nacional" de los Estados Unidos, superpotencia que controla las decisiones del Consejo de Seguridad de la Organización mundial.

cias, en otro escepticismo y, en no pocos, tribulación. Mientras Francia puntualizaba que se negaría a respaldar el plan en caso de no ser incluida en pie de igualdad en un sistema de esa naturaleza, la llamada "dama de hierro" británica, Margaret Thatcher, advertía, en un primer momento, que: "Sin conversaciones y moderación mutua podríamos ver el espacio convertido en un nuevo y horrible teatro de guerra".[158]

La posición francesa presupuso evitar que un posible apoyo al programa de la IDE significara, a largo plazo, la conversión de Europa occidental en una subsidiaria de la industria estadounidense y los probables daños a la pretendida independencia económica y política de Europa. Para Francia y otras potencias occidentales, la experiencia de la cooperación trasatlántica en la investigación espacial había demostrado que a los norteamericanos les interesaban los adelantos tecnológicos de sus aliados, pero sin la voluntad de compartir con ellos sus propias tecnologías. Bajo estos designios, los Estados Unidos ofrecieron a Europa occidental la participación en el programa a condición de que los planes fuesen rectorados desde la Casa Blanca o el Pentágono.

Para contrarrestar la avalancha estadounidense y los incentivos contenidos en la IDE, el presidente francés François Mitterrand anunció

---

[158] Comentario citado por Viacheslav Boikok, en su artículo "Seducción de Europa". Suplemento Tiempos Nuevos, Moscú, 1987, p.17.

el proyecto "Eureka"[159] con el objetivo fundamental de definir una política científica y tecnológica común europea y cortar la fuga de "cerebros" hacia los Estados Unidos. El proyecto "Eureka" abarcó prácticamente todos los problemas decisivos del desarrollo tecnológico espacial. Para Francia el programa "Eureka" no tenía un carácter militar y sus fines serían estrictamente civiles, aunque en realidad los límites entre las investigaciones espaciales y su uso fueron demasiado imprecisos.

Aun así, "Eureka" pretendió ser un programa de cooperación continental para contrarrestar los aspectos atractivos de la IDE en el campo tecnológico, y una posibilidad de invertir en investigaciones avanzadas que abrieran el camino a Europa para aproximarse a los niveles tecnológicos norteamericanos y japoneses. La justificación existencial de "Eureka" radicó en formular una concepción estratégica netamente europea que le permitiese a la Comunidad Económica Europea (CEE) aumentar su influencia en el marco de las relaciones políticas y económicas entre los principales centros de poder capitalistas, pues los líderes occidentales habían comprendido que no podían esperar un intercambio igualitario con la IDE ni se beneficiarían con sus

[159] La célebre expresión de Arquímides se utilizó por los británicos para nombrar a la Agencia de Coordinación de Investigaciones Europeas, la cual estaría encargada de crear y promover las condiciones propicias para el desarrollo de proyectos intereuropeos en las ramas de las tecnologías avanzadas. La fundaron los doce países de la antigua Comunidad Económica Europea (CEE): RFA, Bélgica, Dinamarca, España, Francia, Grecia, Holanda, Reino Unido, Irlanda, Italia, Luxemburgo, Portugal.

investigaciones, ya que la participación reservada a sus especialistas quedaba reducida a un segundo plano.

Con "Eureka" los europeos hicieron ver a los principales actores internacionales que, a diferencia de la IDE, su proyecto abría más posibilidades de aplicación en la industria civil: la microelectrónica, la informática, la robótica, la biotecnología y las telecomunicaciones; y, por ello, se trazaron una estrategia para, por todos los medios, interesar la participación de las empresas transnacionales en un riguroso estudio de sus mercados, y con una definición de las posibilidades productivas concretas dentro de las directrices fundamentales e intereses europeos.

Desde esta perspectiva, "Eureka" solucionaría el descontento europeo por la imposición de la "Guerra de las Galaxias". Se concibió para replicar la convocatoria de participación de los Estados europeos en la IDE, en condición de actores de segunda categoría. El "grito de Arquímedes" utilizado por los europeos quiso evitar que la amenaza de "colonización tecnológica" de Europa por los Estados Unidos deviniera en una realidad inobjetable.

No obstante, a modo de síntesis, los críticos en Europa a la IDE o "Guerra de las Galaxias", se basaron en las siguientes contingencias:

- Los Estados Unidos podrían poseer un sistema eficaz contra misiles balísticos, pero la URSS no lo tiene. Ello daría lugar a temores de inestabilidad en el equilibrio estratégico y a la retirada de los Estados Unidos a la “Fortaleza Americana”.

- Si los Estados Unidos y la URSS logran desplegar unas defensas estratégicas eficaces, ello daría lugar a temores de un “distanciamiento físico” entre las superpotencias y la posibilidad de una guerra nuclear en Europa.

- Los Estados Unidos podrían ser persuadidos con razones económicas o de oportunidad política, para que abandonaran las investigaciones sobre la “defensa estratégica”, pero la URSS proseguiría el desarrollo de un sistema eficaz. [160]

---

[160] Véase criterios de Alun Chalfont, ob. cit; p. 157.

2.4. La reacción de la URSS a la IDE

Después del discurso pronunciado por el presidente Ronald Reagan, en el que anunció los planes de la "Guerra de las Galaxias", la URSS, en correspondencia con su rango de superpotencia mundial, defendió el criterio de la indivisibilidad entre el cosmos y la paz y, por tanto, el espacio ultraterrestre debía utilizarse con fines científicos y pacíficos.

Para la URSS, la estrategia nuclear norteamericana basada en la IDE contradijo las obligaciones estipuladas por el Tratado ABM, y advirtió que la "Guerra de las Galaxias" sería un instrumento en manos de los Estados Unidos, para conseguir la superioridad estratégica y romper con el equilibrio militar existente en el sistema internacional bipolar de la "guerra fría". El propio Reagan basó su fundamentación en el criterio de que: "Durante la pasada década y media los soviéticos habían construido un masivo arsenal de nuevas armas nucleares estratégicas, armas que podían golpear directamente a los Estados Unidos".[161]

Reagan ofreció la posibilidad de lograr efectivas reducciones de los arsenales nucleares y una mayor estabilidad internacional. Sus estrategas fundaron ese accionar en el presupuesto de que

---

[161] Ronald Reagan, discurso citado.

podía realizarse una transición ordenada hacia un mundo fundado en la "defensa", en la medida que se produjeran reducciones en las fuerzas nucleares ofensivas. Si los soviéticos y los norteamericanos decidían destruir un determinado número de sus misiles nucleares estratégicos en sus intentos de desplegar defensas estratégicas, había una señal de que ninguna de las dos estaba buscando ventajas unilaterales. A largo plazo, con esta concepción, las estrategias de defensa combinadas con reducciones balanceadas y verificables de armamentos nucleares podrían eliminar la amenaza de una guerra nuclear.

La argumentación norteamericana, válida o no, causó reacciones adversas en la URSS y se convirtió en otro factor de contradicción en las relaciones entre las dos superpotencias. Los soviéticos interpretaron que la estrategia antimisil de Reagan inauguraba un camino peligroso en las relaciones Este-Oeste, y tensaba la situación internacional. Al mismo tiempo, el llamado estadounidense a la preparación para una guerra espacial reactivó las concepciones de la "guerra fría" sobre la "amenaza" militar soviética, entendida ésta como la pretensión de destruir el sistema capitalista con un "primer golpe" nuclear.

En el pensamiento estratégico soviético, la iniciativa estadounidense contribuiría a continuar el desarrollo y perfeccionamiento de sus fuerzas ofensivas estratégicas en una dirección plenamente determinada: el potencial de descarga de "primer golpe" nuclear. En estas condiciones, los Estados Unidos lograrían el propósito de destruir, a través de una "defensa" antimisil, las correspondientes fuerzas estratégicas soviéticas privándolas de su capacidad de respuesta o contragolpe.

La política exterior soviética, a raíz del discurso pronunciado por Reagan, el 23 de marzo de 1983, expuso que el espacio cósmico debía mantenerse al margen del despliegue de cualquier tipo de armas, ya fuesen convencionales, nucleares, de rayos láser o partículas. Y abogó porque en el espacio no fuesen ensayadas ni desplegadas armas de exterminio en masa, en consonancia con el principio de que con la naturaleza destructiva de los armamentos contemporáneos ningún Estado puede alentar la esperanza de ganar una guerra nuclear, incluso ni desde el espacio; así que la prolongación de la carrera armamentista al espacio agravaría la acumulación y el perfeccionamiento de las armas nucleares en todo el mundo e implicaba el rompimiento de la paridad estratégica-militar: columna vertebral de la disuasión político-militar.[162]

Según la comunidad de académicos soviéticos, el efecto desestabilizador del programa de la IDE estremeció las estructuras del sistema de relaciones internacionales y al propio Derecho Internacional Público. "Una carrera de armamentos en el espacio ultraterrestre podría aumentar el peligro de una guerra nuclear. Se sumaría también a los ya enormes gastos militares y reduciría, aún más, los recursos necesarios para el desarrollo

[162] Véase el libro Las "Guerras de las Estrellas": Ilusiones y peligros. Editora Militar, Moscú, 1985, p.11.

económico y social de los pueblos. La carrera de armamentos en el espacio ultraterrestre tendría efectos negativos sobre la utilización del espacio ultraterrestre con fines pacíficos".[163]

La militarización del espacio representó, para la dirigencia soviética, una interrupción en el proceso de limitación y reducción de los armamentos nucleares y un desafío en todos los ámbitos. En la década en que los Estados Unidos anunciaron la IDE, sin haberse producido el derrumbe del sistema socialista, los problemas de funcionamiento de las estructuras productivas de la URSS, demostraron la ausencia de condiciones favorables para evitar o contraponerse con acciones militares prácticas a la "Guerra de las Galaxias".

En enero de 1985, el Secretario de Estado norteamericano, George Shultz, y el Ministro de Relaciones Exteriores de la URSS, Andréi Gromiko, acordaron, en Ginebra, la reanudación de las negociaciones sobre los armamentos nucleares y las armas espaciales, las cuales se celebraron, en marzo de ese año, conjuntamente con las de los euromisiles. Los soviéticos hicieron declaraciones públicas dirigidas a minar la justificación ética y moral que Reagan proyectaba con la IDE. La "Guerra de las Galaxias" evidenció las intenciones políticas propensas a poner a la URSS, por las buenas o por las malas, en una situación desigual y colocar las armas nucleares

---

163 Véase el artículo de Andrei Kozyrev, "El espacio ultraterrestre y la seguridad universal". Desarme, Nueva York, n. 2, v. 10, 1987, p. 49.

en un nuevo medio que desestabilizaría la situación estratégica mundial.[164]

Con la llegada al poder soviético de Mijaíl Gorbachov, en el cargo de Secretario General del Partido Comunista, en el mes de marzo de 1985, comenzó una nueva etapa en la historia de ese país. El último dirigente soviético introdujo con la política de "Nueva Mentalidad" una atención prioritaria a los asuntos del desarme. El 30 de julio de 1985, la URSS adoptó la decisión unilateral de cesar todas las pruebas nucleares, a partir del 6 de agosto de ese año y hasta el 1 de enero del año 1987, en conmemoración del cuadragésimo aniversario del bombardeo atómico contra la ciudad japonesa de Hiroshima.

La dirigencia soviética creyó que un modo efectivo de paralizar los preparativos para desplegar una "defensa" antimisil y las armas espaciales estaban en el cese de las pruebas nucleares, lo que inevitablemente supondría detener el perfeccionamiento de los armamentos estratégicos en su conjunto. La propuesta de cesar las pruebas nucleares "sorprendió" a los Estados Unidos en un nuevo ciclo de modernización de sus arsenales y en el desarrollo de una tercera generación de los armamentos nucleares, estrechamente vinculada con la "Guerra de las Galaxias". Pero los estrategas norteamericanos descartaron la propuesta soviética sobre el cese de las pruebas nucleares y prosiguieron con sus

---

164 Véase de Mijaíl S. Gorbachov. La Perestroika y la Nueva Mentalidad. Editora Política, La Habana, 1988, p. 316.

programas militares de militarización del espacio cósmico.

A fines de ese año, cuando acontecía la tercera ronda negociadora en Ginebra, los soviéticos presentaron al gobierno norteamericano una propuesta de reducción de los misiles balísticos intercontinentales en un 50 por ciento y la limitación, hasta 6000, de las cabezas nucleares. El 15 de enero de 1986, Mijaíl Gorbachov formuló un programa para la eliminación gradual de todas las armas nucleares para el año 2000.[165] Sin lugar a dudas, estas propuestas solo habrían tenido éxito si los Estados Unidos hubieran renunciado al despliegue de la "Guerra de las Galaxias".

En el mes de octubre de 1986, Reagan y Gorbachov se reunieron en Reykjavik, Islandia. En este encuentro, que preludió una nueva fase de distensión y diálogo entre las superpotencias, ambos líderes examinaron la evolución de las negociaciones en curso sobre las armas estratégicas, los euromisiles y las discrepancias sobre la IDE. Reagan deseaba asegurar que la investigación, desarrollo y ensayos de la IDE condujeran al eventual despliegue de un sistema que fortaleciera la capacidad "defensiva" norteame-

165 Este programa tuvo una favorable acogida internacional. Escalonado en tres etapas de desarrollo propuso la desaparición de todas las armas nucleares, véase el texto íntegro en el libro de Mijaíl S. Gorbachov, Un mundo sin armas nucleares, Editorial APN, Moscú, 1997, pp. 6-8.

ricana y se opusiera a cualquier tentativa soviética de neutralizarlo.

Gorbachov, por su parte, propuso que la investigación y el desarrollo de la IDE quedaran reducidos exclusivamente a los estudios de laboratorio, a cambio de que los Estados Unidos y la URSS, durante diez años, no ejercieran el derecho a revocar el Tratado ABM. Esta postura fue una premisa necesaria para resolver los problemas de la reducción de los armamentos estratégicos y evitar que una de las partes obtuviera ventajas unilaterales. Sobre este encuentro cumbre entre las superpotencias, el líder soviético escribió: "El problema de los armamentos antimisiles no permitió que Reykjavik fuera un éxito total (….) los Estados Unidos no estuvieron dispuestos a abandonar la esperanza de alcanzar la superioridad militar y en esa ocasión quisieron aventajar a la URSS acelerando los trabajos de la IDE".[166]

Para el impulso de las negociaciones sobre desarme, los soviéticos asumieron posiciones concesionarias que su propia dirección reconoció: "Al retirar nuestra antigua demanda de incluir en la ecuación estratégica los cohetes de alcance medio que llegan hasta nuestro territorio y los medios norteamericanos de emplazamiento avanzado, estábamos también en disposición de considerar la preocupación de los Estados Unidos respecto a nuestros cohetes pesados."[167] La URSS admitió la posibilidad de firmar un

---

[166] Véase de Mijaíl Gorbachov, ob.cit; pp. 316-318.
[167] Ibídem, p. 313.

acuerdo sobre la limitación o eliminación de los misiles de alcance intermedio en Europa sin la necesidad de que los Estados Unidos renunciasen a la IDE, en lo que se refería a su "investigación básica". Este cambio en la conducta soviética pudo haber estado motivada por la percepción de que, mientras los laboratorios e industrias norteamericanas siguieran sus trabajos en busca de las tecnologías aplicadas a la IDE, la URSS ganaría tiempo para hacer una evaluación a fondo de la viabilidad tecnológica de la estrategia antimisil, enfocando sus posiciones desde una perspectiva coherente y en correspondencia con sus intereses nacionales.

En cambio, ese momento de reelaboración de sus posiciones, de acuerdo con los retos que imponían las exigencias de la política exterior y los costos políticos de asumir las iniciativas negociadoras promovidas por la diplomacia estadounidense, no pudo producirse en ningún momento debido al ritmo acelerado en que se sucedieron los cambios internos generados por Gorbachov, y su inevitable repercusión en el desmontaje de las posturas soviéticas en defensa del socialismo en el escenario internacional.

Con la culminación de la presidencia de Reagan y el ascenso de George Bush al poder de los Estados Unidos, la negociación política desde posiciones de fuerza, con una URSS debilitada en sus frentes interno y externo, caracterizó la continuidad del accionar de los republicanos hacia la entonces superpotencia del mundo bipolar. La administración Bush fortaleció el criterio de que solo se firmarían nuevos acuerdos para la reducción de las armas estratégicas si los soviéticos desmantelaban el radar de Krasnoiarsk, que nunca habían aceptado considerarlo una violación de la letra del Tratado ABM y constituía, después de su firma en el año 1972, el centro o un símbolo de las contradicciones soviético-norteamericanas.

La dirigencia soviética encabezada por Gorbachov apostó por una proyección occidental y prometió a Bush, en el mes de septiembre de 1989, que la URSS destruiría el radar sin condiciones de ninguna índole. El 23 de octubre de ese año, el Ministro de Relaciones Exteriores, Edward Shevardnadze, declaró públicamente que la construcción del radar había sido una clara violación del Tratado ABM, y, así, la URSS asumió la posición estadounidense de que el radar de Krasnoiarsk era una violación de dicho Tratado, por su ubicación estratégica, la capacidad de detectar y rastrear el lanzamiento de misiles balísticos intercontinentales, un argumento que desde sus orígenes había sido rechazado por los políticos soviéticos. [168]

De tal forma, los norteamericanos convencieron a los líderes soviéticos de que la URSS debía

---

[168] El radar de Krasnoiarsk tuvo un costo de unos cientos de billones de rublos. Fue una de las más costosas construcciones de la historia soviética. En 1987, Gorbachov propuso usar las instalaciones del radar para un centro de investigación espacial bajo la administración soviético-norteamericana. Pero los Estados Unidos rechazaron esa propuesta, pues su estrategia era arrancarle concesiones unilaterales a los soviéticos; véase de Oberdorfer y Ann Devroy, "Soviets Dismantle Disputed Radar". The Washington Post, Washington, May 29, 1990, p. A10.

incorporarse a la "comunidad de Estados democráticos", en aras de lo cual la superpotencia socialista tenía que hacer modificaciones a sus tradicionales posiciones, incluso en temas de tanta significación, para su seguridad, como la reducción unilateral de sus armamentos estratégicos. Un historiador soviético cuando relató algunos de los más importantes episodios del derrumbe de la URSS aseveró que la influencia sobre la dirigencia soviética había sido "un plan brillantemente ejecutado por Bush para, a partir de los intereses norteamericanos, lograr la reducción del potencial defensivo soviético y el debilitamiento de las fuerzas estratégicas de la URSS". [169]

En sentido general, la URSS mantuvo una retórica fuerte contra la iniciativa estadounidense de "Guerra de las Galaxias", pero, al no contar con un respaldo económico y tecnológico para el despliegue de un contraproyecto con tales exigencias tecno-científicas, sus posibilidades reales de oposición práctica quedaron anuladas. Lo más relevante, en términos políticos, fue el accionar diplomático soviético en diversas tribunas internacionales en rechazo a la carrera armamentista y el uso del espacio cósmico como polígono de guerra. Esas fueron dos problemáticas que obstaculizaron las negociaciones para la reducción de los armamentos nucleares, y que afectaron la paz y la seguridad internacionales.

---

[169] Véase de Anatoli Gromiko, "Cómo vendieron a una gran potencia o el striptease político de Mijaíl Gorbachov", Parte I, Pravda, Moscú, 11- 15, junio, 1996.

2.5. La IDE y el Tratado ABM

El Tratado firmado entre la URSS y los Estados Unidos sobre la Limitación de los Sistemas de Defensa Antimisiles Balísticos (ABM),[171] en Moscú, el 26 de mayo de 1972, prohibió el despliegue de sistemas antimisiles en sus respectivos territorios nacionales.

Con vigencia indefinida, este acuerdo estipuló la posibilidad de su denuncia, con una notificación anticipada de seis meses, si cada una de las partes decidía que, en circunstancias extraordinarias relacionadas con lo prescrito, se ponía en peligro sus intereses nacionales. El tratado permitió que cada país podía desplegar dos sistemas ABM: alrededor de la capital y en la región de emplazamiento de silos de cohetes balísticos intercontinentales. El radio de cada una de estas regiones no debía pasar de 150 Km, y el despliegue podría realizarse dentro de esos límites con no más de cien rampas de lanzamiento.

Asimismo, autorizó la modernización o sustitución de los sistemas ABM mencionados y sus componentes en el momento que se considerara, y comprometió a los firmantes a no crear, no ensayar y no desplegar sistemas o componentes de ABM con base en el mar, el cosmos o en la tierra.

---

[171] El contenido de este tratado puede verse en el libro de Alun Chalfont, ob. cit.

La URSS y los Estados Unidos establecieron el compromiso de no ceder a otros Estados ni instalar fuera de su territorio nacional sistemas ABM o sus componentes limitados en el tratado.

El 3 de julio de 1974, en Moscú, quedó firmado un documento al tratado que limitó el emplazamiento del sistema ABM o sus componentes a una región y un protocolo sobre los procedimientos que regulan el reemplazo, desmontaje o destrucción de cualquier tipo de enmienda en las regulaciones que emanan del tratado, incluso las relacionadas con el uso de nuevos principios técnicos, estarían sujetas a previas consultas y coordinaciones entre las dos partes.

La relación entre la IDE y el Tratado ABM surgió cuando el presidente norteamericano Ronald Reagan, anunció su iniciativa estratégica, subestimó y prestó poca atención a las obligaciones sujetas por los Estados Unidos en virtud del acuerdo y el protocolo adicional del tratado.

En la administración norteamericana existió la tendencia hacia una renegociación del Tratado ABM con el objetivo de legitimar a la IDE. En el mes de junio de 1985, el Departamento de Estado publicó un acta oficial titulada: "La Iniciativa de Defensa Estratégica", que en lugar de la declaración hecha por el presidente, en el mes de marzo de 1983, introdujo otra dinámica a las palabras originales de Reagan. Dos de sus párrafos decían: "Cuando se concreten, si son concretadas, las condiciones que hemos impuesto para ir adelante con la IDE, y después de haber realizado amplias consultas con nuestros aliados, tenemos pensado consultar o negociar, según lo que resulte apropiado en tal ocasión, con los soviéticos en conformidad con el Tratado ABM, que prevé tales consultas para reforzar la disuasión sobre la base de una mayor confianza en los nuevos "sistemas defensivos" por parte de ambas naciones". [172]

Esta promesa no sería interpretada como una concesión a los soviéticos para el derecho de veto sobre futuros despliegues "defensivos". Si en el futuro los Estados Unidos, después de haber consultado a sus aliados, decidían ir adelante con el despliegue de un "sistema defensivo", utilizarían los canales de consultas soviético-norteamericanos previstos en el Tratado ABM. A través de estos mecanismos, teniendo presente la expansión del programa de investigación antimisil que ejecutaba la URSS, los estadounidenses esperaban tener relaciones estables con ese país. En efecto, el Departamento de Estado había expresado que la posición de Reagan contenida en la IDE consistía en construir el sistema antimisil en correspondencia con las obligaciones establecidas en el Tratado ABM, pero esa noción había sido modificada porque los Estados Unidos estimaron que las obligaciones se reducirían solamente a consultas con la URSS, las cuales dejarían plena libertad para desplegar la IDE.

Habían quedado al desnudo los desacuerdos existentes al interior de la administración

---

[172] El texto de este documento véase en el libro de Emilio García-Villamil Barcia, La era espacial y la "Guerra de las Galaxias", Ministerio de Asuntos Exteriores, Madrid, 1986, p.133.

Reagan, sobre la interpretación que debía darse a los acápites del Tratado ABM, referidos a la definición de las limitaciones que éste podía imponer al desarrollo de la IDE. Para los asesores de Reagan, el Tratado del año 1972 autorizó y aprobó el desarrollo y prueba de sistemas ABM basados en el espacio que implicaran nuevos conceptos físicos, tales como el láser o la energía directa. Así, la administración Reagan hizo una libre interpretación del texto del Tratado ABM.

Esta lectura causó una polémica en los Estados Unidos.[173] Durante trece años todos los actores internacionales estuvieron de acuerdo en que el Tratado ABM solo quería decir que: todo sistema ABM con base en el espacio iba en contra de e infringía el tratado. Sin embargo, en ese instante, los artículos que dentro del tratado se aplicaron a esta controversia fueron los siguientes:

- Artículo 3: Permite la construcción de un cierto número de sistemas ABM fijos e instalados en tierra.

- Artículo: 5. Prohíbe desarrollar, probar o desplegar sistemas ABM basados en el mar, en el aire o en el espacio exterior, así como también los sistemas terrestres móviles.

Del mismo modo, la declaración común D establece que las partes declararon que discutirían

---

[173] Véase sobre este debate, "Interpretación del Tratado ABM". The New York Times, Nueva York, 15, October, 1985, p. 5.

las limitaciones específicas de cualquier otro nuevo sistema ABM, que pudiera ser creado en el futuro.

Frente a la adecuada interpretación del tratado, emergió una versión en el equipo de trabajo de la administración Reagan con el punto de vista de que lo no prohibido estaba permitido y que la declaración D permitía nuevos tipos de sistemas ABM, a menos que las partes se pusieran de acuerdo para limitarlos. Los estrategas del ejecutivo de Reagan concluyeron que los Estados Unidos podían ir adelante libremente con las fases de investigación y desarrollo de la IDE o "Guerra de las Galaxias" para, luego de pasada la fase de prueba y llegado el momento del despliegue, discutir, desde posiciones de fuerza con la URSS, la manera de materializar el proyecto militarista.

Estas consideraciones demostraron que la intención norteamericana estaba dirigida a dar un paso más en el camino de la independencia de la IDE del Tratado ABM, con el argumento de que la única obligación que impone el tratado consistía en consultar con la URSS el despliegue del sistema antimisil. Los círculos políticos y militares estadounidenses trataron de hacer ver que si los futuros sistemas antimisiles eran negociables, se deducía que el tratado implícitamente aceptaba la investigación, desarrollo y pruebas necesarias para crearlos. Este postulado olvidó la prohibición expresa del artículo 5 por el que las partes se comprometieron a no desarrollar, probar o desplegar sistemas ABM o sus componentes.

Este complejo debate e interpretación del Tratado ABM produjo divisiones entre los propios partidarios de la IDE. Para tratar de evitar diversas posiciones en su administración, Reagan dictó la directiva NSDD, (National Security Decision Directive, por sus siglas en inglés), que recogió el compromiso de evadir el rechazo a la libre interpretación del Tratado ABM. Con este presupuesto, los Estados Unidos prosiguieron en la insistencia de su derecho a desarrollar y ensayar libremente nuevos sistemas antimisiles en el espacio, con la pretensión de arruinar la limitación principal del tratado, conducir la IDE a la etapa de despliegue y lograr la superioridad estratégica sobre la URSS. Con estas posiciones, la administración Reagan condujo su política por un doble carril, pues declaró su respeto al convenio y, por otro lado, lo debilitó con la interpretación "amplia".

Como contrapartida, la URSS consignó que mantenía la lectura original de los artículos contenidos en el Tratado ABM y que, simplemente, todo lo que hacía en este campo: desde los nuevos sistemas de cohetes alrededor de Moscú hasta el radar electrónico de Krasnoiarsk estaban permitidos por el tratado; y consideró que sus programas militares en el espacio se circunscribían, exclusivamente, a satélites de alerta temprana, información, navegación y comunicaciones. Con esta controversia, la IDE devino en uno de los problemas más agudos de las relaciones soviético-norteamericanas, porque con su despliegue se lograba la destrucción del Tratado ABM y el aumento de las rivalidades políticas y militares entre los dos sistemas sociales antagónicos, poniendo en peligro el proceso bilateral y multilateral de control de los armamentos estratégicos entre las principales potencias mundiales.

Sin embargo, lo que distinguía radicalmente a la IDE de los sistemas antimisiles desarrollados anteriormente y la conducía a infringir el Tratado ABM, fue el empeño de destruir la mayor cantidad posible de misiles estratégicos nucleares soviéticos en todas las fases de su supuesta trayectoria. Por primera vez se trató de desarrollar armas espaciales a gran escala, que solo en la "posición espacial" pudieran atacar los cohetes soviéticos en toda su trayectoria.[174]

Las tentativas de violación del Tratado ABM implicaron serios obstáculos a todo el proceso de desarme y ofreció nuevos estímulos a la industria bélica de los Estados Unidos. El hecho de que el tratado sobreviviera a los cuestionamientos y al revisionismo estadounidense demostró su alineamiento con las realidades internacionales de la "guerra fría", y la audacia de los estadistas que lo estipularon porque, sin dudas, diagnosticó y vislumbró que el único medio razonable y la mejor de las vías posibles, para la supervivencia humana, mientras existan las mortíferas armas nucleares, es la renuncia de los Estados a la carrera armamentista y al despliegue de los sistemas de "defensa" antimisiles.

El objetivo de la administración Reagan de vio-

[174] Véase de Vivían del Rosario Hernández, ob.cit.

lar el Tratado ABM introdujo un grave precedente en las concepciones de la política exterior de los Estados Unidos, y representó una de las primeras manifestaciones del paradigma de pensamiento estratégico que aboga, en ese país, por la construcción de un poder hegemónico unipolar estable en un sistema internacional en el que consideran emergen "nuevas amenazas" transnacionales para sus intereses globales de "seguridad nacional".

2.6. Las nuevas tecnologías de armamentos y la IDE

La revolución tecnológica de la segunda mitad del siglo XX tuvo un considerable impacto en los asuntos internacionales e implicaciones para la seguridad y la paz mundial. Durante la "guerra fría" muchos de los desarrollos tecnológicos se utilizaron al servicio de la carrera de armamentos, particularmente, en su aspecto cualitativo. Las nuevas tecnologías obtenidas contribuyeron a disminuir la distinción entre las armas de destrucción masivas y las armas convencionales.

Como resultado, la tercera parte de los gastos financieros totales del mundo se destinaron para actividades de investigación y experimentación en la esfera científico-militar. Desde los tiempos del Sputnik soviético y del programa norteamericano "Discoverer", el espacio ha sido ampliamente utilizado con propósitos militares. Los satélites proporcionan reconocimiento fotográfico, selección de blancos, las comunicaciones, los pronósticos de clima, alerta anticipada y otros servicios de inteligencia y de índole militar. [175]

A partir de entonces, el fenómeno de la presencia militar fuera de las fronteras nacionales fue

---

175 Relacionado con este tema véase el ensayo de Michael Krepan, artículo citado.

trasladado al espacio cósmico. Los sistemas de satélites de comunicaciones e inteligencia militar introdujeron el concepto de "presencia virtual"[176] para garantizar las telecomunicaciones con todas las fuerzas desplegadas en el exterior, las comunicaciones móviles navales y las de mando y control de las fuerzas nucleares mediante una compleja red de satélites que resultó indispensable en la estrategia de hegemonía militar mundial, lo cual quedó en evidencia con la siguiente proporción: "de los 1020 satélites que habían lanzado los Estados Unidos hasta el año 1981, un total de 683 los auspició el Pentágono con fines militares.[177]

Desde la mitad de la década de los 80´ del siglo XX, existen en desarrollo nuevas tendencias en las tecnologías de los armamentos. Los Estados Unidos desplegaron una acelerada carrera de armamentos que les permitió obtener tecnologías militares de alta precisión y control que brindan a las fuerzas nucleares capacidades más selectivas y eficaces para destruir los objetivos militares del enemigo. Estos adelantos fueron el resultado de un mayor aprovechamiento de la microelectrónica, de los sensores, el procesamiento de la información y el desarrollo de la

---

[176] Este concepto si bien no excluye la necesidad de una presencia física norteamericana en el exterior, en determinadas circunstancias la cuestiona, así fue reconocido, en 1995, en el documento "Presencia Global", publicado por la Fuerza Aérea de los Estados Unidos. Para más información consúltese de Glenn Goodman jr, "The power of information", Armed Forces International, Washington, jul, 1995, p. 4.

[177] Los datos aparecen en el trabajo de Oscar de los Reyes Ramos, "Espionaje espacial". El Oficial, La Habana, n. 3, mayo-junio, 1983, p. 44.

energía dirigida. Uno de los adelantos tecnológicos más sobresalientes lo constituye el Sistema de Posicionamiento Global (GPS), también conocido como Navstar-GPS. El sistema GPS está compuesto por tres fases: sistema de satélites, estaciones terrestres y terminales receptoras.

Con esos recursos, los Estados Unidos obtuvieron la vanguardia del desarrollo de muchas tecnologías de avanzadas de uso dual, pero el aumento de la precisión, el alcance y el poder de destrucción de los armamentos amplió el área geográfica para el desarrollo de nuevos conflictos militares con la creencia de que la guerra tecnológica evitaría las destrucciones del sector civil por los armamentos tradicionales.

La extensión de las tecnologías a los sistemas ofensivos y defensivos planteó complejos problemas a la estrategia militar, a la concepción del uso de la fuerza y a la valoración de las capacidades del enemigo. La precisión asociada a las modernas tecnologías permitió utilizar las armas convencionales para muchas misiones en las que antes estaba previsto el empleo de las armas nucleares. En este sentido, de especial perspectiva fue la aplicación combinada de la tecnología de "medios de difícil detección" con armas de gran precisión para la localización de los objetivos militares.

Con la Iniciativa de Defensa Estratégica (IDE) o "Guerra de las Galaxias", los círculos político-militares de los Estados Unidos aplicaron estas tecnologías y hallaron otras todavía más sofisticadas. La IDE promovió un estudio sobre las tecnologías necesarias para el despliegue de la Defensa contra Misiles Balísticos (DMB). Ese programa, llamado "Estudio de Tecnologías Defensivas", lo diseñaron más de cincuenta científicos e ingenieros y movilizó el concurso técnico de cientos de personalidades de la comunidad académica e industrial norteamericana. Las conclusiones del estudio establecieron las bases del programa de la IDE y validó que los Estados Unidos disponían de poderosas tecnologías para justificar un esfuerzo que ofreciera opciones tecnológicas para implementar una estrategia de carácter defensiva.[178]

Además esbozó una aproximación tecnológica a largo plazo para la DMB, en una escala similar a la del programa de aterrizaje lunar de la Apollo. Entre las recomendaciones expuso un plan de investigación y desarrollo para evaluar y demostrar la viabilidad de las tecnologías más importantes de la DMB. El resultado de esa investigación facilitó, a su vez, las decisiones fundamentadas sobre la posibilidad de la ingeniería y el despliegue de sistemas eficaces de la DMB. Este documento arribó a la determinación de que los sistemas más eficaces para la DMB emplearían múltiples capas, aunque cada una de ellas no fueran perfectas, si la primera o la segunda línea de defensa no lograba funcionar a la perfección, una tercera, cuarta o quinta línea tendría oportunidad de interceptar las armas nucleares que hubieran penetrado las capas iníciales, y

[178] Véase el documento, The Strategic Defensive Initiative, Defense Technologies Study. Departamento de Defensa de los Estados Unidos, Washington, marzo, 1984, p.4.

que se necesitaba una dirección fuerte y centralizada para enfrentar el desarrollo de la tecnología de la DMB de los Estados Unidos.

Partiendo de las recomendaciones contenidas en el estudio, el gobierno norteamericano creó una fuerte dirección central y un programa de investigación tecnológica enfocado a lograr los conceptos propuestos por los científicos. El programa establecido por el Departamento de Defensa continuó el trabajo de los estudios de tecnologías y los vinculó con otro plan denominado Investigación y Desarrollo (I & D), que finalizó en una única Iniciativa de Defensa Estratégica.

El 6 de enero de 1984, el presidente Ronald Reagan firmó la directiva 119 para la "seguridad nacional", que autorizó un programa nacional de investigación para determinar la posibilidad tecnológica de interceptar los misiles nucleares atacantes. Nunca antes los políticos y el Pentágono habían trabajado mancomunadamente en la prioridad de buscar las tecnologías que perfeccionasen el arma nuclear y dieran la superioridad militar prometida por Reagan.

En el mes de abril de 1984 quedaron unificados varios programas de investigación bajo una sola entidad: la Organización para la Iniciativa de Defensa Estratégica encabezada por el general James Abrahamson, quien poseía reconocidos conocimientos en ingeniería aeronáutica y un historial de dirección en exitosos e importantes programas, como el transbordador espacial y el avión F-16.

Al programa de investigación de la IDE, se le asignaron aproximadamente 1400 millones de dólares para el año fiscal 1985, y el gobierno solicitó 3700 millones al Congreso para el año fiscal 1986. La mayor parte de este financiamiento el Pentágono lo destinó a la investigación y al desarrollo de tecnologías más avanzadas. Los pedidos totales de presupuesto para la IDE, entre los años 1985 y 1989, estuvieron por el orden de los 26 mil millones de dólares. Este monto estuvo previsto solamente para la investigación de las tecnologías de un sistema de "defensa" antimisil que, en aquella época, se suponía no sería utilizado en apoyo al despliegue de las fuerzas militares estadounidenses en el extranjero.

A continuación se detalla el pedido de presupuesto de $3,700 millones de dólares para el año fiscal 1986:

	Millones de dólares
Sensores	$1.386
Energía Directa	$966
Energía Cinética	$860
Análisis de Sistema y Administración de Combate	$243
Supervivencia, Mortalidad, Poder Espacial y Logística	$258
Administración	$9
Total	$3.722 millones[179]

La IDE o "Guerra de las Galaxias", en el momento histórico en que surge, solo puede ser ca-

179 Esquema tomado de Keith B. Payne, ob. cit.

lificada de un programa de investigación y desarrollo, pues realmente existían pocas posibilidades tecnológicas para el despliegue de aquellos alegados sistemas defensivos. El proceso de obtención de nuevas tecnologías, iniciado por la administración Reagan, tendría sus resultados en el mediano y largo plazo. En las décadas posteriores posibilitó a los presidentes, William Clinton, George W. Bush y Barack Obama, retomar las estrategias del Sistema Nacional de Defensa Antimisil (SNDA) y del Sistema de Defensa Antimisil de Teatro (SDAT), en condiciones tecnológicas más favorables, y en las de un sistema internacional de supremacía estratégica-militar de los Estados Unidos.

Con la inauguración, por parte de la administración Reagan, de una etapa cualitativamente distinta de la carrera armamentista, el Complejo Militar-Industrial dio prioridad a los armamentos con los cuales obtendrían una mayor "seguridad nacional" y alcanzarían una inobjetable superioridad en la rivalidad económica, política y militar con la URSS. Entre esas armas o sistemas se encuentran los siguientes:

- La integración de los sistemas de difícil detección.

- Las "armas inteligentes": municiones con guiados de precisión que combinan el largo alcance con una gran exactitud.

- La "defensa" contra misiles balísticos.

- Las capacidades espaciales necesarias para las operaciones en tiempo de guerra.

En los Estados Unidos el desarrollo de la carrera armamentista tiene en las ciencias y las innovaciones tecnológicas una fuente de inspiración y de conocimientos. A medida que la precisión de las ojivas de los misiles balísticos es perfeccionada, ningún objetivo fijo, como un silo de proyectiles protegidos, un puesto de mando o un centro de comunicaciones, podría sobrevivir a un ataque nuclear. La superprotección simplemente no podría disminuir las consecuencias de la precisión de los misiles balísticos lanzados desde bases estacionadas en la tierra, el mar o el espacio-cósmico.

La IDE estimuló la idea de utilizar plataformas espaciales para actividades de información, vigilancia, navegación, comunicación y cambio climático. La capacidad de los satélites siguió perfeccionándose para proporcionar imágenes en tiempo y poner a disposición de las fuerzas aéreas y terrestres una información detallada sobre los objetivos del enemigo, por lo que constituyen un componente esencial en la construcción de un sistema antimisil. A medida que los objetivos fijos resultaron más vulnerables, cobró fuerza la prueba y el despliegue de misiles balísticos intercontinentales móviles portadores de varias cabezas nucleares, mientras que no sean seriamente limitados por un acuerdo de desarme.

Los planes norteamericanos dirigidos a manipular el clima con fines militares implicaron la creación de armas con capacidad para destruir las comunicaciones de radio, los equipos instalados en el espacio, los misiles; provocar accidentes en las redes de electricidad, en las de transporte y distribución de gas y petróleo. La Fuerza Aérea preparó sus capacidades para, con la manipulación del clima, exacerbar inundaciones, huracanes, sequías y terremotos, lo cual tendría un impacto terrorífico en la psicología, la salud de poblaciones enteras en diversas regiones y países del planeta.

Para los estrategas del Pentágono, el uso de técnicas de modificación del clima formó parte de su seguridad doméstica e internacional, y podría desarrollarse de forma unilateral con propósitos ofensivos, defensivos o para disuadir a un poderoso enemigo. La habilidad de generar precipitaciones, nieblas, tormentas o la producción de climas artificiales, desde el espacio cósmico, constituyó una pieza del conjunto de tecnologías que pueden incrementar el conocimiento tecnológico, la riqueza y el poder de los Estados Unidos frente a sus potenciales adversarios en el siglo XXI.[180]

Siempre habrá un antes y un después a la IDE

---

[180] El principal programa estadounidense de "guerra climática" se denomina: *The High-Frequency Active Auroral Research Program (HAARP).* Se supone esté radicado en Gokona, Alaska, desde 1992, dirigido de conjunto por la Fuerza Aérea y la Marina de Guerra. Concebido en el marco de la IDE, el proyecto posee un conjunto de antenas con capacidad de crear cambios en el nivel superior de la atmósfera: ionosfera. Al respecto es importante el artículo de Michael Chossudovsky, "La nueva "arma de destrucción masiva": manipulación del clima para fines militares (I- II), Granma, La Habana, 27, 28, enero, 2005, p. 5.

o "Guerra de las Galaxias", en la historia del militarismo norteamericano. Las novedosas tendencias tecnológicas en la construcción de los armamentos convencionales y nucleares, solo reflejaron una noción del impetuoso desarrollo científico-técnico aplicado a la carrera armamentista, y sus negativas consecuencias en los esfuerzos para el desarme. Resulta significativo que "las bombas y los misiles de precisión, que antes eran una pequeña parte del arsenal, terminaron dominando las campañas aéreas estadounidenses. Y, en el inevitable campo de batalla del ciberespacio, las redes se multiplicaron y el flujo de información se volvió un torrente"[181], porque una especie de "escudo de la información", técnicamente viable y globalizado, también contribuye a la fortaleza de la estrategia de "seguridad nacional" y militar de los Estados Unidos.[182]

Este tecnológico "escudo de la información", percibido como un "poder suave" o carismático y no el "escudo antimisil", es el que mantuvo la hegemonía de los presupuestos ideológicos y políticos de los Estados Unidos sobre el sistema internacional, el que impidió cualquier factor de cambio real en el plano de las ideas y en el aspecto socioeconómico al interior de las naciones y en las relaciones internacionales contemporáneas. En el debate sobre la problemática del poder y

[181] Eliot A. Cohen, artículo citado.

[182] Véase de Joseph S. Nye, Jr; William A. Owens, "America ´s Information Edge", Foreign Affairs, v. 75, n. 2, marzo-abril, 1996, pp. 20-30

la hegemonía surgió el tema del "príncipe electrónico" que podría resumirse en este razonamiento: "La fábrica de hegemonía y de soberanía había sido prerrogativas de "El Príncipe" de Maquiavelo y del moderno príncipe de Gramsci. Ahora es el príncipe electrónico quien detenta la facultad de trabajar la virtud y la fortuna, la hegemonía y la soberanía, o el problema y la solución, la crisis y la salvación, el exorcismo y la sublimación. Así se instaura el inmenso ágora electrónico en el cual muchos navegan, naufragan o flotan buscando salvarse."[183]

Con la culminación de la confrontación Este-Oeste, el advenimiento de nuevos tratados de desarme y la proclamación del fin de la "guerra fría", tras la desaparición de uno de sus dos actores principales: la URSS, la administración de George Bush dio un bajo perfil a los preparativos para el despliegue de la IDE. El proyecto original de la IDE fue abandonado sin desechar los más importantes resultados de las investigaciones e invenciones tecnológicas que, en el nuevo horizonte estratégico, serían muy útiles para la superpotencia ante los desafíos tecnológicos y la acelerada globalización de la economía mundial.

La revolución en las comunicaciones y en los medios de transporte redujo el escenario estratégico para los Estados Unidos, a la vez que amplió sus oportunidades de actuación regionales. Las "nuevas amenazas" a la "seguridad nacio-

---

[183] Véase de Octavio Ianni, "El príncipe electrónico". Revista de Ciencias Sociales, Buenos Aires, Universidad Nacional de Quilmes, 2001, p. 25.

nal" fueron asociadas a las tecnologías y su ampliación potencial a actores no estatales en las relaciones internacionales, los cuales, con pocos recursos económicos y por medio de la tecnología, multiplicarían sus capacidades para ejecutar un ataque terrorista con misiles balísticos contra los Estados Unidos.

Desde esta percepción, ha sido de particular importancia todo lo referido a las tecnologías de la información y las comunicaciones. La vulnerabilidad se asoció a los sistemas de control y los centros de comunicaciones que deberían garantizar la "seguridad nacional" estadounidense frente a las "nuevas amenazas": el terrorismo, el narcotráfico, el crimen internacional organizado y la proliferación de armas de exterminio masivo.[184] Cuando esta polémica llegó a los círculos del poder político-militar y a las instituciones académicas de los Estados Unidos, reapareció la necesidad de comenzar los trabajos para obtener el despliegue de un Sistema Nacional de Defensa Antimisil (SNDA), que disminuyera los elevados costos financieros de la IDE, su alto grado de vulnerabilidad y ficción.

---

184 Véase de Rodrigo Araya D y Francisco Romero, "Geopolítica sin territorio: una mirada estratégica a los flujos de información". Fuerzas Armadas y Sociedad, Chile, año 16, v. 10 n. 2, abril-junio, 2001, Pp. 25-31.

Capítulo III

De Clinton a Obama: los planes para el despliegue de un "nuevo" Sistema Nacional de Defensa Antimisil (SNDA)

Con el fin de la "guerra fría", la firma del segundo Tratado sobre la Reducción de las Armas Estratégicas (START-II, por sus siglas en inglés), y la elección, en el año 1992, del candidato demócrata William Clinton a la presidencia de los Estados Unidos, el proyecto de la "Guerra de las Galaxias" a secas sufrió algunas transformaciones. La estrategia de militarización del espacio cósmico conservó atención en influyentes sectores de la derecha estadounidense asociada a los grandes consorcios de la industria militar.

En el año 1993, abandonado el diseño original de la IDE, los planes de desplegar un sistema antimisil continuaron con la creación de la Organización de la Defensa contra Misiles Balísticos (Ballistic Missile Defense Organization-BMDO, en inglés), pero con un programa menos costoso, pues el desarrollo de la IDE había sido estimado en 100 000 millones de dólares y el presupuesto inicial para el BMDO era solamente de 3800 millones de dólares. La BMDO estaría basada en los sistemas antimisiles con bases terrestres, incluyendo el sistema de misiles Patriot.[185]

Algunos norteamericanos, en la década del 90´, tras comprobar que los misiles Patriot derribaron a los Scud iraquíes, durante la guerra del Golfo de los años 1990 y 1991, creyeron que el sistema antimisil estaba en funcionamiento, y se indignaron cuando supieron que el país carecía de defensas contra misiles intercontinentales. Los grupos conservadores de la organización "Coalición para Proteger a los Norteamericanos" (The Coalition to Protect Americans Now), comenzaron una campaña pública que criticó a Clinton y su vicepresidente Albert Gore, por dejar a los estadounidenses "desprotegidos" contra un ataque misilístico proveniente del exterior. Mientras muchos votantes norteamericanos estimaron erróneamente que ya estaban protegidos por una "defensa" antimisil, otros decían que era peor construir la "defensa" probando si esta funcionaba.[186]

En el año 1994, los republicanos, con un objetivo electoral, tomaron en cuenta la opinión de los sectores militaristas e incorporaron en su plataforma política el "Contrato con América", un compromiso que estableció el desarrollo y despliegue, antes del año 2003, de un SNDA. Posteriormente,

---

185 Datos tomados de la Iniciativa de Defensa Estratégica, Enciclopedia Microsoft ® Encarta ® 98. © 1993-1997 Microsoft Corporation.

186 Véase el trabajo de Kenneth T. Walsh, "Son of Star War. Bush and Gore differ on the details, but both are for missile defense". U.S. News & World Report, Washington, v. 128, n. 22, June 5, 2000; p. 30.

en el mes de febrero de 1995, la estrategia de "seguridad nacional" de los Estados Unidos explicó que los desafíos a los intereses globales norteamericanos no desaparecieron con el fin de la "guerra fría". Los Estados Unidos debían enfrentar un mundo en el cual las amenazas estarían dispersas e inciertas, donde los conflictos son probables, frecuentes y actúan con demasiada impredecibilidad, pero en el que Rusia continuaría con un gran número de armas nucleares y sistemas portadores asociados.[187]

No obstante haber quedado atrás la confrontación bipolar, los Estados Unidos continuaron más preocupados con la capacidad nuclear de Rusia que con las posibles "amenazas" provenientes del Tercer Mundo. La debilidad económica de Rusia y los problemas interétnicos que amenazaron su integridad no limitaron que todavía, en la opinión pública norteamericana, se reconociera en este actor los atributos de una gran potencia por su "numerosa población, su vasto territorio y un gran poderío militar".[188] Pero, también los estadounidenses sentían que su seguridad estaba menos amenazada por el poderío ruso que por sus debilidades principales: la desorganización interna e incoherencia política, la falta de autoridad y disciplina de las autoridades rusas sobre las fuerzas armadas, lo cual temían que repercutiera en el control de los arsenales nucleares.

---

[187] Véase el documento, National Security Strategy of the United States, The White House, Washington, August 1991.
[188] Véase de Condoleezza Rice artículo citado.

Y el Pentágono tomó la tarea de crear, a un elevado costo financiero, nuevas "armas inteligentes" con la misión de destruir almacenes soterrados, proteger la aviación militar o desinformar los sistemas de dirección de los misiles adversarios. Por su parte, el Congreso aprobó, el 3 de agosto de 1995, una legislación favorable al establecimiento de un sistema contra misiles balísticos, a pesar de que los políticos demócratas consideraban el plan muy costoso, un desafío para Rusia y un vestigio de la "guerra fría".

Los opositores, con mayoría en el partido demócrata, expusieron que el sistema antimisil podía contribuir a crear una crisis internacional, un desafío a la "doctrina de la disuasión" y a la estructura de control de armamentos representada en el Tratado ABM.[189] El demócrata Charles Robb, miembro del Comité de Servicios Armados del Senado, consideró que desarrollar armas espaciales podría ser un error de proporciones históricas que provocaría una carrera de armamentos en el espacio y, si los Estados Unidos promovían la defensa de los satélites en órbita, estimularía la posibilidad de una guerra espacial.

Sin embargo, al predominar la posición de que los militares están llamados a defender el "interés nacional" en el espacio, al igual que la marina protegió la seguridad del comercio marí-

[189] Véase de John Newhouse el ensayo, "El debate sobre el sistema de defensa antimisiles", Foreign Affairs, n. 4, v. 80, otoño, 2001; y de Richard J. Newman, "The New Space Race", U.S. News & World Report, Washington, v. 127, n. 18, november 8, 1999, p. 30

timo en el siglo XVIII, el proyecto de presupuesto que el Congreso dispuso asignar al Departamento de Defensa, para el año 1996, ascendió a 264 700 millones de dólares, unos 7000 millones más de los solicitados por el Pentágono.[190] En los círculos de poder político-militares prevaleció el consenso sobre la importancia de continuar los gastos militares para el fortalecimiento armamentista de la única superpotencia global.

La administración Clinton mereció críticas de los defensores del gasto militar, en el entendido de que las reducciones del presupuesto de guerra emprendidas por el gobierno de Bush, al concluir la "guerra fría", fueron aceleradas en forma poco inteligente por el político demócrata. Para algunos, "los resultados de estos recortes fueron devastadores: la preparación militar disminuyó, el entrenamiento decayó, los salarios militares bajaron un 15 por ciento en comparación con los equivalentes civiles, la moral se desplomó y las diversas armas redujeron sus recursos, en cuanto a equipos existentes para mantener en vuelo los aviones, a flote los barcos y en movimiento los tanques".[191]

El discurso sobre la estrategia antimisil fue retomado, en el año 1996, por la administración Clinton, poco antes del inicio de la campaña electoral por la presidencia. El presidente Clinton

---

[190] Datos tomados del artículo de Roberto García Hernández, "El espejismo de las reducciones de armamentos: el presupuesto militar de los Estados Unidos". Granma, La Habana, 24, mayo, 1996, p.4.

[191] Una crítica norteamericana a la estrategia de la administración Clinton, puede leerse en el ensayo citado de Condoleezza Rice.

propuso su "propio" plan para desarrollar una "defensa" antimisil en una fase de tres años, y con la opción de su despliegue total en el trienio posterior. Esta iniciativa estuvo enfocada como una estrategia peculiar y auténtica, pero, en realidad, continuó los intentos iniciados por la administración Reagan. Las modificaciones tecnológicas a este proyecto representaron una variante que amplió y perfeccionó las anteriores concepciones sobre el montaje de un sistema antimisil.

La idea básica de cualquier sistema de "defensa" antimisil consiste en la destrucción de los proyectiles enemigos dotados de ojivas nucleares u otras armas de destrucción masiva antes de que puedan alcanzar el blanco, ya sea éste las tropas estadounidenses sobre el terreno o cualquier otro objetivo. "Contrario a la aspiración del presidente Ronald Reagan de instalar ese sistema en el espacio cósmico, el presidente William Clinton anunció la construcción, para el año 2005, de un SNDA compuesto por una red de sistemas de vigilancia y escucha integrada por cinco radares en tierra de nueva generación en la Isla Shemya en Alaska, en Massachusetts y California, los Estados Unidos; Thule en Groenlandia y Fylingdales en Inglaterra, reforzadas con otros ocho radares de banda larga en territorio norteamericano, Islas Marshall, Inglaterra y Corea del Sur, conectados entre sí con otra red de satélites de vigilancia en órbita, y la instalación de unos 100 misiles para interceptar cohetes enemigos antes de que estos caigan sobre el territorio de los Estados Unidos, con un costo estimado entre los 70 y 80 mil millones de dólares".[192]

La compleja arquitectura de radares y satélites contaba con un centro general para la "defensa" aeroespacial que sería el "cerebro" de toda la red, situado en la montaña Cheyenne, en el Estado de Colorado, en los Estados Unidos, con la función de identificar los misiles atacantes, conocer la naturaleza de la amenaza y, sencillamente, dirigir las operaciones de contraataque. El SNDA propugnado por Clinton propuso proteger a los cincuenta Estados norteamericanos del ataque de un número limitado de misiles balísticos de gran alcance provenientes de Asia o el Medio Oriente. En esta versión reducida de un sistema global de "defensa" antimisil, los satélites se ocupaban de detectar en un primer momento los misiles en vuelo, para que un sistema más preciso de radar dirigiera los misiles antibalísticos. Este modelo de SNDA previó bases terrestres de misiles interceptores y no excluyó la utilización de plataformas marítimas con el mismo fin.

O sea, el sistema antimisil tiene el propósito de desarrollar y desplegar una vía eficaz para detectar, rastrear y destruir misiles adversarios antes de que estos entren en la atmósfera. La tecnología actual presupone que el misil sale de

---

[192] Desde que comenzó con la IDE en 1983, el programa de "defensa" antimisil tuvo, hasta el año 2005, un costo de 92, 5 mil millones de dólares, según la información "Extienden Defensa Antimisiles", Granma, La Habana, 23, julio, 2005, p. 4. Cifras tomadas de Robert Burns, en "Clinton deja a su sucesor decisión sobre el sistema de defensa antimisil". AP, Washington, serie 0683, 1 septiembre, 2000. Véase también de Kenneth T. Walsh, artículo citado

la atmósfera, hace una parábola, entra otra vez y se divide en varias ojivas. Esta complejidad en el movimiento del misil adversario hace pensar que el sistema antimisil sea imperfecto.

En teoría debe funcionar de la siguiente forma: el satélite detecta el inicio del lanzamiento del misil, envía esa información a los radares terrestres y es lanzado desde su base en tierra un misil interceptor con gran alcance y velocidad. Este transportador libera fuera de la atmósfera el dispositivo "matador", componente central, destinado a detectar y destruir a las ojivas. La destrucción puede ser por colisión o la explosión de bombas nucleares.

Un elemento importante es el radar de banda X, conocido como los ojos del sistema, que podría ser instalado en Alaska. Después de que el satélite detecta el lanzamiento del misil, el radar rastrea y clasifica los misiles balísticos que fueron lanzados. Otros componentes del sistema son: el puesto de dirección y control, los radares mejorados para el pronto aviso, con varias bases en el planeta, y los satélites de apoyo a la defensa, que forman parte de la vigilancia y el espionaje del Pentágono. Además, también cuenta con un sistema antimisil táctico encargado de "disuadir" la "amenaza nuclear" desde una determinada región del planeta. Este sistema táctico constituye un peligro potencial para las naciones del Tercer Mundo. Su misión es garantizar los intereses y proteger las fuerzas militares de los Estados Unidos fuera del territorio continental. Este sistema táctico marca la diferencia con los sistemas antimisiles diseñados para solo defender el territorio norteamericano.

Una de las razones argumentadas por los estrategas de la administración Clinton, para el despliegue del sistema antimisil, radicó en que la política de prevención y la doctrina de la "disuasión nuclear" habían dejado de ser suficientes en el enfrentamiento a los nuevos desafíos internacionales de la posguerra fría. La estrategia de "seguridad nacional" de los Estados Unidos y sus aliados debía comprender la protección de sus intereses mediante el despliegue de sistemas capaces de destruir los misiles balísticos del adversario. De esta manera, la estrategia de la "disuasión convencional" y los conceptos estratégicos fundamentales en torno a la proyección del poder y la presencia militar en el exterior quedaron reforzados.

Con esta convicción estratégica, en el año 1998, una comisión del Congreso presidida por Donald Rumsfeld[193], Secretario de Defensa de la administración de George W. Bush, evaluó que la "amenaza" estaba representada en un hipotético lanzamiento de misiles balísticos desde el exterior. Esa comisión del legislativo especuló que algunos estados denominados villanos, como Corea del Norte, Irán e Iraq, estarían en condiciones de lanzar misiles balísticos intercontinentales en el año 2003. Las conclusiones de este do-

[193] Presidió dos importantes grupos de asesores que estudiaron las "nuevas" amenazas a la "seguridad nacional" norteamericana. El primer informe alcanzó mayor impacto. Rumsfeld advirtió que la amenaza de un ataque con misiles balísticos contra los Estados Unidos evolucionaba más rápido de lo que los servicios de inteligencia del país habían identificado, véase de Michael Krepan, ensayo citado.

cumento tomaron por sorpresa a la opinión pública estadounidense e internacional, repercutió en las apreciaciones sobre la "seguridad nacional" de los Estados Unidos y, al menos indirectamente, fue una de las causas que motivó la firme decisión del presidente Clinton de acelerar los planes relacionados con la "defensa" antimisil.

El informe de la Comisión Rumsfeld quedó enriquecido con el Estimado Nacional de Inteligencia (NIE, por sus siglas en inglés), que de cierta forma había estado relacionado con los resultados del equipo de Rumsfeld. El Estimado Nacional de Inteligencia coincidió con la comisión Rumsfeld, y argumentó una serie de "amenazas" que no provenían de países portadores de misiles intercontinentales, sino de las naciones portadoras de misiles de corto y mediano alcance que, con la utilización de plataformas marítimas colocadas no lejos de la línea costera, podrían lanzar un ataque contra el territorio estadounidense. Se aseguró que este sistema sería menos costoso de desarrollar, más fácil de producir, al menos dentro de unos 15 años.[194]

Los servicios de inteligencia de la administración Clinton consideraron exagerada la "amenaza" descrita en los informes de Rumsfeld. El debate suscitado recordó el fin de los años 70´, cuando los estrategas de la "guerra fría", de dentro y fuera del gobierno, magnificaron el poderío de las fuerzas estratégicas soviéticas e intimidaron a la comunidad de inteligencia con la censura de los resultados de sus investigaciones.

194 Véase de John Newhouse, artículo citado.

Los analistas de la CIA y del Departamento de Estado, no estuvieron de acuerdo con la evaluación sobre el peligro que representaba la "amenaza" norcoreana. Los especialistas pensaron lo mismo de Irán: este país tendría, en todo caso, pocos motivos para convertirse en una amenaza estratégica directa contra los Estados Unidos, pues los objetivos evidentes e históricos de los sistemas de misiles de Irán han sido las fuerzas militares de Iraq, Israel y norteamericanas asentadas en la región, ése es el fin con que se diseñaron y ensayaron.[195] Paradójicamente, un mes más tarde, Corea del Norte sorprendió a la administración estadounidense con el lanzamiento de un misil Taepo-Dong, de largo alcance, que describió una trayectoria balística sobre el archipiélago de Japón. Tras este suceso, ambas cámaras del Congreso respaldaron la estrategia antimisil de Clinton con la aprobación de una ley que oficializó la política de desplegar un SNDA, en cuanto fuese tecnológicamente factible.

Durante un largo intervalo de casi 15 años la "defensa" antimisil sobrevivió como un programa de investigación secundario del ejército, cuyos misiles interceptores fallaban en los ensayos. Se hizo evidente entonces que "hay impulsos profundamente arraigados: la añoranza aislacionista por la seguridad unilateral y las ambiciones tecnológicas. Esta vez, todo lo que se ha

[195] Las diferencias de opinión sobre las supuestas amenazas y el debate sobre el despliegue de la "defensa" antimisil, véanse en los ensayos citados de John Newhouse y Michael Krepan.

necesitado para resucitar la idea, fue la prueba de un misil norcoreano que se zambulló en el Pacífico en el extremo más alejado de Japón. El SNDA propuesto por Clinton retornó a la vieja misión del proyecto Sentinel de proporcionar una defensa de poco espesor frente a los pequeños números de misiles balísticos intercontinentales (ICBM) que los "Estados villanos" pueden adquirir en el futuro."[196]

De hecho, a medida que pasaron las tensiones de la confrontación entre el Este y el Oeste, los militaristas estadounidenses buscaron las "nuevas" amenazas que justificaran el mantenimiento de un elevado presupuesto militar. La guerra del Golfo, en el año 1991, fue el primer paso en el esbozo de una concepción en la que los Estados Unidos debían estar protegidos de los supuestos "Estados villanos" que, pese a su mediano potencial militar, serían capaces de desafiar los intereses estratégicos de los Estados Unidos en el Medio Oriente y en otras regiones del mundo.

La maniquea concepción de los "Estados villanos" reveló su verdadera esencia ante los objetivos políticos, económicos y militares del despliegue del SNDA. Después de la histórica cumbre intercoreana, celebrada en el mes de junio del 2000, que inició una etapa de distensión en las relaciones de los antagónicos Estados de la península, los argumentos para imponer la puesta en práctica del SNDA perdieron credibilidad, porque la dirigencia de las dos Coreas emitieron

---

[196] Véase de Edward N. Luttwak "La falacia estratégica de Clinton", artículo citado.

un mensaje de paz a todas las naciones que obligó a la administración estadounidense la sustitución del término "Estados villanos" por uno más moderado: "Estados preocupantes".

El argumento de la "amenaza" a la superpotencia se tornó vulnerable. Iraq tampoco podía ofrecer un peligro real después de haber sido destruido durante la primera Guerra del Golfo, y los posteriores daños económicos y sociales causados por los permanentes bombardeos "quirúrgicos" de las fuerzas aéreas estadounidenses y británicas. El pretexto de los "Estados villanos" fue impreciso y fácilmente cuestionable, porque el SNDA apuntó hacia las potencias que cuentan con capacidad nuclear efectiva para el despliegue de misiles balísticos intercontinentales que pudieran destruir varias veces el territorio norteamericano: China y Rusia.[197] Y, en el orden interno, contribuyó a incrementar las multimillonarias ganancias de las transnacionales asociadas al Complejo Militar-Industrial que, en tiempos de recesión económica, orientaron su producción hacia la fabricación y la venta de armas de alta tecnología.

De ahí que, en el debate estadounidense sobre la "defensa" antimisil, sus promotores menos francos favorecieron un sistema que tuviera el

[197] La superpotencia puede destruir el territorio de Rusia y China unas 12 o 14 veces, y estas potencias, aunque no se lo propongan, podrían destruir a aquella 6 o 8 veces. De modo que sobra el poder de cada una de ellas para destruirse mutuamente. Esta relación confirma la permanencia de la "Destrucción Mutua Asegurada" entre las principales potencias nucleares.

propósito declarado de contener la supuesta amenaza de los “Estados villanos”, pero siempre y cuando fuera el primer paso hacia un sistema que, en realidad, tendiera a neutralizar el todavía modesto arsenal estratégico de China o lo que suponen su expansión por medio de un reforzamiento posterior de sus niveles de seguridad: una combinación de elementos emplazados en tierra, mar y espacio que neutralice las fuerzas estratégicas de Rusia; además de las de China,[198] consideradas por el Pentágono preparadas para afectar o interrumpir, en los próximos diez años, el Sistema de Posicionamiento Global estadounidense mediante el uso de armas láser contra satélites.

No por casualidad el Pentágono impulsó una sostenida campaña propagandística y una serie de ensayos para obtener el rápido despliegue del SNDA, y su extensión al continente asiático con la intención de “proteger” a sus aliados en el lejano oriente: Taiwán, Japón, Corea del Sur y Australia. Estos fines provocaron la protesta de China y Rusia, porque con la estrategia antimisil norteamericana aumentaron las posibilidades de una nueva carrera armamentista y desaparecía el Tratado ABM, que prohibió la instalación de Sistemas Nacionales de Defensa Antimisiles.

En un informe titulado “Respuesta Exterior al

198 Véase de John Newhouse y de Richard J. Newman, artículos citados.

Despliegue de una Defensa Nacional contra Misiles",[199] los estrategas político-militares estadounidenses predijeron cómo respondería China y Rusia a la decisión de construir un sistema antimisil y confirmaron que cualquier decisión a favor del proyecto crearía tensiones en diversas regiones del planeta. Según el documento, el despliegue de un sistema de "defensa" contra misiles balísticos induciría a China y Rusia a modernizar sus arsenales nucleares. En el caso de China, la expansión de su relativamente pequeño arsenal de misiles balísticos de largo alcance superaría, con una cantidad suficiente, la limitada "defensa" antimisil que el gobierno norteamericano se proponía implantar. La nación asiática podría dar la orden de aumentar sus misiles de largo alcance en más de doscientos para el año 2015, lo que, a su vez, conduciría a la India y Paquistán a incrementar la cifra de sus cabezas nucleares.

Por otro lado, Rusia, sin superar todavía la crisis económica de la última década, podría estar imposibilitada de decidir una multiplicación de sus misiles balísticos intercontinentales, pero tendría la oportunidad de desplegar nuevamente en sus fronteras los misiles de corto alcance y añadir a sus misiles intercontinentales múltiples cabezas nucleares, algo que había dejado de hacer en virtud de los acuerdos de desarme firmados en los últimos años con los Es-

---

199 "Nueva carrera armamentista. Reacción de Rusia y China". The New York Times, Nueva York, 10, agosto, 2000, p. 2.

tados Unidos. La dirigencia estadounidense tenía certeza de que los escasos fondos de Rusia, para los programas espaciales, no le permitirían realizar los esfuerzos que hicieron los soviéticos en los tiempos de la "Guerra de las Galaxias" de Reagan. Por esa razón, también los académicos del Imperio afirmaron que "el Kremlin tiene hoy más motivos para evitar una carrera armamentista en el espacio que en la década de 1980: la era de la Iniciativa de Defensa Estratégica (IDE)."[200]

La idea del presidente Clinton de desplegar un SNDA pretendió imponer a China y Rusia, más que una precaución de autodefensa, la proyección unilateralista de una superpotencia dispuesta a enfrentar cualquier reto a su condición hegemónica global, con una política exterior contraria a los compromisos sobre seguridad y equilibrio nuclear erigidos por las superpotencias de la "guerra fría", con el objetivo de evitar una carrera armamentista espacial que pusiera en peligro la existencia de la civilización humana. En lo interno, frente a los ataques políticos y personales de la mayoría republicana del Congreso, la administración Clinton pasó a la historia por ser la primera que defendió la obligación de desempeñar un liderazgo indispensable en función de los intereses de "seguridad nacional" de los Estados Unidos en la postguerra fría.

La proyección de Clinton originó el calificativo de "aislacionista" para una administración que estuvo directamente emplazada por sus críticos en lo relativo a la poca atención, indecisión y

---

200 Véase de Michael Krepan, artículo citado.

falta de credibilidad en política exterior.[201] Los críticos al ejecutivo prefirieron el epíteto de unilateralistas para un gobierno que rechazó la ratificación del Tratado sobre la Prohibición Completa de las Pruebas Nucleares en el Senado, porque este instrumento jurídico internacional dificultaba la modernización del arsenal nuclear sin garantizar el control de los experimentos en otros países; que defendió el incremento del gasto militar, para poder intervenir en solitario allí donde existan amenazas a los "intereses nacionales", y aplaudió al presidente cuando hizo pública la decisión de retomar los ensayos del arma antimisil, para lograr interceptar los supuestos misiles balísticos de los antiguos y nuevos enemigos en el escenario internacional.

---

[201] Véase sobre los críticos de la administración Clinton de Leslie H. Gelb, "Can Clinton Deal With the World", The Washington Post, Washington, March 6, 1994, Pp. 1-4; y de Javier Valenzuela, "El nuevo aislacionismo. EE.UU da la espalda al mundo". El País, Madrid, 31, octubre, 1999, p. 2

3.1. LA GEOPOLÍTICA DEL ESPACIO Y EL UNILATERALISMO HEGEMÓNICO DE LA ADMINISTRACIÓN DE GEORGE W. BUSH

Después de una campaña electoral pródiga en acusaciones contra el gobierno demócrata de William Clinton, el candidato republicano George W. Bush prometió la reconstrucción del poderío militar estadounidense, porque su país sufrió una acelerada decadencia en ese sector, durante la administración precedente, que repercutió en los salarios de los militares, la escasez de materiales de trabajo, equipos y una creciente disminución de su estado de preparación combativa.[202] Con la presentación de ese diagnóstico negativo para la única superpotencia mundial, W. Bush aseguraba que con su triunfo electoral comenzaría una nueva etapa en la expansión de la supremacía militarista de los Estados Unidos.

En la concepción de W. Bush, la política de "defensa" de un gobierno republicano estaría responsabilizada con la creación de las bases necesarias para la constitución del ejército y los medios militares de los Estados Unidos en el siglo XXI. Su proyección guerrerista rememoró y so-

[202] En ese sentido tiene especial significación el discurso pronunciado ante los veteranos de guerra congregados en Milwaukee, Estado de Wisconsin. The New York Time, Nueva York, 22, agosto, 2000.

brepasó los límites de la primera ola "neoconservadora", iniciada por la administración de Ronald Reagan, y estuvo dirigida a la satisfacción de los intereses estratégicos de la extrema derecha, cuya agenda política coincidió con la estrategia de reedificación militar de la "gran nación americana", para imponer un efectivo sistema de dominación global, mediante la argumentación de que las décadas de "guerra fría" habían atrofiado las capacidades militares y, en el futuro, la única superpotencia deberá estar preparada para contener y destruir los sistemas espaciales desplegados por países con propósitos hostiles.[203]

La geopolítica del espacio cobró mayor relevancia en los presupuestos políticos de la elite gobernante, entroncándose con lo que en el ámbito académico se denominó la Teoría de la Estabilidad Hegemónica, cuyas principales orientaciones advirtieron que la armonía, seguridad y funcionamiento del sistema internacional exige de un solo Estado dominante que coordine con liderazgo, consenso o imposición el cumplimiento de las normas de interacción entre los actores fundamentales del sistema. Según esa teoría, para alcanzar un protagonismo realmente hegemónico, una potencia debe poseer determinadas dimensiones de poder que se resumen en seis atributos fundamentales: una economía fuerte y dinámica, el control de los avances tecnológicos y de los sectores económicos asociados a ella, gran

---

203 Véase de Richard J. Newman, "The New Space Race", U.S. News & World Report, Washington, v. 127, n. 18, november 8, 1999, p. 30.

capacidad de acceso a los recursos naturales, dominio de los flujos financieros y de comunicación internacionales y el monopolio de las armas de destrucción masiva.[204]

La sustentación de una agenda política delineada por las concepciones hegemónicas de los "neoconservadores" configuró el perfil presidencial de W. Bush. Su gran estrategia militarista asociada a los dictados conservadores de que los Estados Unidos rige los destinos de la política internacional, porque es la potencia por excelencia y simboliza un "modelo" de sociedad a seguir por todas las naciones, movilizó el núcleo ideológico de los republicanos y propició, con el fraude de la mafia cubano-norteamericana en el Estado de la Florida, su ascenso al poder. Esta administración puso en práctica un programa militarista de rearme espacial y de superioridad nuclear que reveló la tónica de la política exterior bajo la conducción del partido republicano.

Para garantizar el éxito de sus compromisos políticos y militares, el llamado presidente de la

---

[204] Para los teóricos de la estabilidad hegemónica una potencia tiene responsabilidad en el mantenimiento del status quo, de las relaciones entre estados capitalistas que defienden una economía política mundial. Por eso la superpotencia recurre a la creación de normas, reglas de juegos y regímenes internacionales que eviten el conflicto en las relaciones internacionales y, por supuesto, su caída como poder hegemónico dominante. Véase de Robert O. Keohane y J. Nye. Poder e Interdependencia. La política mundial en transición, Grupo Latinoamericano, Buenos Aires, 1988, así como la obra de Keohane: Instituciones Internacionales y poder estatal. Ensayos sobre teoría de las relaciones internacionales, Grupo Latinoamericano, Buenos Aires, 1993.

tradición construyó en silencio uno de los gobiernos más reaccionarios de la historia de esa nación. Los nombrados por W. Bush poseían una invariable obligación doctrinal con la filosofía imperial y una amplia experiencia en asuntos militares, académicos y jurídicos, lo cual garantizó a los republicanos la ejecución de un programa de extrema derecha en política interna, así como la búsqueda de una "nueva" argumentación para la proyección de una estrategia de "seguridad nacional" acorde con los desafíos del escenario internacional de la postguerra fría.

Entre las figuras que, en el primer gobierno de W. Bush, ejercieron una importante influencia en el despliegue del denominado Sistema Nacional Defensa Antimisiles (SNDA) y en la decisión de abandonar el Tratado ABM, que prohibía el desarrollo de esos medios en el espacio, sobresalieron el Vicepresidente Richard Cheney, el Secretario de Defensa, Donald Rumsfeld, la Consejera de Seguridad Nacional, Condoleezza Rice, y el Secretario de Estado, Colin Powell, quienes por sus vínculos con el capital transnacional energético y sus intereses financieros en la industria militar[205] constituyeron un equipo altamente influyente en la determinación del rumbo militarista y en la formulación de la estrategia

---

[205] Entre los miembros del primer equipo de la administración de W. Bush también existieron diferencias de criterios o de procedimiento sobre algunos temas de la política exterior de los Estados Unidos, pero encontraban el consenso en función de los intereses estratégicos de la superpotencia en la arena internacional. Los asuntos más polémicos para esa primera administración fueron los siguientes: el rompimiento del Tratado ABM, la política hacia China, Rusia y el Medio Oriente.

de "seguridad nacional" del establishment imperial. Con todos ellos, W. Bush militarizó, como nunca antes, el pensamiento político y la acción internacional de los Estados Unidos. Los temas militares dominaron los pronunciamientos políticos y la práctica diplomática estadounidense. El Pentágono se convirtió en un activo propulsor del uso de la fuerza en la política internacional, lo que de igual forma produjo un polarizado debate en la comunidad académica sobre los objetivos de la militarización y el rearme espacial de los Estados Unidos.

Sin embargo, en esta administración, el principal promotor de las armas espaciales fue Donald Rumsfeld, quien por su participación en anteriores intentos de despliegue de sistemas antimisiles y su activo desempeño en la comisión de expertos designada para la Evaluación, el Control y la Organización de la Seguridad Espacial de los Estados Unidos, emitió, en el mes de enero de 2001, un informe sobre la probabilidad de que los estadounidenses atravesaran un "Pearl Harbor" espacial como consecuencia de un devastador ataque contra sus satélites ubicados en la órbita terrestre.[206]

Los resultados de la comisión de expertos conducida por Rumsfeld, pretendió abrumar a los

---

[206] El debate sobre ese controvertido estudio, véase en el trabajo de Michael Krepan, "Perdidos en el espacio o la nueva carrera armamentista". Foreign Affairs, (En Español), verano, 2001. Asimismo, sobre las "nuevas" amenazas a la seguridad norteamericana consúltese la entrevista a John D. Holum, "Amenazas a la Seguridad: La respuesta de los Estados Unidos." Agenda de la Política Exterior de los Estados Unidos de América, Washington, n. 3, v. 3, julio, 1998.

estrategas y académicos norteamericanos con las "nuevas" amenazas de la posguerra fría. El documento concluyó que los Estados Unidos tenían una elevada dependencia de sus satélites y que los medios para destruir sus sistemas espaciales ya podían ser "conseguidos" con facilidad por países o grupos hostiles a la superpotencia. Si en la época de la administración Reagan el espacio fue definido un campo de batalla, para Rumsfeld constituía "una certeza virtual" o "un terreno de conflicto", al igual que otros medios físicos: aire, mar y tierra. Por consiguiente, las recomendaciones que Rumsfeld presentó al gobierno sugirieron que los Estados Unidos debían reducir la vulnerabilidad de su territorio con el desarrollo de "capacidades espaciales superiores" y la consecución de un poderío espacial que incluyera el despliegue de armas antisatélites (ASAT, siglas en inglés) con bases en el espacio cósmico y en la Tierra.

Aunque las propuestas contenidas en el estudio de Rumsfeld recibieron poca atención por sus conclusiones apocalípticas, y la ausencia de un programa concreto de cómo los Estados Unidos tendrían que conseguir ventajas estratégicas en el espacio, el presidente W. Bush utilizó argumentos de carácter "defensivos" en la decisión de desplegar un SNDA, que constituyó el aspecto central de un amplio programa militarista para incrementar el poderío ofensivo integral de las fuerzas armadas norteamericanas.

El sistema de "defensa" antimisil fue la pieza fundamental del plan de las instituciones militares estadounidenses para alcanzar incuestionables ventajas estratégicas frente a las principales potencias del escenario internacional de la postguerra fría. El sistema antimisil constaría de una red de bases coheteriles situadas en el espacio, en plataformas terrestres y marítimas diseñadas para interceptar misiles balísticos que supuestamente serían lanzados contra los Estados Unidos.[207]

Pero la concepción de esa estrategia escondió sus verdaderos propósitos, porque las "defensivas" armas dislocadas en sus bases terrestres o espaciales podrían revertirse contra cualquier Estado. Por esa elemental razón y el desmantelamiento de la vieja arquitectura de seguridad mundial tras la ruptura del Tratado ABM, que prohibía el despliegue y desarrollo de esos sistemas, el programa antimisil avivó el continuado desarrollo de la carrera armamentista entre las grandes potencias y mantuvo un carácter desestabilizador en el orden político-militar, porque promovió que otros actores de significación estratégica internacional persistieran en sus propios proyectos de "defensas" antimisiles.

Los planes militares de W. Bush también implicaron el aumento desproporcionado del presupuesto militar para los componentes de esos sistemas y la renovación tecnológica de los arsenales nucleares y coheteriles. El poder ejecutivo priorizó en el presupuesto federal las partidas

---

[207] Hasta diciembre del 2005 habían sido desplegados 9 misiles interceptores del SNDA: 7 de ellos en Fort Greely, Alaska, y dos en la base de la fuerza aérea en Vanderberg, California.

financieras necesarias para el despliegue del SNDA en detrimento de otros sistemas de armas convencionales que, en apariencia, quedaron relegados en el momento del desarrollo de una estrategia militarista con fines más ambiciosos.

En ese sentido, la presentación del primer presupuesto de la administración de W. Bush ocurrió el 9 de abril del 2001, en un momento de contradicciones entre el gobierno y el Congreso sobre la reactivación del gasto militar, los proyectos sanitarios y para el medio ambiente heredados del gobierno de Clinton, y la insistencia de W. Bush en su proyecto de reducir los impuestos en 1,6 billones de dólares, a pesar de que el Senado había votado moderar esa cifra hasta 1,2 billones para beneficiar básicamente al Pentágono, cuyo presupuesto total ascendió hasta los 310 500 millones de dólares destinados a la modernización armamentista.[208]

El elevado presupuesto benefició a las empresas del Complejo Militar-Industrial comprometidas con el desarrollo de nuevos tipos de armas espaciales y representó un monto seis y siete veces mayor que los gastos de Rusia y China respectivamente, países que habían sido considerados como los dos principales "rivales" estratégicos de la superpotencia en el siglo XXI. A la política militarista de la administración de W. Bush, se unieron las presiones y reclamos de algunos senadores interesados en un presupuesto superior

---

[208] Las cifras son tomadas del comentario de Eric González, "El presidente desoye al Senado e insiste en recortar los impuestos en 1,6 billones de dólares". El País, Madrid, 10, abril, 2001, p. 3.

para "salvar" la capacidad "defensiva" ante el peligro objetivo e inminente de la obsolescencia de los equipos bélicos.

Pero, en realidad, el incremento de los gastos militares estuvo directamente relacionado con los altos costos de su estrategia militar, las operaciones de la "Guerra del Golfo", Somalia, Kosovo, la militarización del espacio y el desarrollo de nuevas armas que requirieron costosos ensayos en la tierra, el espacio y en computadoras, para prevenir un hipotético enfrentamiento misilístico de los Estados Unidos con otras potencias nucleares.

Con la determinación de desplegar el SNDA, W. Bush ordenó al Pentágono la ejecución de un ensayo con dos cohetes Minuteman-III, que no tenían la misión de hacer blanco en un objetivo concreto, sino comprobar con su vuelo un componente esencial del sistema: la capacidad de detección de los radares. Los Minuteman-III, lanzados desde la base de la fuerza aérea en Vandemberg, Estado de California, liberaron un total de 20 objetos de diferente naturaleza para comprobar la eficacia de los radares en la diferenciación de un cohete con una cabeza nuclear o un señuelo.

Sin otro precedente en la historia, la fuerza aérea ensayó una guerra global en el espacio. Este ejercicio militar verificó la exactitud con que los Estados Unidos enfrentarían una guerra en ese medio. La maniobra simulada por computadora durante cinco días estudió la creciente importancia de los satélites para la economía, las fuerzas armadas y los cambios estratégicos. El escenario utilizado fue un conflicto imaginario en el que se enfrentaban los Estados Unidos y China, en el año 2017, porque la nación asiática había amenazado a un aliado estadounidense en la región Asia-Pacífico. En la simulación los ejércitos de las dos grandes potencias implicadas combatieron con microsatélites armados, misiles cruceros y cañones láser. En la búsqueda de un "enemigo" para justificar sus acciones, los informes del Pentágono explicaron que la potencia asiática contaba con armas láser para una guerra espacial contra los satélites estadounidenses.[209]

Por su parte, las poderosas fuerzas norteamericanas utilizaron, en la virtual confrontación militar contra China, un moderno sistema de "defensa" antimisil de teatro y vehículos espaciales que colocan rápidamente en órbita los satélites. Asimismo, unos 15000 efectivos de las fuerzas armadas de los Estados Unidos, Alemania, Canadá, Holanda y el Reino Unido realizaron en el desierto entre Nuevo México y Texas las mayores maniobras militares del año 2001, que incluyeron simulaciones con sistemas de "defensas" antimisiles de teatro y la ficticia invasión del país "Sabira" por las fuerzas de la enemiga "Dahib"; y como principal resultado del simulacro se recomendó la creación de un Comando Espacial Militar.[210]

El Pentágono también desarrolló nuevas armas nucleares que penetran bajo tierra y explo-

---

[209] Véase de Richard J. Newman, artículo citado.

[210] Según las "Declaraciones del General de División William Looney". The Washington Post, Washington, 29, enero, 2001.

tan al golpear los objetivos. Un informe elaborado en uno de los laboratorios nucleares de los Estados Unidos sugirió la construcción de este tipo de misiles nucleares para la destrucción de bunkers o de instalaciones de misiles protegidas por un recubrimiento de varias capas de cemento. Además, si estos nuevos misiles llevaran una cabeza nuclear de cinco kilotones - menos de la mitad de la potencia de la bomba lanzada sobre Hiroshima – destruirían un búnker, aunque sus paredes contaran con muros de cemento de 10 metros de grosor. La explosión de esa bomba solo sería posible a más de 200 metros bajo tierra, porque de lo contrario causaría una contaminación radiactiva masiva e incalculables daños "colaterales".[211]

Los científicos norteamericanos aseguraron que este misil balístico podría destruir un centro de control nuclear protegido y aislado por completo del exterior, como los que supuestamente Rusia tiene construido en diferentes regiones de su vasto territorio nacional. Este programa militar es uno de los ejemplos de cómo W. Bush favoreció, en sus dos periodos gubernamentales, la aplicación de una política exterior apoyada en la fuerza militar, que privilegió el desarrollo de nuevos tipos de armas muy peligrosas para el mantenimiento de la paz y la seguridad internacional.

Coincidiendo con los preparativos económicos, militares y tecnológicos para el despliegue del SNDA, W. Bush pronunció, el 1 de mayo del

---

[211] "El Pentágono desarrolla una bomba atómica sin daños colaterales". El País, Madrid, 16, abril, 2001, p.4.

2001, un discurso programático sobre la estrategia político-militar de su gobierno, el fin de los tratados internacionales adoptados durante la "guerra fría" y la construcción del sistema de "defensa" antimisil. Esta última decisión se caracterizó por su unilateralismo hegemónico, pues solo informó –a posteriori– a algunos de los principales actores internacionales: Unión Europea, Canadá y Rusia. Por su repercusión interna e internacional, el anuncio de W. Bush alcanzó un simbólico paralelismo histórico con el trascendente discurso sobre la Iniciativa Defensa Estratégica (IDE) o "Guerra de las Galaxias", pronunciado por Ronald Reagan, el 23 de marzo de 1983.

En la concepción de unilateralismo rampante de W. Bush, el desarrollo de un SNDA fortalecía la seguridad internacional. Para Bush la "guerra fría" había terminado y las limitaciones del Tratado ABM ya no reflejaba ni el presente ni "las futuras condiciones internacionales (...) Las armas nucleares todavía tienen un importante lugar que ocupar en la seguridad de los Estados Unidos y en la de sus aliados (...) los Estados Unidos pueden cambiar la composición y el carácter de sus fuerzas nucleares con el fin de que reflejen las realidades de un mundo sin "guerra fría" (...) El Tratado ABM ignora los fundamentales progresos tecnológicos de los últimos 30 años, y prohíbe explorar todas las opciones para defender a los Estados Unidos y a sus aliados de las nuevas amenazas (...). La nueva época requiere otra visión, una nueva mentalidad, un vigoroso liderazgo estadounidense."[212]

En efecto, W. Bush describió su visión estratégica sobre un "nuevo" período en las relaciones internacionales en el que, mientras el territorio norteamericano y los arsenales nucleares estarían protegidos por una "defensa" antimisil, China, Rusia y otras potencias nucleares aceptarían la dirección absoluta de los Estados Unidos. Pero, Bush no presentó en su discurso los detalles técnicos de cómo sería construido el SNDA, solamente prometió la realización de un proceso de consultas con sus aliados europeos y otros Estados considerados rivales estratégicos. Para los estrategas estadounidenses, el proyecto antimisil consistió en unas avanzadas "defensas" espaciales con bases aéreas, marítimas y terrestres que dejarían *Ipso facto* superadas la letra y el contenido del Tratado ABM.

La postura unilateralista de la administración de W. Bush, además de violar diferentes tratados internacionales, evidenció que los objetivos estratégicos del SNDA estaban dirigidos contra China y Rusia, dos potencias nucleares opuestas a la estrategia antimisil estadounidense, y debilitó la repetida argumentación sobre el latente peligro de un ataque misilístico contra los Estados Unidos, por parte de los llamados "Estados villanos".[213] En esa circunstancia, la reacción de

---

[212] Discurso de George W. Bush pronunciado en la Universidad de Defensa Nacional, un centro de altos estudios del Pentágono. Ver "President Bush speech on missile". The Washington Post, Washington, 1, mayo, 2001.

[213] El presidente norteamericano George W. Bush, en sus primeros seis meses en el poder, abandonó el Tratado de

diversos sectores de la opinión pública internacional a la estrategia militar estadounidense giró en torno a la preocupación de que cuando un gobernante declara la consecución de un unilateralismo estratégico-militar, apartándose de importantes tratados reconocidos por todos los Estados, sus acciones finalizan aisladas o exigiendo que el sistema internacional de relaciones internacionales funcione de acuerdo a las condiciones dictadas desde Washington.

La ruptura del principio de *Pacta sund servanda*[214] estableció una suerte de imperio unilateral estadounidense sobre las naciones soberanas, creándose, por cierto, un precedente negativo que disminuyó, aún más, el Derecho Internacional Público y el sistema de organizaciones interestatales. La decisión unilateral de romper acuerdos que fueron vitales para la sociedad internacional, con el anuncio de la determinación de construir un sistema antimisil, inevitablemente conducirá a una nueva carrera armamentista en el momento más inoportuno que podía

---

Kyoto sobre Cambio Climático; rechazó los protocolos que prohíben la guerra bacteriológica; demandó enmiendas a un acuerdo sobre la venta ilegal de armas ligeras; boicoteó la conferencia internacional sobre racismo; negó la ratificación del Tratado sobre la Prohibición Completa de los Ensayos Nucleares (CTBT, en inglés) y anunció la retirada del Tratado ABM de 1972.

[214] Significa que las obligaciones internacionales deben observarse y cumplirse rigurosamente. Principio básico del Derecho Internacional, ya que la estabilidad de las relaciones internacionales y la legalidad internacional no pueden ser aseguradas sin el cumplimiento estricto y de buena fe de las obligaciones que emanan de los tratados internacionales y de otras fuentes del Derecho Internacional.

concebirse, cuando el planeta habitado por más de 6100 millones de habitantes, de los cuales las tres cuartas partes son pobres, inició un siglo que será sin duda el más difícil y crucial de la historia milenaria del hombre.[215]

No obstante, los asesores de la administración de W. Bush negaron que el mandatario fuera unilateralista o aislacionista o que su gobierno hubiese mostrado un abierto desdén por la acción de los organismos internacionales, porque para los "neoconservadores" el abandono de los tratados en la época del desarrollo misilístico y nuclear no fue más que un "multilateralismo restringido", cuyo método radicó en analizar cada acuerdo o tratado internacional caso por caso, para tomar una decisión que no implicara la presentación de un enfoque de amplia base diplomática y política.[216]

En general, el gobierno de W. Bush aplicó lo que consideró una evaluación práctica de los tratados sobre la base de los llamados intereses de "seguridad nacional" de los Estados Unidos. La destrucción de la arquitectura de seguridad global que representaba el Tratado ABM estuvo en el vórtice de esa percepción sobre los compromisos internacionales en la posguerra fría. Por

---

[215] Véase de Fidel Castro Ruz. "Discurso en la Tribuna Abierta de la Revolución efectuada en el área deportiva "Eduardo Saborit" del Municipio Playa". Granma, La Habana, 31, marzo, 2001, p. 3.

[216] Véanse los criterios de Richard Haass, Director del Departamento de Planificación de Políticas del Departamento de Estado, en el artículo de Thon Shanker, "Los tratados son cosa del ayer para Bush". The New York Times, Nueva York, 5, agosto, 2001, p.2.

ello, la administración Bush presentó un ultimátum a Rusia, para el abandono sin condiciones del histórico acuerdo que representaba el único obstáculo legal que impedía la intensificación de las obras constructivas del sistema antimisil en el Estado norteamericano de Alaska.

El unilateralismo resultó evidente en el plano estratégico-militar, la clasificación de unilateral o aislacionista de la política exterior de W. Bush, provocó un intenso debate académico, atendiendo a que su rasgo distintivo osciló entre posiciones unilaterales y multilaterales, según la actuación frente a situaciones críticas generadas por el sobredimensionamiento militarista.

Sin embargo, no debe perderse de vista la vigencia, en determinados sectores estadounidenses, de la antigua corriente aislacionista que choca con el expansionismo dominante y hegemónico, el proceso de la globalización e interdependencia económica entre los principales centros de poder mundial, y otros hechos como la expansión de la OTAN en el continente europeo, que impide el predominio de un unilateralismo absoluto en la política exterior norteamericana, tendiendo a reafirmar la percepción de que ningún Imperio se retirará hacia dentro de sus fronteras al menos que reconozca sus fracasos o sea definitivamente derrotado.[217]

---

[217] Ver interesante artículo de Tom Barry, "Bush Administration is Not Isolationist." Foreign Policy In Focus, Washington, 21, julio, 2001. También, Editorial del periódico The New York Times, Nueva York, 21, julio, 2001, sobre la pretensión de W. Bush de alejarse del mundo o gobernarlo según sus dictados. Véase el ensayo de Paul Johnson, "The myth of

3.2 EL 11 DE SEPTIEMBRE Y EL DESPLIEGUE DEL SISTEMA ANTIMISIL.

Ante el terrible desplome de las simbólicas Torres Gemelas, la sociedad estadounidense observó, por primera vez en la historia, las consecuencias de una agresión contra su territorio nacional. Fue testigo de la abrupta caída del mito basado en la fortaleza y superioridad de la "nación americana", tantas veces repetido por las sucesivas administraciones que propugnaron el desarrollo de la estrategia nuclear después de la Segunda Guerra Mundial. No hay dudas de la repercusión de estos hechos en la reformulación de la estrategia de "seguridad nacional" y en la decisión de desplegar el SNDA. Aunque los estrategas estadounidenses construyeron el mito del terrorismo que amenaza la "seguridad nacional", también manejaron la opción de un posible ataque simétrico a las "defensas" ya desplegadas o que tendrían en fase de despliegue. De ahí la idea de la amenaza de los llamados "Estados villanos", de la existencia de un "Eje del Mal" y sus supuestos planes para lanzar un ataque misilístico nuclear con medios químicos o biológicos contra la población y el territorio estadounidense.

American Isolationism", Foreign Affairs, n. 3, v. 74, may/june, 1995.

El 11 de septiembre del 2001 confirmó que fueron subvalorados los estudios e informes que unos meses antes habían advertido sobre las "nuevas" amenazas a la "seguridad nacional" de los Estados Unidos. Ya en la última década del siglo XX, algunos académicos estadounidenses avizoraron que el concepto de "seguridad nacional" sufriría transformaciones respecto a cómo fue concebido durante la "guerra fría", porque el período de absoluta superioridad comprendido entre los año 1945 y 1955 no se volvería a repetir con exactitud en la historia y las respuestas a los problemas de seguridad no podrían encontrarse en las concepciones estratégicas del tiempo pasado, ni como pretendió W. Bush con el anuncio del despliegue unilateral de una poderosa "defensa" antimisil.[218]

Si bien la situación del 11 de septiembre desacreditó la capacidad de respuesta de los mecanismos de seguridad frente a un ataque asimétrico, la estrategia estadounidense acompañada por el montaje de una amplia y moderna "defensa" antimisil, con bases en tierra, mar y el espacio, siguió siendo un componente importante de la estrategia nuclear y de "seguridad nacional" de los Estados Unidos en el siglo XXI. Después de los ataques terroristas, el gobierno estadounidense desencadenó las guerras contra Afganistán e Iraq, para reafirmar el poderío militar y diplomático de la única superpotencia en el

---

[218] Véase de David A. Baldwin, "Security Studies and The End of the Cold War." World Politics, Washington, v. 48, n.1, october, 1995, Pp 117-141.

escenario internacional. Una compleja maniobra de desplazamiento de tropas, armamentos sofisticados y bombardeos indiscriminados contra civiles inocentes, facilitó la ocupación y conquista militar de los países agredidos, pero, al prolongarse durante mucho tiempo, generó altos costos humanos, económicos y de prestigio para la trascendencia de un Imperio que insistió en maximizar sus beneficios de dominación política y militar mundial.

En el paisaje geopolítico de la postguerra fría resultó difícil para la estrategia militarista de los Estados Unidos definir, clasificar y detectar sus "nuevos" enemigos. Por eso los planificadores de la política exterior rediseñaron la estrategia de "seguridad nacional" con una política de "guerra permanente" basada en la supuesta amenaza terrorista y en la experiencia de los sucesos del 11 de septiembre, cuando sus sistemas e instituciones fracasaron en tres niveles claves de la protección nacional: aeropuertos, contrainteligencia e inteligencia.

Para estos fines, el 19 de noviembre del 2002, el Senado aprobó el proyecto de creación del Departamento de Seguridad Interna. La aprobación de esa polémica estructura burocrática significó un importante triunfo político en el Congreso para W. Bush, pues sus detractores habían avizorado un proceso largo y complejo para obtener la aceptación congresional. Con la promulgación de la Ley de Seguridad Interna (Homeland Security Act, siglas en inglés), fue creado el Departamento de Seguridad Interna, en respuesta a las necesidades del Ejecutivo de mejorar el deficiente sistema defensivo del territorio continental en materia de lucha contra el terrorismo y dispersar las fuertes críticas de diversos sectores políticos y de la prensa por la inacción de la administración en los meses que antecedieron a los ataques terroristas del 11 de septiembre.

Desde sus inicios, el Departamento se propuso incrementar la capacidad de enfrentamiento y ofensiva de los Estados Unidos en un momento de pleno desarrollo de una doctrina de política exterior más agresiva y militarista conducida por el axioma "neoconservador" de "actuar contra el enemigo antes de que la amenaza se materialice", tal como prescribió la doctrina Bush sobre las "Guerras Preventivas". El Departamento fue responsabilizado con la coordinación de los esfuerzos de las oficinas regionales para proteger y prevenir a los Estados Unidos de posibles ataques terroristas. Dada la prioridad que revistió el "combate" al terrorismo en la agenda de política interna y externa estadounidense, el Departamento trabajó con las agencias de seguridad, los gobiernos estatales locales y las entidades privadas para asegurar el funcionamiento de una nueva estrategia de "seguridad nacional", que tuvo como eje la llamada lucha contra el terrorismo.

En este contexto de terror contra el "terrorismo", la debilidad con que W. Bush llegó al poder pasó a un segundo plano. El impacto de los ataques terroristas a las Torres Gemelas y el Pentágono exacerbó las posiciones chovinistas del establishment y de vastos sectores en la sociedad estadounidense. La operación militar contra el gobierno Talibán afgano fortaleció el liderazgo nacional e internacional de los republicanos y creó favorables condiciones para una política militarista que les permitiera continuar silenciosamente los planes para la construcción de un sistema de "defensa" antimisil. En medio de la guerra contra Afganistán, el Senado accedió a colocar en el presupuesto militar unos 1300 millones de dólares para la "defensa" antimisil" que, hasta el 11 de septiembre del 2001, habían estado bloqueados por esa instancia legislativa, permitiendo así completar los 8300 millones que fueron solicitados originalmente por W. Bush para el despliegue del proyecto.[219]

Resultó un hecho evidente que la opinión pública estadounidense respaldó a W. Bush de forma casi mayoritaria en el momento inmediato al 11 de septiembre. La tradición ha demostrado que, en general, los norteamericanos apoyan la acción internacional de su gobernante cuando se trata de guerras externas argumentadas o manipuladas según los intereses de "seguridad nacional" de los Estados Unidos, pero, en esa ocasión, el ataque se produjo en el propio territorio nacional, lo cual facilitó la tarea de "legitimar", con el respaldo popular, la postura militarista y el unilateralismo hegemónico de la administración. En términos específicos, W.

[219] Los datos fueron tomados de "Aprueba Senado fondos para defensa antimisil". Prensa Latina, La Habana, 22, septiembre, 2001.

Bush llegó a ser, en los meses inmediatos al ataque terrorista del 11 de septiembre, un presidente bien posesionado del poder, fuerte, aun cuando su sistema de "seguridad nacional" testimonió vulnerabilidad y requirió de una reformación estructural y estratégica. En cambio, esa posición favorable fue un instante fugaz. Con el paso del tiempo predominó el extremo contrario al convertirse en el presidente más impopular de la historia imperialista de esa nación.

El debate sobre la revisión de la estrategia de "seguridad nacional" estuvo polarizado por quienes defendieron la importancia de la protección del territorio continental y los que cuestionaron la efectividad de un sistema de "defensa" antimisil. Los detractores del SNDA expusieron que la tragedia evidenció el daño que produciría a la nación una agresión terrorista asimétrica, aun contando con el funcionamiento de un sofisticado y costoso sistema de "defensa" antimisil. Algunos estrategas enfatizaron que los Estados Unidos estarían más amenazados por el lanzamiento de misiles cruceros que por los misiles balísticos de alcance intermedio o intercontinental disponibles en los arsenales de determinadas potencias medias y mundiales.[220] Para enfrentar esta "nueva" amenaza propusieron la alternativa de construir una Defensa contra Misiles

---

[220] Según fuentes norteamericanas 75 países tienen alrededor de 75000 misiles cruceros. El misil crucero es menos costoso de adquirir por actores terroristas transnacionales de carácter no estatal que un misil balístico intercontinental, véase de Michael O´ Halon, el ensayo "Cruise Control. A case for Missile Defense". The National Interest, Washington, n. 67, Spring, 2002, Pp. 89-93.

Cruceros que disminuyera los costos financieros del proyecto misilístico y facilitara su construcción mediante el uso de la infraestructura tecnológica de la guardia costera y de las fuerzas aéreas.

La denominada Defensa contra Misiles Cruceros tuvo como objetivo, en términos teóricos, la protección de las fronteras y ciudades estadounidenses de posibles ataques terroristas con misiles lanzados desde un barco, una plataforma instalada en el mar, un vehículo móvil o un avión comercial en pleno vuelo sobre el espacio aéreo estadounidense. Sin embargo, la administración de W. Bush no reconoció la imposibilidad tecnológica inmediata de desplegar un amplio SNDA, y que los recursos destinados para la "defensa" espacial eran limitados. En el debate sobre las necesidades estratégicas de la superpotencia, el despliegue de una Defensa contra Misiles Cruceros pareció ser una propuesta mucho más sensata y viable considerándose la supuesta necesidad de protección de los ciudadanos estadounidenses contra cualquier tipo de terrorismo con armas de exterminio en masas: nuclear, químicas o biológicas.

Más allá del debate técnico sobre el arquetipo de sistema de "defensa" antimisil hasta aquí presentado, los trágicos atentados terroristas del 11 de septiembre y la concepción de guerra prolongada contra la "amenaza" del terrorismo fundamentalista islámico simbolizado en el invisible enemigo denominado Osama Bin Laden, reavivaron la aparente necesidad militar de desplegar una "defensa" antimisil. El despliegue de sistemas antimisiles estuvo unido a su estrategia global de superioridad tecnológica y dominación militar. Solamente para esa estrategia, el Pentágono estimó que el presupuesto de 665 millones de dólares, destinado en el año 2004, debía incrementarse en 1 070 millones para el año 2005. Si observamos el período que abarca los años 1984 y 2005, los Estados Unidos gastaron 124 800 millones de dólares en la "defensa" antimisil, lo cual fue severamente criticado por la opinión pública estadounidense en razón de las afectaciones que ese proyecto militarista implicó para otras áreas prioritarias del maltrecho presupuesto norteamericano para programas sociales y humanitarios. [221]

El corolario del propósito hegemonista de la "defensa" antimisil quedó expuesto en la declaración del 12 de diciembre del 2001 por el presidente W. Bush, cuando reafirmó el abandono unilateral del Tratado ABM. Esa pragmática decisión, si bien tuvo un impacto internacional por la connotación de la medida, no tomó por sorpresa a los principales actores internacionales: Unión Europea, Japón, China y Rusia. El gobierno de los Estados Unidos solo dio un impulso final a un proyecto generado durante el período de la administración Reagan, que también fue continuado por las administraciones de Bush (padre), Clinton y Obama. Siguiendo la letra del Tratado ABM, seis meses después, en el mes de junio del 2002, el Pentágono procedió con total

[221] Datos tomados de Ojeda Jaime. Defensa Antimisiles: el sueño de Reagan. Revista de Política Exterior, Vol XVIII, Nro 102, Editorial Estudios de Política Exterior, Madrid, 2004, p. 135.

libertad a la realización de su cronograma de ensayos para el desarrollo de cualquier tipo de arma antimisil que, hasta esa fecha, significaba la violación de lo estipulado en el Tratado ABM.

Por otra parte, el unilateralismo hegemónico de los Estados Unidos generó una diversidad de reacciones internacionales entre las que se destacaron las posiciones de Rusia y China, las cuales consideraron el abandono del Tratado ABM, como un paso irreversible hacia la alteración del equilibrio estratégico mundial y el desencadenamiento de una nueva carrera armamentista.

En reiteradas declaraciones Corea del Norte – acusada por Estados Unidos de pertenecer a un inexistente "Eje del Mal"- desmintió las justificaciones y los falsos pretextos estadounidenses sobre la presunta amenaza de los misiles de Pyongyang", mientras Canadá, aliado político que comparte una extensa frontera con la superpotencia, mantuvo su oposición a participar en el proyecto por su esencia desestabilizadora para la seguridad regional y mundial.[222] El rechazo canadiense constituyó un revés político para Washington, porque de su posición se quedaba claro que la creación de un amplio sistema de "defensa" contra misiles balísticos no estaba dirigido a proteger el territorio estadounidense de supuestos ataques terroristas con armas de

222 El Primer Ministro de Canadá, Paul Martin, ha expresado que su país está comprometido a trabajar con sus vecinos en temas de seguridad, pero no apoya el despliegue del sistema de "defensa" antimisiles. Tomado de "Canadá dice no a sistema antimisiles", 25 febrero 2005. Sitio: http://news.bbc.co.uk/hi/spanish/news/.

destrucción masivas, sino para enfrentar el creciente poderío estratégico-militar de otras influyentes potencias en el escenario internacional.

Con la presentación, en el mes de septiembre del 2002, de una nueva estrategia de "seguridad nacional" se abolieron las antiguas concepciones en materia de seguridad y defensa para dar forma a dos "nuevas" ideas rectoras: la "guerra preventiva" y el "cambio de régimen", las cuales infirió afianzar la noción de que los estadounidenses jamás podrán dejar que un país o grupo de países lleguen a igualar la capacidad militar de los Estados Unidos. Para aplicar esas prescripciones doctrinarias, Iraq se transformó en un punto de referencia obligado que demostró la peligrosidad del nuevo pensamiento estratégico y, por ende, del impulso unilateralista de W. Bush, que también coincidió con el inicio de la campaña electoral para las elecciones legislativas norteamericanas.

En esa coyuntura política, el discurso guerrerista y el temor a un ataque terrorista desde el exterior, fue exagerado por los republicanos con la finalidad de que los temas económicos y sociales no dominaran la elección. La población estadounidense quedó saturada de noticias sobre la "amenaza" inminente que representaba Iraq para la "seguridad nacional" de los Estados Unidos. Bajo la falacia de la amenaza terrorista el pueblo estadounidense fue mayoritariamente engañado en función del apoyo público a la guerra imperialista contra Iraq.

Conquistado así el frente interno, el gobierno

estadounidense fortaleció su campaña ideológica y política sobre la existencia de una amenaza externa, contribuyendo, de esa manera, a la lógica de la industria armamentista de incremento del gasto militar para los proyectos relacionados con la militarización del espacio cósmico, que diferentes actores internacionales estatales y no estatales trataron de impedir sin muchos resultados. Esos planes se mantuvieron intencionalmente en secreto y fuera de la atención de la sociedad norteamericana, que tiene, obviamente, la responsabilidad histórica y futura de detenerlos si supiera toda la verdad sobre los peligros y la verdadera amenaza que ellos entrañan para el futuro de la humanidad.

Tal vez esa sea la razón por la cual algunos hechos internacionales importantes ocurridos en el mes de octubre del 2002 no fueron siquiera dados a conocer a la opinión pública estadounidense, entre ellos: la negativa de los Estados Unidos, secundada únicamente por Israel, de apoyar las resoluciones de la ONU sobre el Protocolo de Ginebra del año 1925, que prohíbe el uso de las armas biológicas, y a fortalecer el Tratado del Espacio Exterior del año 1967, que proscribe el uso del espacio cósmico con fines militares.

La campaña electoral para la elección presidencial del año 2004, también ratificó el rumbo militarista de los republicanos en un segundo período gubernamental. El discurso de W. Bush, en la inauguración de su segundo mandato, y las presentaciones de los informes sobre el Estado de la Unión de los años 2005 y 2006, trataron de marcar un punto de inflexión en la evolución de las concepciones doctrinarias de la administración en materia de política exterior, pero solo en una dirección de mayor ímpetu guerrerista y militarismo en su política interna y externa, lo cual resultó a todas luces muy conveniente para los círculos militares propulsores de la estrategia antimisil y la dominación del espacio ultraterrestre por la única superpotencia en el escenario de la política internacional.

Una vez que el fracaso de esa orientación general resultó evidente, se exacerbaron las divisiones en el seno de la elite estadounidense, e incluso de la administración de W. Bush. A partir del año 2006 los neoconservadores tuvieron que ceder terreno con la aceptación de la sustitución del Secretario de Defensa, Donald Rumsfeld por Robert Gates, conocido por su participación en la Trilateral y en el grupo de la denominada tendencia Brzezinski. En un discurso pronunciado ante los alumnos de la Academia militar de West Point, Robert Gates, en cierto modo admitió la debilidad del militarismo estadounidense: "no combatan a menos que se vean obligados a ello. Nunca combatan solos. Y nunca combatan durante mucho tiempo." Poco tiempo después la comisión bipartita Baker-Hamilton condenó el intento de Bush de remodelar el "Gran Oriente Próximo" por no ser realista y recomendó, por el contrario, un enfoque más táctico respecto a Siria e Irán.

Incluso en el seno de los servicios secretos y del ejército se desencadenaron varias revueltas. En el mes de diciembre del 2007, cuando W. Bush quiso preparar un ataque contra Irán bajo el pretexto clásico de las armas de destrucción masiva, dieciséis servicios de inteligencia estadounidenses sorprendieron con la publicación de un informe donde constataron que, al menos desde el año 2003, Irán había suspendido su programa nuclear, lo cual derrumbó los argumentos sobre la necesidad de más sanciones diplomáticas y militares contra el país persa, y de los que defendieron con ardor el despliegue de una "defensa" antimisil por la "inminente amenaza nuclear y misilística de Irán".

3.3. El espejismo Obama: ¿Una nueva política exterior?

Barack Obama realizó una campaña electoral victoriosa en el año 2008, sobre la base del cambio de política en muchos temas, e intentó operar una transformación de la política exterior estadounidense, al menos en términos teóricos.

Obama llegó al poder con la idea de restaurar la legitimidad, la credibilidad y la autoridad de los Estados Unidos, muy desacreditada por la acción internacional irresponsable de W. Bush. Obama heredó de W. Bush una política exterior completamente en ruinas. Su propósito inicial fue tratar de reparar los daños inmensos provocados por la guerra en Iraq y disminuir la intensidad de los conflictos que pusieron en tensión particularmente a los Estados Unidos con el mundo arabo-musulmán.

En este sentido pronunció un discurso en el Cairo, que se ofreció como una nueva política, o una nueva mirada a los conflictos del mundo arabo-musulmán. Muy poco después de su toma de posesión, antes de las elecciones iraníes del año 2009, intentó reducir la escalada del conflicto con Irán y hacer avanzar las negociaciones israelo-palestinas. Sobre otros temas estratégicos, antes y después de la campaña electoral, existieron una gran gama de consensos tácitos en la política exterior, como por ejemplo: luchar contra el terrorismo, contener a Rusia, frenar el avance de China, defender a Israel y a Arabia Saudita, poner "en cuarentena" a Paquistán, limitar la expansión de los talibanes en Afganistán y la influencia de la República Bolivariana de Venezuela en América Latina.

Quedó en evidencia que, en los Estados Unidos, el desempeño de las personas en la política exterior es relativo y limitado: los líderes no pueden cambiar de manera sistemática y drástica una proyección internacional que tiene una tradición política y una línea de continuidad. La aparición de Obama abrió una interrogante respecto a si podría, efectivamente, darle una nueva impronta a la política exterior de su país, atendiendo a que llegó a la Casa Blanca en la peor crisis global de los últimos setenta años, por lo cual la agenda de política externa estuvo irremediablemente sujeta a los dilemas de orden interno e internacional dictados por la situación económica.

Antes de Obama, ya existía un fuerte desbalance en la relación que coexiste entre "defensa" y diplomacia en la política exterior de los Estados Unidos, y ese desbalance resultó ser decisivo para condicionar las posibilidades de cambio. Algunos pensaron que la administración Obama tendría una política exterior que, en sus grandes líneas, se inspiraría en Woodrow Wilson,[223]

[223] Representó una escuela de pensamiento de la política exterior de los Estados Unidos, conocida como los « internacionalistas progresista », que se convirtió en el fundamento del orden multilateral liderado por los Estados Unidos y occidente tras la II Guerra Mundial. Obama, por su discurso

con un retorno de los Estados Unidos al ámbito multilateral, a las coincidencias y al consenso con otras naciones.

Sin embargo, la línea a seguir por esta tradición, que intenta recrear el multilateralismo, se sustenta en la admisión del turbio concepto de la responsabilidad de proteger a las poblaciones víctimas de violaciones de los derechos humanos. Los puntos de contactos con la escuela de pensamiento de Wilson, pudiera ubicarse en la existencia de una clara desconfianza en la ONU y en los organismos internacionales, pero haciendo uso de ellos para alcanzar los propósitos de Washington en la arena internacional.

Sobre la base de esa hipótesis dos interpretaciones prevalecieron sobre lo que sería la política exterior. La primera, que Obama pasaría a una estrategia multilateral impuesta por el fracaso de la gestión gubernamental de W. Bush y el debilitamiento relativo de los Estados Unidos, después de la crisis financiera del año 2008. Y la segunda, que pondría en práctica una política de "buenas intenciones", pero con resultados limitados o modestos.

No pocos coincidieron en que Obama intentaría darle al liderazgo de los Estados Unidos más atractivo, pero sin que los Estados Unidos estuvieran dispuestos a compartir el poder con otros Estados o aceptar sin condiciones las reglas del multilateralismo. Y que por tanto, a lo largo de su mandato, Obama enfrentaría el juego de la

---

lleno de promesas, fue asociado con la prédica de esa escuela.

política internacional con posturas diversas:

a) El unilateralismo en las situaciones de interés geopolítico para los Estados Unidos. Entendido como el poder de decidir quién, en cada momento, es el enemigo, pues el unilateralismo es igualmente el poder de actuar en soledad en el orden político y militar.

b) El bilateralismo selectivo, con las principales potencias en el sistema internacional.

c) Un multilateralismo residual, cuando las dos primeras opciones se revelan insuficientes o inadaptadas en determinadas situaciones.

Independientemente del debate académico,[224] el resultado práctico fue que Obama también identificó cuáles serían las nuevas fuentes de poder y de seguridad que propiciarían el fortalecimiento de la alianza y la cooperación con los países europeos. De ninguna manera pretendió asumir el unilateralismo militarista de W. Bush. Sin embargo, los trazados estratégicos mostraron un revisionismo geopolítico todavía más ambicioso que el de su predecesor republicano: frenar la expansión de Rusia y China y, a

[224] Véase los enfoques de este debate en « Obama, un multilatéralisme bien temperé. La primauté américaine reste l'objectif majeur », en el artículo de Zaki Laïdi. Directeur de recherche au Centre d'etudes Européenes de Sciences Po. Le Monde, 8 avril 2010, p. 19.

la vez, asegurar el control de los hidrocarburos de Asia. Con Obama se diseñó una renovada agenda de política exterior en la que el continente asiático figuró como una prioridad impostergable.

Asia, y no otra región del mundo, porque se trató de una planificación estratégica que partió de un diagnóstico fáctico y cualitativo respecto a la situación y estado de la hegemonía de los Estados Unidos en el sistema mundial. El enfoque inicial de Obama rechazó la continuidad del enclave militar en Medio Oriente, que tanto obsesionó a W. Bush, y centró sus perspectivas estratégicas en las principales potencias mundiales y regionales que van conformando un sistema internacional multipolar, en especial Rusia y China, para propiciar el comercio y control de los hidrocarburos asiáticos a las compañías energéticas del Atlántico Norte.

En los próximos años, todo el continente asiático podría quedar envuelto en el gran juego de poder, entre las más grandes potencias con capacidad para provocar desastres humanos a escala global: Estados Unidos, Rusia, China y, eventualmente, la India y Paquistán. Las ideas del ideólogo Brzezinski apuntaron directo contra Moscú y Beijing, los únicos actores con posibilidades económicas, financieras y militares para disputar a los Estados Unidos el dominio mundial en el siglo XXI.

Resultó difícil esperar y confiar en la promesa de Obama acerca de la voluntad estadounidense en un “Nuevo Orden Multipolar”. La verdad histórica es que Obama se comportó mucho más peligroso que su antecesor W. Bush. Además de su mimetismo ideológico, el presidente estadounidense demostró atemorizantes habilidades para hablar de un modo y actuar de otro. En los discursos de campaña electoral colmados de promesas dejó plasmado el abismo entre lo que dijo que haría y lo que realmente hizo.

Las principales promesas de Obama al acceder a la presidencia consistieron en no menos de veinte medidas económicas, que beneficiarían a la llamada clase media estadounidense, todas dirigidas a mejorar los impuestos, otorgar estímulos al empleo, modificar los términos de las hipotecas, mejorar la salud y la educación, entre otros sectores de carácter social.

Prácticamente al inicio de su mandato se distanciaría de la época de W. Bush, porque retiraría las tropas de Iraq; eliminaría la prisión en la Base Naval de Guantánamo, conversaría con amigos y enemigos; cambiaría la política hacia América Latina; mejoraría las relaciones con Rusia; solucionaría el conflicto israelo-palestino; modificaría la política ambiental; negociaría la eliminación de las armas de exterminio masivo; hablaría con Irán y anularía el despliegue del sistema antimisil en Europa.

Sin embargo, Obama se vio muy limitado en su capacidad para hacer cumplir sus promesas. Nunca antes un presidente debió enfrentar tantos obstáculos en su ejecutoria provenientes de las estructuras permanentes del Imperio: un Complejo Militar-Industrial cada vez más interesado en el crecimiento de los gastos militares y las altas ganancias de sus empresas, y de los influyentes grupos de presión política que, como el Judío y el anticubano, paralizan toda posibilidad de un proceso de paz entre Israel y Palestina, y la normalización de las relaciones con Cuba.

Obama, desde que tomó posesión de la presidencia, aplazó la promesa de la salida de las tropas de Iraq. Hizo suya la guerra en Afganistán, al retomar los argumentos de la administración anterior de que allí se encontraba el verdadero peligro para la "seguridad nacional" de los Estados Unidos, e incluyó a Paquistán en el escenario de conflicto. Solo la derrota de la aventura en Afganistán obligó a Obama a anunciar que, al cierre del año 2011, retiraría 10000 soldados estadounidenses y que para el mes de septiembre del año 2012, habrán salido de ese país 33000 militares. El resto de las fuerzas norteamericanas regresarán paulatinamente para completar la retirada en el año 2014, una fecha acordada con la Organización del Tratado del Atlántico Norte (OTAN).

Existió una inmensa distancia entre la retórica y la realidad en torno a la retirada estadounidense de Iraq. En profundidad, el anunció de Obama de que acabaría con la ocupación de Iraq, en el mes de diciembre del 2011, resultó ser un engaño, porque pronto trascendió que la apresurada decisión obedeció, en realidad, a una especie de represalia hacia el gobierno iraquí, que no aceptó obedecer las órdenes de Washington sobre la necesidad de inmunidad legal para los soldados ocupantes.

El gobierno iraquí exigió la condición de que los

soldados estarían sujetos a la ley nacional de Iraq. Es conocido que la Casa Blanca siempre pretendió dejar en Iraq una amplia división de choque operacional con el objetivo de monitorear bien de cerca los movimientos de Irán a lo largo del año 2012, y en adelante. Esa empresa de los Estados Unidos no se pudo concretar, por lo que detrás del llamado "éxito en política exterior" de Obama, se escondió otra fracasada misión estratégica del Imperio.

En la memoria colectiva quedó la imagen de un Iraq demolido por la metralla constante de los soldados ocupantes durante nueve años de guerra, y los más de 4400 soldados de los Estados Unidos muertos en la intervención. Además, anclados a la conciencia de los agresores, están los casi medio millón de iraquíes víctimas fatales de la contienda. La injerencia armada pasó a los anales de la historia como la más costosa: unos 712 000 millones de dólares, por lo que fue una guerra que, para muchos de estadounidenses, no valió la pena, después de sumar el costo final en vidas humanas y expendios de capitales.

Sin embargo, la dominación militar en Iraq continuó de forma distinta y por varias vías que podrían dividirse en cuatro categorías principales: el uso de la Embajada, consulados y de contratistas de seguridad privados; de instructores militares incluidos; la permanencia de la OTAN hasta el año 2013; el control del espacio aéreo mediante la utilización de aviones no tripulados "drones" y de asesinatos selectivos. Sea cual sea la forma que adopten las relaciones entre los Estados Unidos e Iraq, en el corto y largo plazo, no cabe la menor duda de que los Estados Unidos permanecen en Iraq.[225]

En el plano externo, las dificultades y los desafíos se intensificaron para Obama sobre la cuestión israelo-palestina, pues estuvo obligado a confrontar la victoria de Netanyahu en las elecciones Israelíes del año 2009, mientras que esperaba el triunfo de Tzipi Livni; así como la reelección de Ahmadinejad en Irán. Estas dos contrariedades, probablemente, jugaron de conjunto un factor inhibidor de las transformaciones deseadas por Obama.

La Casa Blanca asumió una posición contradictoria ante la ola de transformaciones en el mundo árabe. Por un lado, apoyó el proceso de democratización en Túnez y, menos claro, en Egipto. Del otro, los intereses estratégicos en el Golfo Pérsico impidieron el cuestionamiento de las petromonarquías sunitas autoritarias. Además del apoyo incondicional a la política de Israel, otros desafíos fueron las negociaciones secretas, en medio de la guerra en Afganistán, con los talibanes, las relaciones con la India y Paquistán, ambos Estados poseedores de armas nucleares. En el caso de la India, se trata de una potencia en ascenso, sobre la cual Washington vio reducidas sus esperanzas de imponer posiciones hegemónicas, siendo este otro ejemplo de la relativa capacidad del unipolarismo estadounidense.

Respecto a Rusia, Obama desarrolló contactos con Medvedev y Putin, pero de esas reuniones

---

225 Véase de James Danselow, « La retirada estadounidense de Iraq es un engaño ». Tomado de The Guardian por Granma, 7 de noviembre de 2011.

no salió un resultado que pudiera resolver las contradicciones en las relaciones bilaterales. Ambos países firmaron un pacto de cooperación que permitió a los Estados Unidos el uso del territorio ruso para la distribución de equipamiento militar para combatir al Talibán en Afganistán. Al mismo tiempo firmaron, el 8 de abril del 2010, un nuevo tratado de seguimiento del acuerdo START. El acuerdo START-II, que había expirado en diciembre del 2009, tuvo como sustituto un documento que garantizó la intención de reducir el arsenal nuclear de ambos países, lo que le valió para obtener el inmerecido Premio Nobel de la Paz.

El START-III permitió, a cada una de las partes, conservar 1550 ojivas nucleares desplegadas, o sea una cantidad apenas inferior (en alrededor de un 10 por ciento) a las que están desplegadas actualmente, mientras que la cantidad de vectores se mantuvo prácticamente intacta: 800 para cada uno, con 700 de ellos listos para su uso en cualquier momento. El acuerdo no limitó la cantidad de ojivas nucleares operacionales en los arsenales. El límite que estableció solamente afectó la cantidad de "ojivas nucleares desplegadas", o sea las que están listas para su lanzamiento, instaladas en vectores estratégicos de un alcance superior a los 5500 kilómetros, como misiles balísticos intercontinentales desplegados en tierra, misiles balísticos instalados en submarinos o a bordo de grandes bombarderos, lo cual representa un potencial destructivo capaz de barrer de la faz de la Tierra la vida humana y prácticamente toda otra forma de vida.[226]

El nuevo tratado tampoco estableció límite efectivo para el aumento cualitativo de las fuerzas nucleares. En los Estados Unidos, los responsables de los laboratorios nucleares hicieron saber al Congreso que el programa federal destinado a "la extensión de la vida del arsenal nuclear" no era suficiente para garantizar la fiabilidad en los próximos años. Por esa vía ejercieron presión a favor de la creación de una "costosa nueva generación de ojivas nucleares".

Al mismo tiempo, se puso en marcha el desarrollo de nuevos vectores, como el "misil global hipersónico" de Boeing, que podría alcanzar su estado operacional en menos de 3 años, y representaría para el Pentágono la posibilidad de golpear, en una hora, un objetivo en cualquier lugar del mundo. También quedó fuera del START-III la cuestión de las armas nucleares "tácticas", que los Estados Unidos mantienen en 5 países "no nucleares" miembros de la OTAN (Bélgica, Alemania, Italia, Holanda y Turquía), lo cual constituye una violación del Tratado de No Proliferación.

El nuevo START tampoco estableció límites para la instalación del sistema de "defensa" antimisiles de los Estados Unidos a las puertas mismas del territorio ruso, un sistema que, como

---

[226] Estados Unidos posee actualmente 5200 ojivas nucleares en estado operacional, o sea utilizables, mientras que Rusia dispone de 4850. Además de lo mencionado, ambas potencias poseen, en total, 12350 ojivas que no se encuentran en estado operacional, pero que todavía no han sido desmanteladas. Datos tomados del Bulletin of the Atomic Scientists.

hemos visto, no es en realidad de carácter defensivo, sino de ataque, ya que su instalación pondría a los Estados Unidos en condiciones de poder ordenar un primer golpe al contar con la capacidad del "escudo" para neutralizar la posterior represalia. De hecho, el START reconoció la existencia de un vínculo entre los llamados armamentos defensivos y los ofensivos.

El despliegue de la "defensa" antimisil de los Estados Unidos en Europa del Este, afectó los intereses de seguridad de Rusia, y las relaciones entre ésta y Europa. Obama, como las administraciones anteriores, justificó el despliegue de la "defensa" antimisil con los cohetes que podrían ser lanzados por Irán, que no posee armas nucleares, además de mantener el criterio de que una "defensa" antimisil contra Irán y Corea del Norte, situada en Polonia y la República Checa, no estaría enfilada contra Rusia, y no afectaría el poderío nuclear ruso.

El más claro testimonio de las profundas discrepancias entre Moscú y Washington, en relación con la "defensa" antimisil, lo constituyó la Declaración de la Federación de Rusia, publicada el 8 de abril del 2010, en ocasión del ceremonial de firma del nuevo Tratado START, y que dijo textualmente:

"El Tratado entre la Federación de Rusia y los Estados Unidos (...) podrá regir y ser válido solamente en condiciones en que no exista un incremento cualitativo y cuantitativo de las posibilidades de los sistemas de defensa antimisil de los Estados Unidos. Por consiguiente, las circunstancias extraordinarias mencionadas en el artículo XIV del Tratado incluyen también tal incremento de las posibilidades de los sistemas de defensa antimisil de los Estados Unidos, con el cual surja una amenaza al potencial de las fuerzas estratégicas nucleares de la Federación de Rusia".[227]

De lo anterior, se dedujo que ni el Kremlin logró disuadir a la Casa Blanca de sus planes de "defensa" antimisil, ni ésta logró convencer a aquél de que dichos planes no representan amenaza alguna para la seguridad del país euroasiático.

En el anuncio que hiciera Obama, el 17 de septiembre del 2009, referido a la eliminación de los componentes del sistema antimisil estacionado cerca de la frontera rusa en la República Checa y en Polonia, quedó demostrado su carácter engañoso. Poco después de la proclama de Obama, el Pentágono lanzó dos satélites experimentales relacionados con la "defensa" antimisil al espacio, desde Cape Canaveral, en la Florida. Pero lo que realmente anunció Obama no fue la eliminación del sistema antimisil, sino de una "defensa" más amplia y efectiva que, según los nuevos planes, incluirían despliegues navales a bordo de barcos equipados con el sistema Aegis. En realidad, el despliegue del sistema antimisil se expandió por Europa y más allá: desde Turquía y el Mediterráneo al Mar Báltico.

La respuesta de un funcionario polaco a la revisión de planes de Obama solo dio cuerpo a los temores de Rusia. "Nunca estuvimos realmente

---

[227] Extracto de la de la declaración tomado del sitio http://www.mid.ru/brp_4.nsf/0/2C758977CAE78A26C32576FF003F5B37

amenazados por un ataque de misiles de largo alcance desde Irán.[228] ¿Era por lo tanto la seguridad de Polonia, entre otros, contra la amenaza de un misil iraní el verdadero motivo para el sistema antimisil? Rusia dijo que no. Para Moscú estuvo claro que las motivaciones de la política de despliegue de "defensas" globales de misiles no radicaron en la supuesta amenaza iraní o norcoreana, sino en el programa de los "neoconservadores" de la administración de W. Bush, quienes desearon crear una base segura para la proyección del poder de los Estados Unidos en el mundo.

El problema del escaso margen de maniobra de Obama también estuvo en que los sectores favorables a su propuestas iníciales constituyeron una mezcla de masas apolitizadas, guiadas solo por la simpatía y las expectativas que despertó el presidente; de liberales y centroconservadores desarticulados, quienes no pudieron constituirse en una fuerza capaz de apoyar su programa de campaña; aspecto que pudo observarse en la política interna; pero que tuvo su expresión más evidente en la ausencia de control de Obama sobre la política exterior del país. Situación esta última, en la que apoyaron fuertemente un

228 Comentarios de Slawomir Nowak, máximo asesor del primer ministro polaco Donald Tusk, a TVP INFO Television. Tomado del artículo de Mahdi Darius Nazemroaya « Doctrina militar de EE.UU; defensa de misiles en Europa y expansión de la OTAN. EE.UU y Rusia, ¿ha terminado realmente la Guerra Fría? Sitio en Internet: Global Research.

grupo de funcionarios de la propia administración, liderados por Hillary Clinton.[229]

Es la derecha aliada a los Clinton la que dirigió la política exterior de los Estados Unidos y no Obama. Es una derecha que, insertada en la propia administración, se interrelacionó con los sectores "neoconservadores" ligados al gobierno de W. Bush, sobre todo del Congreso. A eso se debió que la política exterior ejecutada por Obama estuviera desconectada de las proyecciones definidas por él, en sus primeros discursos oficiales, como el "cambio".

Obama gobernó desde el "centro", con la aplicación de acciones típicas de los "neoconservadores", y en no pocas ocasiones se observó a la defensiva frente a estos. Obama fue el resultado de la situación al interior del establishment norteamericano, de la correlación de fuerzas en el Partido Demócrata y de la evolución del paisaje socio-económico de su país.

El presidente Obama creó un espejismo alrededor de su figura carismática, su oratoria inteligente y sus supuestas buenas intenciones, pero quedó agarrado en la maquinaria imperial y sin poder real para contrarrestarla o colocar mesura en las acciones de los Estados Unidos en el escenario internacional. El llamado Club Bilderberg,[230] integrado por multimillonarios e influyentes políticos que se reúnen anualmente en secreto, para decidir los destinos del mundo,

---

229 Véase el interesante artículo de Esteban Morales, Barack Obama: ¿Dónde está el cambio?, Tomado el 21 de agosto del 2009 del sitio en Intenet, "Cambios en Cuba"

230 Creado por los Rockefellers, y la Comisión Trilateral.

ejercieron una notable influencia sobre la administración, para fragmentar a Rusia, como potencia militar, y el liderazgo de China, como potencia económica mundial.

La agresividad de los suprapoderes incluyeron todas las opciones al peor estilo de la época de la confrontación político-militar de la “guerra fría”, pues también se pensó en la guerra nuclear para asegurar exclusivamente la supervivencia de su especie, una auténtica minoría representada en el Club Bilderberg, al riesgo de conducir a la humanidad al invierno nuclear.

Por otra parte, Obama, no solamente fue un presidente canijo en encontrar soluciones a la crisis nacional, sino que, además, perdió credibilidad ante la opinión pública y, en particular, la tradicional clase media con respecto a sus iniciativas. La inestabilidad política, producto de la descomposición económica, se agravó con las promesas fallidas de Obama y su Partido, incapaces de cumplir la plataforma política propuesta de renovación y reforma, lo cual desilusionó a los amplios sectores del pueblo norteamericano. Las tradicionales lealtades políticas no funcionaron cuando la recesión afectó las condiciones de vida de la clase media y el equilibrio se hizo más inestable entre los grupos de poder, lo que demostró la falta de liderazgo real del presidente Obama.

Al cierre del año 2011, lo fundamental para Obama se halló en poder constituir una efectiva y comprometida coalición de todas las tendencias del establishment demócrata, lo cual no dejó de ser un reto por el descontento en las filas demócratas, entre conservadores, liberales, latinos, afroamericanos y judíos. En general, los estadounidenses sintieron temor ante la paulatina declinación de su país por los efectos de la pérdida de poderío en el plano económico, financiero, moral y social.

La política exterior, como en otras etapas históricas, no fue la prioridad del electorado. Obama estuvo obligado a implicarse en una compleja batalla política sobre las medidas para reducir el déficit fiscal y la deuda pública de los Estados Unidos. Este fue un tema de suma importancia en las maniobras políticas, porque la dirigencia republicana lo escogió para desarticular la gestión presidencial de Obama, y constituyó la principal arma de la oposición para derrotarlo en sus aspiraciones a la reelección. Si las elecciones en el año 2008 estuvieron marcadas por la burbuja financiera y sus efectos en la sociedad norteamericana, las elecciones del mes de noviembre del 2012 tuvieron lugar en un momento histórico en el que los Estados Unidos mostró síntomas inequívocos de una enfermedad terminal, pero sin abandonar el militarismo y la conquista del espacio por la vía de unas armas supuestamente defensivas.

En resumen, Obama llegó a la Casa Blanca con la idea de reconfigurar de forma sustancial la política exterior, sin embargo, el balance de sus proyecciones indicaron que efectivamente cambió de tono en el discurso imperial, pero en la práctica no pudo ni supo transformar la esencia de las concepciones de la política exterior estadounidense, en la que el despliegue de la "defensa" antimisil jugó un papel central en la interacción con los aliados europeos, en el Medio Oriente y Asia.

Los estrategas siguieron analizando durante un largo período de tiempo la viabilidad y efectividad del plan de "defensa" antimisil, en consultas con sus aliados de la Unión Europea y Rusia; pero lo último resultó ser que el poder norteamericano insistió en el despliegue de su iniciativa global y la instalación de un sistema antimisil en Europa.

3.4. Los beneficios de un Sistema Antimisil en la economía estadounidense.

En la coyuntura del despliegue del SNDA, la economía estadounidense sufrió las consecuencias de la falta de crecimiento, del desempleo y el descenso de la calidad de vida de la población. Una situación algo semejante había ocurrido en la década de los 80´, cuando Reagan presentó el proyecto de la "Guerra de las Galaxias". En ambos momentos históricos, los incrementos del presupuesto militar tuvieron lugar en medio de serias dificultades internas relacionadas, de una forma u otra, con las contradicciones inherentes a la crisis sistémica global del Modo de Producción Capitalista.

La desaceleración económica norteamericana amenazó con prolongarse. La superpotencia no pudo rehuir que el debilitamiento de la economía fuese mayor del previsto, y existieron escasas pruebas de que en el corto plazo saliera hacia la recuperación. Mientras permanecía bajo el control de la inflación, la reducción de las inversiones en las empresas fue un factor de peso en la desaceleración económica. La mayor economía mundial funcionó con lentitud en su capacidad de retomar el liderazgo en el crecimiento económico capitalista. Los gastos para el consumo continuaron abatidos y los ciudadanos perdieron dinero en los mercados accionarios.[231]

Muy grave resultó la problemática social causada por crisis financiera y económica. Las empresas dejaron sin empleos, en el año 2001, a más de un millón de trabajadores para ajustar su producción a los efectos económicos de la falta de crecimiento. Solo en el mes de julio del 2001, unas 205 985 personas perdieron sus trabajos, el triple que en el mismo mes del año anterior. El sector de las manufacturas constituyó el más afectado, seguido por el de las telecomunicaciones, las computadoras y la electrónica. Esa crisis causó preocupación por el peso específico de cada uno de esos sectores en la mayor economía mundial.[232]

En esa compleja situación económica, la militarización del espacio o "Guerra de las Galaxias" revistió la obtención de tasas de ganancias mayores que en otros tipos de armas, para las empresas contratadas en la fabricación de los armamentos relacionados con el despliegue del sistema antimisil. Los ingresos de las empresas comerciales de armamentos de este sector, sobrepasaron los gastos gubernamentales para el espacio. Esa diferencia abrió esperanzas de continuar ampliando las ganancias. El comando espacial calculó que, en el año 2003, el Sistema de

---

231 Esta situación fue reconocida por Alan Greenspan. "Intervención en el Congreso sobre el estado de la economía norteamericana". Versión tomada de ANSA, Washington, 18, julio, 2001.

232 Datos tomados del "Informe sobre el empleo y la desaceleración económica" de John Challenger, presidente de la corporación Challenger, Gray & Christmas, AP, Washington, 6, agosto, 2001.

Posicionamiento Global por sí solo generaría 16000 millones de dólares en ingresos y, en el año 2000, las industrias de tecnología espacial obtendrían 125000 millones en utilidades.[233]

Los ingresos de las telecomunicaciones globales, en el año 2025, se estimaron en 1.2 billones de dólares y, en el año 2010, la inversión estadounidense acumulada en el espacio estuvo entre los 500 000 millones y los 600 000 millones de dólares, cifras equiparables al total de las inversiones actuales de los Estados Unidos en Europa.[234] Las compañías recibieron contratos millonarios para construir bases militares en la isla de Kodiac y en Fort Greely, ambas en Alaska, y la creación de fortificaciones destinadas para el almacenamiento de los misiles interceptores. Después de concluidos los trabajos de acondicionamiento, las compañías privadas de las telecomunicaciones montaron los sistemas de detección diseñados para determinar los ataques enemigos. Estas industrias admitieron la misión de elaborar los sensores para el descubrimiento de los misiles lanzados por el enemigo, los aparatos de rayos láser que determinen su trayectoria exacta y la tecnología espacial que completa el sistema antimisil.

Los astilleros de las transnacionales General Dynamics, en Virginia y Litton Industries, en California, obtuvieron cuantiosos beneficios en la construcción de barcos con tecnologías avanzadas y con el funcionamiento de los sistemas

---

233 Véanse datos en ensayo de Michael Krepan, artículo citado.

234 Ibídem.

coheteriles "Aegis". La compañía de aviación Boeing quedó enrolada en el reparto de utilidades, puesto que sus aviones 747 fueron dotados de láseres de alta energía y misiles para el derribo de cohetes enemigos y sus naves en pleno vuelo. La selección de la corporación aérea Boeing, que representó el triunfo de los valores empresariales en el contexto de una gran economía de mercado, simbolizó el tamaño alcance de la estrategia económica y militar estadounidense. La corporación Boeing, fue el principal exportador de los Estados Unidos. Los aviones civiles encabezan las exportaciones industriales de ese país, y la industria del turismo basada en el transporte aéreo genera el 50 por ciento de las ganancias comerciales estadounidenses en servicios. [235]

El Pentágono vendió contratos millonarios a consorcios empresariales que también obtuvieron dividendos con el despliegue del SNDA. Por ejemplo, la corporación Lockheed Martin, que aglutina bajo el nombre de Janus a grandes compañías británicas (Bae Systems) y francesas (Aerospatiale Matra), firmó transacciones de esas compañías con la OTAN, que pudieran considerarse importantes para la consolidación de la presencia de los intereses del Complejo Militar-Industrial estadounidense en el continente europeo.

La construcción de un SNDA representó una revolución de las tecnologías norteamericanas dirigidas a modernizar los radares, satélites, los

---

[235] Véase de Noam Chomsky, ob. cit; p. 41.

rayos láseres, sensores, la aviación y el arma nuclear misilística. Este proyecto fortaleció la economía estadounidense en el sentido de que expandió la infraestructura científica, fueron reestructuradas las funciones de los centros de investigación y estudio, se abrieron nuevas instalaciones con una doble responsabilidad: militar y civil, atendiendo a que las estructuras de producción del Imperio fueron preparadas para el funcionamiento y la interacción de ambas industrias.

Estas condiciones crearon incentivos en la elaboración de sofisticados medios para el estudio del espacio circunsterrestre, sistemas de microondas e ingenios cibernéticos que podrían actuar sin tripulaciones desde el aire, el mar y el espacio. Transportes espaciales mucho más efectivos en sus sistemas de propulsión y permanencia. El desarrollo de las comunicaciones, los satélites, la televisión, la meteorología, la prospección de los recursos energéticos en la tierra, el mar y el espacio; y el desarrollo de medios tecnológicos más avanzados para el espionaje a otras naciones.

La llegada al poder de los Estados Unidos de la clase política y de los sectores económicos del gran capital asociados al Complejo Militar-Industrial, significó un impulso de las posturas militaristas y a la obtención de ganancias por medio de la carrera armamentista espacial, porque ella supuso, en medio de la desaceleración económica de la nación, una oxigenación de las finanzas, un estímulo inmediato de las inversiones, la amortización del golpe que representó para el sistema un elevado desempleo de mano de obra calificada y la utilización de la inflación producida por la inversión armamentista en la obtención de beneficios, a corto plazo, de un consumo estimulado artificialmente por el temor a un generalizado aumento de los precios en los bienes de uso y consumo de la población.

En general, no se entendió bien el hecho de que "para la administración de W. Bush y el Pentágono, también para algunos demócratas, fue más importante la existencia de un programa de "defensa" antimisil que el funcionamiento de los misiles. La estrategia antimisil resultó básicamente un proyecto de investigación de tecnologías civiles, que se acomodó a los intereses de un proyecto militar. Se presentó como una "defensa" ante la amenaza del terrorismo para la única superpotencia, pero, en realidad, justificó el mantenimiento de los altos niveles de gasto del gobierno en investigación y desarrollo aeroespacial y de las tecnologías avanzadas relacionadas con el espacio. [236]

Y esto es así, porque no puede perderse de vista que la tecnología constituyó un factor progresivo del capitalismo en el siglo XX: en la superación de cada modelo económico, en la reconversión productiva y la innovación permanente, para la expansión de los mercados. Las consecuencias de la revolución cibernética o informática han sido tan profundas como en su oportunidad lo

---

[236] Véase de William Pfaff, "La militarización del pensamiento político". El País, Madrid, 16, junio, 2001.

fueron la revolución agraria e industrial.[237] Por ejemplo, si la primera vinculó al hombre a la tierra y la segunda llevó al obrero a las ciudades, la informática e Internet revolucionaron las formas tradicionales de poder económico, político, militar y cultural del capitalismo. Para los Estados Unidos, con estos últimos florecimientos tecnológicos, la eficiencia económica, a toda costa, ayudó a deducir las motivaciones de su gran estrategia, para la consolidación de su poderío militar a corto, mediano y largo plazo.

La búsqueda de la eficiencia tiene en el militarismo aeroespacial una política industrial nacional basada en un sistema centralizado de planificación gubernamental para la asignación de recursos tecnológicos y la financiación estatal del sector privado, condenado por los líderes estadounidenses cuando lo aplica cualquier otro país. Esta inversión en la industria aeroespacial norteamericana hizo que, desde el estallido de la Segunda Guerra Mundial, éste y otros sectores industriales mantuvieran prosperidad, al tiempo que situaron al país en la vanguardia de las tecnologías de punta beneficiosas para la economía.

La gran estrategia norteamericana opera también bajo la cosmovisión de las relaciones de poder internacionales. En el siglo XX, el imperialismo hizo guerras por territorios, ahora se hacen por mercados y recursos naturales, porque

---

237 Véase un análisis de estas revoluciones en la obra de Eric Hobsbawn, Las Revoluciones Burguesas, específicamente el capítulo "Revolución Industrial", Editorial Pueblo y Educación, La Habana, 1977, p. 29.

quien pueda monopolizar las tecnologías de punta no necesita conquistas coloniales. Estamos asistiendo, en el siglo XXI, a una especie de guerra, que se realiza dentro del triángulo de la alta tecnología controlada por una triada de poder mundial constituida por los Estados Unidos, la Unión Europea y Japón.

En torno al poder tecnológico y económico resurge el problema de la lucha de las potencias por su hegemonía. Posiblemente el aspecto más controvertido sea que la dinámica internacional presenta el hecho irrebatible de que la potencia más poderosa del sistema internacional contemporáneo perdió relativa vitalidad y dejó de ser el único centro hegemónico en la economía global. No es un fenómeno inédito la pérdida de hegemonía, desde los Asburgo hasta nuestros días, la incapacidad de las potencias dominantes para respaldar su poderío militar con una economía que lo hiciera posible, dio origen a la decadencia y sucesiva sustitución de los países que habían sido dominantes.[238]

Por eso, la permanente fortaleza económica que requiere el liderazgo estratégico-militar norteamericano, para completar una posición de dominación en todos los órdenes, se buscó, precisamente, en el creciente desarrollo y dependencia de la industria tecnológica-militar. Para encontrar una función estrictamente militar al Complejo Militar-Industrial en la posguerra

[238] Este es el aspecto esencial y controversial de la tesis "declinista" del historiador Paul Kennedy, ob. cit; véase también el artículo de Giovanni Arrigh, "Estados Unidos, la fuerza del declive", La Rivista del Manifesto, Roma, n. 0, noviembre, 1999.

fría, los estadounidenses diseñaron una estrategia que abogó por la necesidad de una protección contra los "Estados villanos" mediante el despliegue de un SNDA, y una desmedida expansión militarista materializada después de los atentados terroristas, el 11 de septiembre del 2001, en las ciudades de Nueva York y Washington, en los Estados Unidos.

La tesis de los "declinistas" se evidenció en la "guerra infinita o ilimitada" del gobierno de los Estados Unidos contra el "terrorismo" y en el aumento de las asignaciones presupuestarias para el Complejo Militar-Industrial[239], lo cual no representó un síntoma de fortaleza, sino más bien de debilidad en un contexto en que la superpotencia estuvo obligada a reaccionar a la crisis de su sistema con agresividad y una exacerbación del uso de la fuerza militar en un planeta que desea controlar sin contar con los suficientes recursos económicos para ese fin. La "guerra contra el terrorismo" se nos presentó infinita, pero los medios económicos que la impulsaron devinieron finitos en una estrategia militar tan abarcadora y extravagante.

La llegada de septiembre del 2008 marcó un

---

239 Solo en el año 2003, las asignaciones ascendieron a 48 000 millones de dólares para un presupuesto de defensa total de 379 000 millones de dólares. Este presupuesto representa seis veces el presupuesto total de Rusia, diez veces los gastos militares de Rusia y China juntos y aproximadamente un 40 % del gasto militar mundial. Mesa Redonda La crisis económica globalizada y los gastos militares, celebrada en ocasión del IV Encuentro Internacional de Economistas sobre Globalización y Problemas del Desarrollo. Palacio de las Convenciones, La Habana, 14, febrero, 2002.

punto de inflexión en el proceso recesivo que se venía desarrollando en los Estados Unidos, desde los años anteriores, pues estalló el sistema financiero y la recesión comenzó a extenderse rápidamente a nivel planetario. El tránsito global hacia la depresión fue admitido a comienzos del año 2009. Se asistió a un encadenamiento mundial de derrumbes productivos y financieros acompañado por una mezcla de pesimismo e impotencia en el más alto nivel de las elites dirigentes ante la probable transformación de la ola depresiva en colapso general.

Las declaraciones de George Soros y Paul Volcker en la Universidad de Columbia, el 21 de febrero del 2009, marcaron una ruptura radical, muy superior de la que había establecido Alan Greenspan, cuando anunció la posibilidad de que los Estados Unidos entrarían en recesión. Volcker admitió que esta crisis era muy superior a la del año 1929, eso significó que la misma carecía de referencias en la historia del capitalismo, porque la del año 1929, y la depresión que le siguió están asociadas a la utilización exitosa de los instrumentos Keynesianos, a la intervención masiva del Estado, como salvador supremo del capitalismo, y lo que ocurrió, desde el año 2008, es la más completa ineficacia de los Estados de las potencias capitalistas para superar la crisis.

Las declaraciones de Soros y volcker fueron realizadas unos pocos días antes de que el gobierno estadounidense diera a conocer las cifras oficiales definitivas de la caída del Producto Interno Bruto (PIB), en el último trimestre del año 2008, con respecto a igual período del año 2007, con una contracción de 6,2 por ciento, lo que significó un momento de depresión, más que de recesión.

A ese desenlace contribuyó la impotencia comprobada de los supuestos "factores de control" del sistema: gobiernos, bancos centrales, FMI y la rigidez política del Imperio, por ejemplo con su sobredimensionamiento militarista, preservando así el poder del Complejo Militar-Industrial, gigante parasitario cuyos gastos reales actuales equivale al 80 por ciento del déficit fiscal de los Estados Unidos. Las guerras del Imperio contribuyeron a la debilidad macroeconómica, exacerbando su déficit y su endeudamiento, pero enriquecieron a las empresas del Complejo Militar-Industrial, como Halliburton, Bae Systems, Lockheed Martin y Oshkosh Defense.[240]

Todo esto reveló que la economía de los Estados Unidos se mantuvo a flote por medios artificiales. Décadas de constante recuperación de la economía capitalista a través del estímulo del gasto de la guerra, creó una adicción al militarismo que las corporaciones no pudieron prescindir. Pero ya no es lo suficientemente grande para resolver el problema del exceso de producción capitalista. Incluso 600 a 700 millones de dólares al año en gasto militar ya no puede reactivar la economía capitalista o generar prosperidad. Sin embargo, las empresas estadounidenses no pueden prescindir de los altos presupuestos militares.

---

240 Véase de François Roche, «Guerres, déficits, croissance: 10 ans qui ont changé l'amérique. La Tribune, Paris, 9 septembre 2011, p.2

El presupuesto militar creció tanto en los Estados Unidos que amenazó con aplastar y devorar a todos los fondos sociales. La infraestructura de puentes, carreteras, presas, canales y túneles, se está desintegrando. El desempleo es oficialmente un 10 por ciento, y en realidad es el doble. Catorce millones de niños viven por debajo del nivel de pobreza. Todo esto indica que los Estados Unidos es una potencia en decadencia y que el sistema internacional continuó en una peligrosa fase de incontrolabilidad e inseguridad, lo que es consecuencia del permanente estado de la economía de guerra impuesta al mundo.[241]

Esta crisis económica generó, al interior de los Estados Unidos, una situación de descontento que condujo a un amplio movimiento social denominado Ocupa Wall Street (Occupy Wall Street) que, desde el mes de septiembre del 2011, escenificó protestas en decenas de ciudades. Este movimiento fue iniciado por un pequeño grupo de jóvenes de clase media, blancos en su mayoría, de las mejores universidades, que exigieron a los bancos la condonación de las deudas estudiantiles y universitarias. Criticaron el aumento de las deportaciones de los inmigrantes bajo la administración de Barack Obama, el incremento del desempleo entre los afrodescendientes y de la población carcelaria, en su gran mayoría compuesta por negros.

El movimiento Ocupa Wall Street reflejó la grave crisis económica y social de la sociedad

---

241 Véase de Sara Flounders, "El presupuesto del Pentágono: cada vez más grande y cada vez mayor", CEPRID, Madrid, 23 de noviembre de 2009.

norteamericana. Se convirtió en el vehículo de expresión del 99 por ciento de la población: los pobres, los desempleados, los indígenas, los afrodescedientes, los jóvenes sin oportunidades, las mujeres, los ancianos; todos excluidos por el sistema capitalista. El movimiento fue ampliamente reprimido, porque representó una nueva expresión de la resistencia a las políticas económicas neoliberales y a la degradación económica de los Estados Unidos, que no pudo ser evitada por la militarización de la economía, el despliegue del sistema antimisil y las nuevas guerras de la administración Obama y sus aliados europeos.

3.5. La viabilidad científica y tecnológica de la "defensa" antimisil

La viabilidad tecnológica del SNDA levantó sospechas en la comunidad científica estadounidense. Como en los tiempos de la "Guerra de las Galaxias" propugnada por Reagan, existieron dudas sobre la efectividad de una "defensa" antimisil que protegiera el territorio de los Estados Unidos de las supuestas amenazas provenientes del exterior.

Ni los políticos, ni los científicos estuvieron convencidos de que el sistema fuese fiable en un 100 por ciento. En el mejor de los casos, consideraron que su fiabilidad podía llegar a un 90 por ciento, lo que significó que el 10 por ciento de los misiles balísticos lanzados por el adversario pasarían a través de la "defensa" antimisil y provocaría incalculables daños. Para que un sistema de "defensa" antimisil tenga viabilidad "no debe ser vulnerable a un primer ataque, no debe ser tan costoso que fácilmente pueda ser superado con unos incrementos relativamente baratos en la capacidad ofensiva del adversario."[242] Y estos elementos todavía no parecían bien definidos o demostrables en la estrategia antimisil del Pentágono.

El proyecto, que en teoría constaría de bases

[242] Alun Chalfont, ob. cit

terrestres, en el mar y el espacio con la misión de destruir en pleno vuelo los cohetes lanzados desde países con un marcado sentimiento antinorteamericano y supuestamente decididos a un ataque terrorista sorpresivo, atravesó diferentes irregularidades y errores que suscitaron en sectores políticos y militares estadounidenses mucha desconfianza en su posibilidad de despliegue.

Algunos congresistas criticaron la estrategia antimisil por su probable ineficacia y el temor de que el costo final fuese mayor al anunciado. El Senado derrotó por 52 votos contra 48, en el mes de julio del 2000, una propuesta que contenía la realización de nuevas pruebas del sistema antimisil antes que el presidente William Clinton decidiese poner en práctica el programa. La cerrada votación reflejó las diferencias de criterios entre los legisladores sobre el momento adecuado para ordenar la instalación total del sistema antimisil, que tendría un costo cercano a los 80 o 60000 millones de dólares.

Por su parte, la Oficina General de Contabilidad (OGC), una entidad vinculada al Congreso, elaboró un informe que cuestionó algunos de los principios básicos del proyecto:

- Cuestionaron el argumento de las amenazas de ataques con misiles balísticos por parte de grupos terroristas o países considerados pocos confiables por el gobierno estadounidense: Corea del Norte, Iraq o Irán.

- Las previsiones del espionaje estadounidense

acerca de esa capacidad fueron consideradas poco fiables, porque el proyecto previó una defensa contra misiles sencillos, pero no hubo un convencimiento de que podría evitar un ataque misilístico sofisticado que incluyera señuelos electrónicos.[243]

Para un grupo de científicos estadounidenses opuestos a la construcción del SNDA, los misiles del sistema no tenían la capacidad de distinguir entre las verdaderas ojivas en vuelo y los señuelos que el enemigo podría utilizar para confundir y anular cualquier tipo de sistema antimisil. La información divulgada por el propio Pentágono reconoció que los ensayos realizados hasta el año 2001 incluyeron un sistema sencillo de diferenciación entre misiles atacantes y señuelos, por lo que los especialistas militares consideraron que el sistema antimisil tendría que evolucionar y perfeccionarse en su futura etapa de construcción.

Sobre este último punto de vista, la OGC igualmente mostró preocupación, ya que esa concepción de despliegue de un sistema antimisil previó instalar cien misiles interceptores en Alaska, para el año 2007, de los cuales 20 estuvieron listos en el año 2005, lo que hizo apresurar el trabajo de los técnicos hasta el punto de llegar al límite de su capacidad tecnológica. Cada mes de

243 Parte del contenido del informe de la Oficina General de Contabilidad (OGC) fue trascendido a la prensa, EFE tituló su despacho: "Expertos del Congreso de los Estados Unidos critican el plan de defensa antimisiles". Serie de EFE 407, Washington, 17, junio, 2000.

demora supuso añadir unos 124 millones de dólares a la inicial factura de 60000 millones. Además, fueron invertidos, desde el año 1997, unos 25000 millones de dólares, y se pronosticó que los contribuyentes desembolsarían 30000 millones más durante los próximos diez años.[244]

Estas cifras demostraron el alto costo de la iniciativa cuando la economía entró en una etapa de desaceleración económica y los ingresos de quienes aportaban al tesoro estadounidense se vieron muy afectados. De acuerdo con lo antes expuesto, puede resumirse que el plan del Pentágono, en relación con el despliegue del sistema antimisil, demoró algunos años en concretarse debido a las siguientes razones: su alto costo económico, la naturaleza imprecisa de sus componentes tecnológicos y porque cualquier país podía desarrollar misiles balísticos de largo alcance portadores de ojivas nucleares, químicas o biológicas, con el fin de tomar medidas militares que anulen el funcionamiento del pretendido sistema de "defensa" antimisil.

La Agencia Central de Inteligencia (CIA) figuró entre las instituciones alarmadas respecto a la inefectividad del sistema antimisil cuando, en un informe avalado por el poder ejecutivo, "previno que el desarrollo del sistema podría causar una superproducción de misiles nucleares estratégicos y de mediano alcance, comenzando por China y extendiéndose a la India o Paquistán en una reacción en cadena, que llegaría hasta la región del Medio Oriente. Además de

244 Ibídem.

afirmar que el Pentágono deseó ocultar un fracaso de su estrategia, porque los misiles todavía seguían sin distinguir entre las verdaderas ojivas en vuelo y los señuelos que el enemigo utilizaría para confundir y anular el sistema antimisil".[245]

Sin embargo, lo que suscitó la preocupación de la CIA no solo fueron los problemas técnicos, cuya solución pudiera estar en las investigaciones y nuevos avances tecnológicos, sino el impacto internacional que el despliegue del SNDA tendría para la política exterior norteamericana. En especial en sus relaciones con China y Rusia, dos potencias opuestas a la estrategia antimisil y rivales en el orden estratégico-militar de los Estados Unidos. Para los analistas de la CIA, China y Rusia respondieron con la ampliación de sus armamentos ofensivos, lo cual estimuló la adopción de iguales precauciones por la India contra el poderío de China y Paquistán. Este último también sintió la obligación de protegerse de la India, en previsión de un repunte de la histórica relación conflictual con su vecino más cercano. O sea, otra escalada armamentista que traería nuevos desafíos a la política exterior estadounidense en el campo de la seguridad internacional.

Una posible solución a la repulsión de algunos Estados nucleares al despliegue del SNDA, según los estrategas estadounidenses, sería la construcción de sistemas antimisiles de menos

---

[245] El documento de referencia fue citado y comentado por la prensa. Véase en: "La CIA desaconseja sistema antimisil". IPS, Washington, 12, junio, 2000.

alcance o tamaño para campos de operaciones específicas (Sistemas de Defensa Antimisiles de Teatro, SDAT), los cuales no "inquietaría" a otros gobiernos ni pondría en "crisis" la estructura internacional del sistema de control de armamentos. [246]

Independientemente de la incertidumbre que produjo en determinados círculos de poder la viabilidad del sistema antimisil, el resultado de los tres primeros ensayos realizados –se fijó un calendario de 19 ensayos por el Pentágono– cuestionaron la efectividad del proyecto. El fracaso de la tercera prueba, en el mes de julio del 2000, después de una segunda fallida en enero y de una primera exitosa en el mes de octubre del 1999,[247] reforzó las posiciones de quienes en los Estados Unidos, y en el exterior, se opusieron al proyecto militarista del Pentágono.

En la tercera prueba, para la construcción del sistema antimisil, se registraron fallas más graves que las encontradas en el segundo. En el experimento, ejecutado entre la noche del viernes 7 de julio y la madrugada del sábado 8, un misil interceptor lanzado desde el Océano Pacífico erró en alcanzar otro misil sin carga explosiva que, disparado desde la base aérea de Vandenberg en el Estado de California, sirvió de blanco.

---

[246] Véase de John Newhouse, artículo citado.

[247] Con el éxito de la primera prueba, los estrategas militares norteamericanos anunciaron que el sistema podría estar funcionando en el año 2005, véase de Richard J. Newman, "Why missile politics is taking a right turn". U.S. News & World Report, Washington, v. 127, n.15, october 18, 1999, p.30.

Pero, pese al lanzamiento del blanco y 21 minutos después del misil interceptor, la cabeza explosiva no pudo ser separada del cohete impulsor. Los problemas con la batería del cohete portador del proyectil, enviado por el supuesto enemigo, generaron un retraso de dos horas para el lanzamiento y la posibilidad de despliegue de un globo que serviría de señuelo para desorientar a la "defensa" antimisil.

Finalmente, el misil comenzó a desviarse de su curso y fue incapaz de cumplir con la misión de destruir en el aire al misil "intruso". Se suponía que una red de satélites de advertencia, radares de tierra y de alta frecuencia guiarían al interceptor a una colisión con el blanco a una velocidad de 24000 Km por hora, pero el fracaso se produjo cuando el misil interceptor se lanzó al espacio.

El Pentágono sostuvo que el misil perdió el rumbo después de describir sin inconvenientes su primera y segunda etapas de vuelo. La falla se produjo cuando el módulo impulsor inició un movimiento destinado a disminuir el exceso de energía con el que volaba. El problema de mayor incidencia en el fracaso de la prueba estuvo en que la ojiva, programada para desprenderse cuando se agota el combustible de la lanzadera, no consiguió separarse del cohete impulsor, y el mensaje de que esto ya había ocurrido nunca le llegó.[248]

---

248 La prensa estadounidense reflejó los errores del ensayo, véase, por ejemplo, "Los Estados Unidos admitieron que hubo fallas graves en prueba antimisil". Los Angeles Times, Los Angeles, 10, julio, 2000, p. 3.

Para los estrategas militares, el problema del cohete había sido la utilización de un modelo antiguo, que en las futuras pruebas sería reemplazado por otro más avanzado. El fracaso de la prueba intensificó los reclamos a favor de postergar el despliegue de un sistema que no funciona bien. Los expertos admitieron que el "error táctico tenía incidencias estratégicas, pues al no interceptar el objetivo, la confianza en el sistema antimisil bajó."[249] El resultado del ensayo desilusionó a quienes conocieron que la inutilidad de la prueba tuvo lugar cuando el misil interceptor poseía todos los detalles del proyectil "enemigo": la trayectoria, el momento de su lanzamiento, su velocidad, las características y los datos que ignoraría en un ataque real.

La tercera prueba del armamento antimisil avivó las críticas de sus oponentes. Rusia expuso que con la actual tecnología ningún "sistema de defensa" podría garantizar la salvaguardia del territorio de los Estados Unidos de un ataque masivo de armas atómicas, y que el intento de crear su propio sistema antimisil constituirá un gasto económico innecesario. Para Rusia, la idea de los Estados Unidos de crear un sistema de "defensa" antimisil estaba viciada, porque ese sistema tenía defectos en su concepción y desde

[249] El fracasado ensayo tuvo un costo de 100 millones de dólares. Tomado del despacho de prensa "Segundo fracaso de Clinton en planes militaristas". PL, Washington, serie 0563, 8, julio, 2000.

el punto de vista técnico.[250]

En la sociedad estadounidense sectores de la opinión pública manifestaron su desacuerdo con el despliegue del sistema antimisil. La organización ecologista internacional "Greenpeace", defensora de los derechos a un medio ambiente sano, solicitó al gobierno el abandono del proyecto de "defensa" antimisil tras el fracaso de la tercera prueba. Para este actor internacional no estatal, la deforestación de grandes extensiones de tierra en Alaska, para levantar allí un centro de ensayo del sistema antimisil e instalar los equipos terrestres de interceptación de proyectiles balísticos, traería graves daños al medio ambiente global. El naufragio de los planes guerreristas estadounidenses recorrió el mundo, despertaron un rápido pronunciamiento antibélico en Europa y Asia, e influyeron para que, antes de la culminación de su mandato, el presidente William Clinton pospusiera el montaje del programa de "defensa" antimisil.

El 1 de septiembre del 2000, cuatro meses y medio antes de concluir su último período presidencial, William Clinton renunció a la potestad presidencial de decidir la construcción del SNDA, en la isla de Shemya, Alaska. El tiempo corría en contra del proyecto porque, con el propósito de tener listo el sistema antimisil, los militares deseaban comenzar las obras de la estación radar en la primavera del año 2001, una vez

[250] Las declaraciones de Rusia tuvieron amplia repercusión de prensa. "Critica Rusia los ensayos con cohetes antimisiles de los Estados Unidos". Notimex, Moscú, serie 0453, 8, julio, 2000.

finalizado el invierno en Alaska. La decisión del presidente Clinton aplazó, al menos un año, la construcción del sistema antimisil, cuyos ensayos había autorizado en la fase final de su presidencia.

Es muy probable que Clinton meditara sobre las consecuencias negativas que traería el despliegue del sistema en las relaciones de los Estados Unidos con otros centros de poder mundial, en particular, con China y Rusia. En un discurso pronunciado en la Universidad de Georgetown, en Washington, el presidente Clinton defendió la idea del SNDA, como un instrumento para proteger a los norteamericanos de ataques con proyectiles de largo alcance disparados por los Estados "hostiles o grupos terroristas", y recordó la realización de tres ensayos (el primero con éxito y dos fracasados) de lanzamiento del cohete de interceptación. Las fuerzas armadas de los Estados Unidos seguirían autorizadas a efectuar otras 16 pruebas semejantes, pero la construcción de la estación radar quedó postergada. El sistema diseñado para "proteger" el territorio estadounidense de un ataque misilístico pareció, en teoría, técnicamente posible, pero los científicos norteamericanos no tuvieron suficiente confianza en la tecnología disponible para seguir adelante con la instalación del sistema.

Para los detractores de un sistema con base en tierra, los ensayos fueron pocos creíbles porque no indagaron si este podía distinguir entre ojivas verdaderas y los señuelos que se producirían a bajo costo y con gran facilidad por los posibles adversarios de los Estados Unidos. Sin embargo, más allá de los aspectos tecnológicos, existieron cinco factores que gravitaron en la posición del presidente Clinton sobre el despliegue del sistema antimisil, los cuales, sin pretender un orden de prioridad, podrían relacionarse de la manera siguiente:

- El acercamiento sin precedentes entre Corea del Norte y Corea del Sur debilitó los argumentos sobre el "Estado villano", y redujo la propaganda de un posible ataque misilístico norcoreano a los Estados Unidos.

- Las consecuencias que, para la política exterior estadounidense, tuvo la reacción de Rusia, China y sus aliados europeos miembros de la OTAN.

- Las divisiones en el Congreso sobre la urgencia del sistema antimisil, el costo financiero y su factibilidad técnica, así como las protestas de diversos sectores de la opinión pública en los Estados Unidos.

- Las advertencias de los técnicos sobre la necesidad de nuevos desarrollos tecnológicos, para crear sistemas fiables de neutralización de los señuelos electrónicos rivales.

- Paradójicamente, el impacto de la decisión en los temas de seguridad internacional. Su repercusión para futuros procesos de control y reducción de las armas estratégicas.

La postura de Clinton tuvo una favorable acogida en Europa y Asia, "mostrando" cierto sentido común en vísperas de las elecciones presidenciales. Para el gobierno ruso y chino, el presidente Clinton había tomado una constructiva decisión y apostaron por el establecimiento de un enfoque equilibrado en la solución de los problemas internacionales, en especial, los asociados con la seguridad y la paz mundial.

A partir de entonces, recayó en las siguientes administraciones la responsabilidad histórica de desplegar esta versión de la "Guerra de las Galaxias". George W. Bush, que ya se consideraba el ganador de las elecciones nacionales, prometió que "una vez en el poder ampliaría el sistema antimisil con base en tierra, agregándole interceptores en el mar y en el espacio" cósmico,[251] para conformar un proyecto similar al programa de la IDE. El cuarto ensayo del sistema antimisil, el primero bajo la presidencia de George W. Bush, confirmó su promesa electoral. Los estrategas militares de la administración lograron, por segunda ocasión, su objetivo: el 15 de julio del 2001, el cohete de interceptación lanzado desde el atolón de Kwajelein, Islas Marshall, alcanzó en pleno vuelo al supuesto misil balístico atacante disparado, 31 minutos antes, desde la base aérea de Vandenberg, en el Estado de California.

Los instrumentos de seguimiento confirmaron que el vehículo "matador" alcanzó fuera de la at-

[251] Jim Lobe, comentario citado.

mósfera terrestre, a una altura de 225 kilómetros sobre el Océano Pacífico, al misil balístico Minuteman-II, disparado supuestamente desde el exterior. En esta ocasión, el vehículo "matador" no se dejó desorientar por un señuelo interpuesto con temperatura similar a la del Minuteman-II que acompañó, a cierta distancia, al presunto misil atacante, haciendo caso omiso de este señuelo, el vehículo matador se dirigió directo a batir el objetivo.

En lo político y militar, este fue el primer triunfo de W. Bush, para desplegar el sistema antimisil. Desde ese instante de realización guerrerista, el equipo de W. Bush asumió una posición unilateralista y prometió abandonar el Tratado ABM, como una vía para concretar sus planes militaristas referidos a la interceptación de los cohetes enemigos mediante misiles con base en tierra, y también otros componentes del mismo situados en aviones Boeing 747, dotados de rayos láser y en buques con sistemas de detección e interceptación Aegis, que dejaron abierta las posibilidades de incorporar acciones militares en el espacio.

El Complejo Militar-Industrial continuó con el cronograma de nuevas pruebas para la construcción del sistema de "defensa" antimisil antes del año 2005, aunque fuese en una versión rudimentaria. Los estrategas militares, en consonancia con los intereses geoestratégicos y económicos de la superpotencia, siguieron insistiendo en la viabilidad política y tecnológica del programa.

W. Bush extendió el programa antimisil, pero el desafío tecnológico que entrañó el despliegue de una "defensa antimisil" permaneció vigente, porque el funcionamiento de ese sistema es solo comparable técnicamente a la proeza de alcanzar un proyectil convencional con otro proyectil. Las pruebas posteriores del sistema lo reafirmaron. Cada una de ellas fue más compleja e incluyeron más señuelos. Sin embargo, esta estrategia sigue teniendo un carácter incierto atendiendo a que el Pentágono todavía investiga las tecnologías necesarias;[252]y la acción asimétrica de las potencias rivales podría anularlo y convertirlo en un simple mecanismo de presión política y amenaza militar sobre los Estados más débiles en el sistema internacional.

Lo dicho hasta aquí fueron también argumentos válidos para la administración de Barack Obama. El costo de ensayar un misil estadounidense de ataque global llegó a 500 millones de dólares. El gobierno de Obama solicitó 239 900 millones de dólares para la investigación y desarrollo de un ataque global inmediato en el año fiscal 2011. Si los niveles de financiamiento se mantienen, como fueron anticipados para los próximos años, el Pentágono habrá gastado más de 200 000 millones de dólares en un ataque global inmediato para fines del año 2015.

---

[252] Es innegable que la tecnología está más avanzada que en la época de la IDE o "Guerra de las Galaxias" para enfrentar los requerimientos técnicos de una "defensa" antimisil, pero existen dudas sobre la posibilidad real de despliegue de un sistema amplio con bases en el espacio, el aire, la tierra y el mar. El despliegue del sistema deberá comenzar por la fase menos compleja: las "defensas" con bases terrestres. Para esta primera fase los Estados Unidos cuentan con las tecnologías, véase de John Newhouse y Michael Krepan, artículos citados.

Desde esa perspectiva, el sistema antimisil, como dijo el Vicepresidente estadounidense Joseph Byden, en Ginebra, a principios del mes de febrero del 2009, aunque se analizará su viabilidad y efectividad, y se someterá a consultas con la Unión Europea y Rusia, de todos modos se va a instalar.

3.6. Las posiciones de Rusia y Europa

El sistema de "defensa" antimisil, que el presidente William Clinton pretendió desarrollar durante su última etapa en la Casa Blanca, y el republicano George W. Bush decidió posteriormente desplegar, contribuyó a reactivar las contradicciones existentes entre los principales centros de poder internacional. Las relaciones de la superpotencia con Rusia se enrarecieron, rememorando el período de la confrontación Este-Oeste, y algunos países de su aliada Unión Europea manifestaron sus discrepancias respecto a la política de seguridad promovida desde la capital del Imperio. En este epígrafe veremos las posiciones asumidas por Rusia y Europa.[253]

Rusia:

Tras la desintegración de la URSS,[254] el gobierno norteamericano se expandió en el carril

---

[253] Europa y no la Unión Europea, porque ésta no tiene una posición común en política exterior y defensa, para enfrentar desafíos en materia de seguridad global, como ha sido el despliegue del SNDA estadounidense.

[254] La desaparición de la URSS creó oportunidades para la política exterior norteamericana, sin embargo, también desafíos, pues sin la "amenaza soviética" fue difícil para los Estados Unidos definir su "interés nacional", según reconocieron las propias autoridades del Imperio, véase de Condoleezza Rice, artículo citado.

del hegemonismo mundial. Sin su tradicional rival en el sistema internacional, y después de resultar la única superpotencia mundial, los Estados Unidos optaron por lograr una incondicional supremacía estratégica-militar a través del despliegue de un Sistema Nacional de Defensa Antimisil (SNDA).

Entre los años 1999 y 2001, los dirigentes rusos extendieron una campaña diplomática internacional contra la "defensa" antimisil estadounidense, y defendieron la tesis de que la consecuencia inmediata del despliegue de ese proyecto sería una nueva carrera armamentista a escala global, por el simple hecho de que traería aparejado la violación y renuncia al Tratado ABM de 1972.

Para los políticos y militares rusos, el Tratado ABM representaba la piedra angular del sistema de seguridad y estabilidad internacional, aunque se refiriera solamente a los Estados Unidos y a la desaparecida URSS (Rusia). Además, las partes habían aceptado que por muy eficaz que fuese el "primer golpe" nuclear siempre el país atacado tendría capacidad suficiente para destruir al agresor. Así habíamos visto, en anteriores capítulos, que el Tratado ABM refrendó el "equilibrio del terror", la doctrina de la "Destrucción Mutua Asegurada" (DMA).

El proyecto del presidente Clinton de dotar a su país de un sistema antimisil enfrentó las posiciones contrarias de Rusia y, al inicio, abrió fuertes contradicciones entre Moscú y Washington. Para los estrategas rusos, el SNDA está en contra de la concepción de "Vulnerabilidad Positiva": un principio que durante treinta años constituyó la regla de oro de sus relaciones estratégicas con los Estados Unidos, refrendada en el Tratado ABM. Este principio basado en el fundamento de que para frenar la carrera de armas estratégicas debía limitarse primeramente las armas defensivas destinadas a interceptarlas, sirvió de lógica, a pesar de su carácter contradictorio, a la doctrina de la "disuasión nuclear".

La iniciativa de Clinton trató de ser una excepción de esta regla y supuso, por consiguiente, una revisión del Tratado ABM. Pero, por más que los norteamericanos validaron que el SNDA era un proyecto limitado, que no se trataba de ir en contra de los armamentos estratégicos rusos, sino solamente de los limitados misiles coreanos, iraquíes o iraníes, Rusia refutó en reiteradas ocasiones esos argumentos porque consideró que el despliegue del sistema antimisil, perjudica significativamente la seguridad internacional y modificaría el equilibrio de poder en el escenario internacional. Es en sí mismo una gran amenaza para la paz mundial".[255]

Como parte de una dinámica actividad de política exterior dirigida a proteger los intereses na-

---

[255] Comentario del presidente de Rusia, Vladimir Putin, durante un encuentro con el primer ministro de Canadá, Jean Chretien, uno de los líderes occidentales que, a fines del año 2000, objetó el sistema antimisil de los Estados Unidos, tomado del artículo de Tom Cohen "Canadá y Rusia instan a mantener la estabilidad en cuanto a misiles nucleares". AP, Ottawa, 18, diciembre, 2000.

cionales del país eurasiático y reconstruir los antiguos aliados de Moscú en Asia, el presidente ruso Vladimir Putin inició, en el mes de julio del 2000, un acercamiento a Corea del Norte, que deterioró la consistencia de la tesis estadounidense sobre la amenaza norcoreana con la disposición del país asiático de congelar el programa misilístico nuclear. En consecuencia, el presidente William Clinton, quien pretendió anunciar en Okinawa durante la cumbre del Grupo de los países más industrializados del mundo (G-8), la puesta en práctica del programa del SNDA, estuvo obligado a abandonar su intención y silenciar el tema en la reunión de las naciones más poderosas del sistema internacional.

Un año después, en el mes de agosto del 2001, Rusia y Corea del Norte, en ocasión de la visita del presidente Kim Jong-Il a la Federación de Rusia, acordaron promover y alentar las relaciones de amistad y colaboración. El desarrollo de las relaciones ruso-norcoreanas representó, en ese instante, un golpe a la política justificativa norteamericana para desplegar el SNDA. Por segunda ocasión, Corea del Norte declaró que su programa misilístico tenía un carácter pacífico y no constituía amenaza alguna para cualquier país. Y confirmó la moratoria en los ensayos de misiles hasta el año 2003, además de ratificar en el Tratado ABM el núcleo de la estabilidad mundial y de la reducción de las armas estratégicas ofensivas.

Posteriormente, las estancias del presidente ruso, Vladimir Putin, en China y la India contribuyeron no solo a reactivar la cooperación económica de Rusia con estos países, sino también confirmaron la identidad de sus posturas internacionales hacia la creación de un sistema internacional multipolar, la seguridad global y el no empleo de la fuerza en la solución de los conflictos regionales. Las giras asiáticas de Putin develaron el interés común de Rusia, China y la India de buscar nuevas formas de colaboración frente al hegemonismo unipolar de los Estados Unidos.

En el mes de julio del 2000, Rusia y China anunciaron el establecimiento de una asociación estratégica hacia el siglo XXI. Esta idea, que había sido una iniciativa del presidente ruso Boris Yeltsin, desde el año 1996, había estado estancada a causa de las diferencias ideológicas y geoestratégicas entre ambas potencias. Las cuestiones de mayor peso en el mejoramiento de las posiciones hacia el logro de una asociación estratégica, se hallaron en los pasos estadounidenses para desplegar el SNDA y la extensión de un tipo de sistema similar a la región asiática, denominado Sistema de Defensa Antimisil de Teatro (SDAT).

Sobre esos sistemas antimisiles, Rusia y China coincidieron en su peligrosidad para la estabilidad y la paz en el mundo, en que la implantación de esas "defensas" constituye una violación de importantes acuerdos internacionales reconocidos por todos los Estados, sus efectos más inmediatos e imprevisibles causarían la alteración del equilibrio de fuerzas internacionales y la destrucción de los esfuerzos de diversos Estados contra la no-proliferación nuclear. Para estos actores internacionales con la desaparición de las limitaciones que establece el Tratado ABM, los planes estadounidenses estimularían una apresurada carrera armamentista en el espacio cósmico.

Esta convergencia de criterios, entre el país más extenso y el más poblado del planeta, estuvo unida por el rechazo frontal a la hegemonía estadounidense y la defensa de un sistema internacional multipolar. El Tratado de Buena Vecindad, Amistad y Cooperación suscrito, el 16 de julio del 2001, en el contexto de la visita oficial a la Federación de Rusia del presidente de China, Jiang Zemin, refrendó, para un período de veinte años, la asociación estratégica esbozada un año antes, resumió las guías y principios más importantes para el desarrollo de las relaciones ruso-chinas en el siglo XXI, y estrechó el proceso de acercamiento bilateral impulsado desde los años 90´ del siglo XX.

Los cinco aspectos esenciales del acuerdo recogieron las garantías recíprocas para no utilizar la fuerza y resolver sus diferendos exclusivamente a través de medios pacíficos; apoyo mutuo en el interés reciproco de proteger la integridad territorial; respeto al status quo de las fronteras comunes y el compromiso de avanzar en las negociaciones para desmilitarizarlas; apoyo al equilibrio estratégico mundial, el compromiso a favorecer el desarme y desarrollar la cooperación en el campo económico-comercial. Otros aspectos contenidos en el Tratado mencionan el fortalecimiento de la coordinación entre la ONU, el Consejo de Seguridad y sus agencias especializadas, con el fin de alentar las funciones fundamentales de las Naciones Unidas en la solución de los problemas internacionales, particularmente, los referidos a la paz y el desarrollo.[256]

En el encuentro, los líderes de Rusia y China mostraron preocupación por los designios estadounidenses de desplegar unilateralmente el SNDA, pero la aproximación de las dos potencias en modo alguno representó una alianza para enfrentar al bloque occidental al estilo de la época de la "guerra fría", a pesar del establecimiento del inicio de la cooperación técnica y militar entre las dos naciones.[257]

Las posturas de Rusia y China también tomaron causa común en el tratamiento de los problemas de carácter regional. Ambas potencias se propusieron por trabajar en el desarrollo de la cooperación bilateral en el marco del Foro de Shanghai, integrado además por cuatro Estados de Asia Central, ex repúblicas federadas soviéticas. Estos países habían estado interesados en fortalecer su seguridad y la estabilidad internacional por medio de la conservación del Tratado ABM, la oposición a la estrategia estadounidense de crear una "defensa" antimisil y la ins-

---

[256] Véase "Declaración conjunta de los Jefes de los Estados de Rusia y China en Moscú". Press Release. Embajada de la Federación de Rusia, La Habana, n. 44, 23, julio, 2001.

[257] Gueorguiy Kunadze, "La asociación estratégica entre Moscú y Pekín queda refrendada en el Tratado". Ria Novosti, Moscú, 18, julio, 2001.

tauración de un régimen de no-proliferación nuclear para todos los Estados.[258]

La política exterior rusa, en su enfrentamiento al despliegue del SNDA, pretendió dar una dimensión internacional al tema de la violación del Tratado ABM. A excepción de los Estados Unidos, las posiciones de Moscú fueron valoradas por las principales potencias. Los aliados europeos comprendieron la peligrosidad de los planes misilísticos y expresaron su repulsa al unilateralismo estadounidense.

El presidente ruso utilizó con habilidad el tema del sistema antimisil norteamericano en su diálogo con los líderes de Alemania y Francia, y estableció una tendencia positiva en el desarrollo de las relaciones de estas potencias europeas con Rusia. Como resultado, la dirigencia de la Unión Europea reconoció la imposibilidad de resolver los graves problemas del continente y de la humanidad si occidente ignoraba la existencia de Rusia.

Las relaciones ruso-norteamericanas, en el área estratégica y de la seguridad internacional, se sometieron a prueba en el bienio 2000-2001. Después de las contradicciones prevaleció el sentido común: el presidente William Clinton pospuso la decisión de desplegar el SNDA y preservó el respeto por lo estipulado en el Tratado ABM. Y, aunque Moscú "coincidió" con el punto

---

[258] El Foro de Shanghái quedó constituido en China en junio del 2001, con la firma de una declaración por los presidentes de Rusia, China, Kazajstán, Kirguizia, Tadzhikistán y Uzbekistán. Esta nueva organización se propuso tener una determinante influencia en el fortalecimiento de la paz y la seguridad en Asia.

de vista de los Estados Unidos, sobre la existencia de "nuevas" amenazas a la seguridad internacional, también enfatizó su voluntad de dialogar con los norteamericanos a fin de observar otras alternativas al proyecto antimisil.

La dirigencia rusa mostró posiciones más definidas y consecuentes hacia las relaciones ruso-norteamericanas, pues Rusia defendió la necesidad de establecer un diálogo constructivo y relaciones normales con los Estados Unidos que favorecieran la estabilidad global, sin el ofrecimiento de concesiones de principio en cuestiones concernientes a sus intereses de seguridad nacional. Sin embargo, las relaciones bilaterales dependieron más de los Estados Unidos que de Rusia, porque la política exterior de esta última reaccionó con lentitud a las iniciativas militaristas generadas por la administración norteamericana.

En términos prácticos, Rusia no se encontraba en posibilidades militares ni en condiciones económicas para una respuesta similar a los Estados Unidos mediante la construcción de un sistema antimisil, tampoco podía involucrarse en una carrera armamentista espacial, aunque ese fuese el propósito de los estrategas estadounidenses para evitar una recuperación económica de la otrora superpotencia eurasiática. Para ilustrarlo, es importante considerar algunos datos: el Producto Interno Bruto (PIB) ruso era solo comparable, en el año 2000, con el de Portugal, el presupuesto de $39,000 millones de dólares planificado, para el año 2001, fue inferior al del Estado norteamericano de Texas, y el gasto militar previsto para ese año fue de $7,000 millones de dólares frente a los $312,000 millones de los Estados Unidos.[259]

Por su débil situación interna, en el año 2000, se pensó que Rusia podría tardar unos 15 años en alcanzar el estándar económico de países europeos menos adelantados como Portugal y España. La dirigencia rusa encabezada por Vladimir Putin heredó un país desorganizado: con un 40 por ciento de su población en los límites de la pobreza, una industria desarticulada, salvo algunos sectores que son responsables del 70 por ciento de las exportaciones, una disminución general del consumo y un nivel de salarios reales inferior en un 30 por ciento a los existentes en años anteriores. Por otra parte, las fugas de capital extenuaron a la economía. Entre los años 1998 y 1999 salieron de Rusia unos $40 mil millones de dólares.[260]

Los datos explican que con el abandono del Tratado ABM y el despliegue del SNDA por los Estados Unidos, el gobierno ruso no podía responder al mantenimiento de un equilibrio estratégico mundial, porque careció de una economía que respaldara una activa proyección de medidas militares y en materia de política exterior. Con la posición unilateral norteamericana en el plano estratégico-militar y el paso de Rusia a una potencia de segundo orden, se profundizó la ausencia de un balance de poder en el sistema

---

[259] Jean Radvanyi. "La Russie enquête de "new deal". Election présidentielle sur fond de guerre". Le Monde Diplomatique, París, marzo, 2000, p. 8.
[260] Ibídem.

internacional de la posbipolaridad.

La percepción de potencia vencedora en la confrontación bipolar determinó el rechazo de los Estados Unidos a la propuesta rusa de crear un sistema antimisil conjunto de carácter no ofensivo, que incluyera también a los miembros de la OTAN. Además pesó la explicación del gobierno norteamericano sobre la falta de tiempo suficiente para las coordinaciones técnicas necesarias ante la inminencia de la "amenaza" de los misiles coreanos, y que resultaba extremadamente absurdo compartir defensas con un país que transfería tecnologías y armamentos a los llamados "Estados villanos"[261] Sencillamente, los Estados Unidos sostuvo el interés estratégico de mantener a Rusia relegada y subordinada a sus iniciativas diplomáticas y militares tendientes a configurar un "Nuevo Orden Mundial" bajo su dirección.

Por otra parte, una de las opciones que Europa tuvo para su seguridad y defensa habría sido la aceptación de la propuesta rusa, pero el precio político de unir fuerzas con Rusia, aunque fuese de esa manera, representó demasiado para los tímidos líderes europeos frente a unos Estados Unidos inconmovibles y dispuestos a cobrar el costo político resultante. La dirigencia rusa comprendió la debilidad europea y reconoció la aspiración de los Estados Unidos de erigir unilateralmente el SNDA, para consolidar su hegemonía estratégica-militar en el siglo XXI.

---

[261] Véase el argumento que critico en el trabajo de Condoleezza Rice, artículo citado.

La evolución de la política exterior estadounidense hasta la actualidad consolidó la tendencia de soslayar la existencia de Rusia en el escenario internacional. La actuación de Rusia, frente a la anulación estadounidense del Tratado ABM, solo se limitó a evitar una nueva confrontación con los Estados Unidos o una situación bilateral de "guerra fría". En esas condiciones, Rusia apostó por el diálogo con los líderes de los Estados Unidos y la Unión Europea, a fin de evitar quedar aislada de los procesos de recomposición de las relaciones políticas y económicas internacionales en la posguerra fría.

Rusia, en la encrucijada de la decisión estadounidense de derogar el Tratado ABM y romper el balance estratégico mundial, debió trazarse una estrategia sobre cómo responder, cómo reaccionar y recuperar ese balance. Ante este vía crucis, el rechazo de la otrora superpotencia al SNDA fue formulada en términos políticos y de seguridad por una respuesta basada en un principio elemental: una defensa eficaz y de costos mínimos. Para disuadir el poderío nuclear estadounidense, Rusia desarrolló los misiles balísticos intercontinentales Topol-M,[262] casi imposibles de detectar y de derribar por una "defensa" antimisil, dotados de varias cabezas nucleares,

[262] El Topol-M (SS-27, según la denominación estadounidense) es uno de los pilares de la modernización de las fuerzas estratégicas ofensivas rusas, basada en cohetes intercontinentales tierra-tierra de gran precisión y eficacia contra los medios de "defensa" antimisil, porque, gracias a sus motores especiales, tiene la capacidad de evitar la detección por los satélites.

los cuales fueron probados con éxito y transformarían los principios de utilización y dislocación de las armas tácticas nucleares.

En la búsqueda de posibles respuestas a la ruptura del Tratado ABM, Moscú poseyó la libertad de retomar el programa de antiguos misiles balísticos de alcance medio, prohibidos por un acuerdo bilateral de desarme en la década de los 80´ del siglo XX, e incrementó en sus arsenales los misiles aerotransportados. Una señal de esas medidas militares la emitió en el contexto de la guerra contra Afganistán, cuando fue lanzado con éxito un misil balístico intercontinental Topol (RS-12M) desde el cosmódromo de pruebas Plitsesk. En esa maniobra, el misil destruyó una maqueta en el polígono de Kira, en la región oriental de Kamchatka. También, como parte del proceso de reorganización para elevar en un 25-30 por ciento las capacidades combativas de sus fuerzas armadas, entró en servicio operacional el submarino nuclear tipo "Guepardo".[263]

Todas esas acciones demostraron que si en la coyuntura internacional actual los estrategas militares rusos optan por mantener una estabilidad estratégica "mínima", lanzarían inevitablemente a Rusia hacia nuevos costos armamentistas y de confrontación con los Estados Unidos. Este fue, en el ámbito académico, uno de los te-

---

263 "Lanza Rusia cohete intercontinental con éxito". Granma, La Habana, 4, octubre, 2001, p. 4; véase comentario de Valery Ostani, "El Ejército ruso en proceso de Reorganización". Press Release, Embajada de la Federación de Rusia, La Habana, 19, marzo, 2002.

mores reflejados en el debate sobre las consecuencias del despliegue de la "defensa" antimisil por la administración de George W. Bush.

Sin embargo, la situación económica de Rusia después de la caída del socialismo, afectó intensamente a sus estructuras defensivas, incluidas las fuerzas estratégicas. La falta de recursos económicos deterioró los niveles de disposición combativa de los sistemas de cohetes balísticos intercontinentales y disgregó el potencial científico en esta esfera, lo que continuó el proceso de declinación de Rusia hacia una potencia de segunda clase. Por lo antes expuesto, la depresión en los sistemas estratégicos defensivos y ofensivos rusos acercó, desde el punto de vista militar ruso, la posibilidad de ventajas estadounidenses en un enfrentamiento nuclear.

En la debilidad interna de Rusia radicó la causa del abandono de la proyección externa ejercida entre los años 1998 y 2001, con horizontes nacionalistas y en la búsqueda de un balance de poder multipolar. Con sentido pragmático, la dirigencia rusa priorizó en una relación costo/beneficio la atención de los problemas domésticos de la Federación, al precio de quedarse sin capacidad para rescatar el activismo internacional de la antigua URSS, y de tener un bajo perfil en el reordenamiento del sistema internacional de la posguerra fría.

Desde la perspectiva norteamericana, los rusos observaron con resignación cómo sus fuerzas ofensivas, cada vez más deterioradas, cayeron a niveles muy inferiores, y no les interesó enrolarse en una carrera armamentista, porque no contaron con los recursos económicos para hacerlo. A los rusos les inquietó la posibilidad de que los Estados Unidos desarrollaran un sistema de "defensa" antimisil dotado de láseres o interceptores, porque era conocido examinaban ventajas unilaterales y propinar una derrota estratégica a Rusia, a través de la militarización del espacio.

Después del 11 de septiembre del 2001, Rusia aprobó y tomó suya la idea estadounidense de unir esfuerzos en una "coalición" mundial antiterrorista inspirada en la amenaza que representó, para su seguridad nacional, el conflicto de Chechenia, las acciones terroristas contra su territorio y el apoyo que recibieron los grupos separatistas rusos de las fuerzas islámicas asentadas en Afganistán, que tuvieron en el movimiento Talibán su principal baluarte.

En esa coyuntura disminuyeron las divergencias ruso-norteamericanas sobre la estabilidad estratégica. El tema del sistema antimisil pareció pasar a un "segundo plano" dado el alineamiento de Rusia con los Estados Unidos. La declaración de Vladimir Putin, en relación con la decisión de la administración de W. Bush de abandonar el Tratado ABM, reflejó el camino de sus posiciones concesionarias en este asunto: "Puedo declarar dijo Putin con plena convicción, que la decisión tomada por el Presidente de los Estados Unidos no creó una amenaza para la seguridad nacional de la Federación de Rusia",[264]

---

264 Véase "Declaración del Presidente de Rusia, Vladimir Putin, 13 de diciembre del 2001 en relación con la decisión de los Estados Unidos de América de abandonar el Tratado

lo cual entró directamente en contraposición con las declaraciones y posturas sostenidas hasta ese momento por las entidades oficiales de ese país.

Con esa determinación, Putin desmontó las visiones y diferencias que habían estado en el centro de las rivalidades estratégicas ruso-norteamericanas sobre el despliegue de la "defensa" antimisil y abrió una nueva era de "entendimiento" estratégico de Rusia con los Estados Unidos, muy favorable para la aspiración rusa de insertarse en los procesos económicos y políticos liderados por el directorio de las grandes potencias occidentales en la forja de la arquitectura institucional del siglo XXI.

A mediados del año 2007 ocurrieron movimientos que parecieron anunciar un final negociado del conflicto en torno a la "defensa" antimisil: la parte estadounidense dio a entender que estaría dispuesta a aceptar las demandas rusas de tener acceso al radar cerca de Praga, para comprobar que este no escudriñaría su territorio y que sería activado solo en caso de amenaza real, y que los misiles interceptores en Polonia no serían colocados en los silos, sino en caso de amenaza inminente en Azerbaiyán, por lo cual Rusia se abstendría de adoptar otras medidas de respuesta militar al sistema antimisil.

Sin embargo, esas perspectivas no prosperaron, a pesar de la visita a Moscú del Secretario de Defensa Robert Gates y de la Secretaria de Estado Condoleezza Rice, el 17 de marzo del

---

ABM de 1972. Press Release. Embajada de la Federación de Rusia, La Habana, n. 79, 17, diciembre, 2001.

2008, porque las diferencias de criterios sobre el sistema antimisil no pudieron solucionarse. Los Estados Unidos intentaron asociar a Rusia al proyecto, pero la dirigencia rusa insistió en las profundas divergencias sobre el tema. La extensión a Europa del sistema antimisil jugó un rol esencial en la agravación continua de la tensión entre Rusia y los países occidentales, lo que originó que, a finales del año 2008, el presidente ruso Dimitri Medvedev anunciara la posibilidad de instalar misiles de corto alcance denominados Iskander, en el enclave ruso de Kaliningrado, colindante con Polonia.

Más allá del despliegue del sistema antimisil en Europa, dos elementos deben ser tenidos en cuenta para descifrar la posición rusa. La primera concierne al futuro de la paridad estratégica-militar entre Rusia y los Estados Unidos, la cual era cuestionada por el establecimiento acelerado de una "defensa" antimisil. Esta decisión fue la continuidad lógica de la denuncia unilateral del Tratado ABM por los Estados Unidos en el año2002.

Sin embargo, Rusia basó su defensa y seguridad en un arsenal no convencional, aunque reducido desde la época de la "guerra fría", pero cualitativamente mejorado con misiles balísticos tácticos, misiles cruceros y sistema antimisil. El misil tierra-tierra Topol-M simbolizó la renovación de este arsenal con su alcance de 10 mil kilómetros y la posibilidad de portar múltiples cabezas nucleares del tipo MIRV. Para el año 2020, Rusia deberá disponer de una decena de submarinos lanzadores de misiles y de un centenar de misiles balísticos de largo alcance.

Todo eso constituirá un conjunto de 500 a 600 cabezas nucleares. Se agrega el componente aéreo de la fuerza estratégica, lo cual hará un aproximado de 2000 cabezas nucleares. Ese poderío modernizado por el mejoramiento y la diversificación de los medios convencionales, como los misiles KH-555 de 5 mil kilómetros de alcance, no podrá en ningún caso, para el año 2020, ser neutralizado por la "defensa" antimisil estadounidense.

Se añade que Rusia es el único país que disponía de un sistema antimisil más o menos operacional y capaz de defender una parte de su territorio, lo cual fue mejorado con el programa S-400 Triumph y el perfeccionamiento de los radares de Moscú. La panoplia de esos medios ofensivos y defensivos, pone a Rusia en protección, pero no deja de preocuparle los intentos desequilibradores de los Estados Unidos en Europa del Este, e incluso la expansión de la infraestructura militar de la OTAN hasta Ucrania y Georgia, muy cerca de sus fronteras.

El segundo elemento que explicó la posición de Rusia, fue su percepción sobre la amenaza. Comprometida en la promoción de un multilateralismo fundado en el equilibrio entre las potencias y las civilizaciones, Rusia no compartió el mismo análisis que los países occidentales sobre Irán y los integrantes de un supuesto "Eje del Mal", pues ninguno de los países señalados poseen misiles que tengan un alcance de 5 mil a 8 mil kilómetros susceptibles de amenazar Europa, y en el futuro previsible no contarían con capacidades para dotarse de esos armamentos.

La tentativa de lanzar un misil norcoreano, por ejemplo, hacia los Estados Unidos a través de Europa sería contraria a las leyes de la balística. Este razonamiento del presidente ruso, Vladimir Putin, en la 43 conferencia de Múnich sobre la seguridad, el 10 de febrero del 2007, dejó sin fundamento la instalación del sistema antimisil estadounidense y la supuesta amenaza de los "Estados irresponsables" dotados de armas de destrucción masiva y susceptible de golpear a Europa con misiles balísticos.

Al asumir la presidencia de los Estados Unidos, Barack Obama anunció la intención de mejorar las relaciones con Rusia, lo cual fue bien acogido por la dirigencia de ese país. Aunque en un encuentro celebrado en Londres, también habló de congelar el despliegue del sistema antimisil en Europa, luego reiteró, en Praga, la decisión irrevocable de llevarlo adelante, y de suspenderlo solamente si se lograra, bajo presiones de todo tipo, que Irán dejara sin efecto su programa de desarrollo nuclear. En este objetivo, los Estados Unidos pretendió involucrar a Rusia, hasta ahora sin éxito, pues hasta el año 2011, Moscú rechazó la instalación del sistema de "defensa" antimisil en Europa, al considerar una falsedad el argumento de Obama de que está dirigido a enfrentar una supuesta amenaza iraní.

La administración de Obama rechazó de plano la propuesta ruso-china de negociar en la ONU un tratado que prohíba la proliferación de armas nucleares en el Cosmos. Opuesto tajantemente a esta idea, los Estados Unidos realizó el ensayo de un cohete SM-30 impulsado por un misil de crucero, que impactó un satélite espía ya inservible a 274 km de altura sobre Hawái.

Aunque Rusia reiteró su voluntad de cooperar con la OTAN sobre la "defensa" antimisil europea y de compartir evaluaciones conjuntas sobre las potenciales amenazas en el espacio común europeo, la lógica de confrontación continuó con el gobierno de Obama, estableciéndose una práctica de hechos consumados en este tema, sin que se tuvieran en cuenta las opiniones de todos los países afectados. La insistencia estadounidense en el despliegue del sistema antimisil europeo alejó las posibilidades de pasar del terreno de la confrontación al de la cooperación, lo que hubiera evitado una nueva fase de la carrera armamentista contraria a los acuerdos sobre la reducción de las armas nucleares.

Conjuntamente, para Rusia la limitación de las armas nucleares ofensivas resultó desfavorable en la etapa actual, habida cuenta del estado en que se encuentra su potencial defensivo, que lo hace depender casi exclusivamente de este tipo de armas, mientras que los Estados Unidos tiene a su favor otras clases de armas de alta precisión, tecnología defensiva y ofensiva espacial y, además, sistemas de "defensa" antimisiles en su territorio, que pretende extender hacia Europa del Este.

Lo que sí pareció ser una importante concesión rusa, en búsqueda de una supuesta mejoría de la agenda bilateral con los Estados Unidos, fue la condena del lanzamiento por Corea del Norte de un misil de largo alcance, para la instalación en el espacio de un satélite de comunicaciones.

Visto con realismo el asunto, si se tratara del desarrollo de misiles de posible uso militar, no habría razones para culpar a un país de buscarse medios de defensa, cuando su territorio está rodeado de todo tipo de armamentos sofisticados emplazados en bases estadounidenses en Corea del Sur y Japón, así como los que poseen China y la propia Rusia, pero ni Washington ni Moscú estuvieron en disposición de ceder en cuestiones que consideran básicas para sus respectivos intereses geoestratégicos.

Por lo que Rusia, en este contexto de amenaza a su seguridad nacional, intensificó los vuelos de la aviación estratégica de largo alcance restablecidos en el año 2007, tras 15 años de suspensión, para salvaguardar sus intereses geopolíticos en el Ártico, y la seguridad en el vasto territorio hasta el Lejano Oriente. Los bombarderos superaron una distancia de unos 30 mil kilómetros, sin dejar de ser observados por aviones caza de la OTAN. La dotación de la fuerza aérea de largo alcance (aviación de acción lejana) se compuso principalmente de aviones supersónicos estratégicos Túpolev-160 y los Túpolev-95-MS, artillados con misiles cruceros supersónicos de largo alcance X-55.

Asimismo desarrolló el misil estratégico naval Bulavá-30 para submarinos nucleares de nueva generación, como el multipropósito Yasen, cuyo armamento incluye 24 misiles del tipo crucero de largo alcance que pueden portar ojivas nucleares. Según los expertos, este submarino nuclear ruso de ataque, de cuarta generación, está dotado de una tecnología más avanzada que los

Seawolfs estadounidenses. Rusia renovará al menos el 30 por ciento del armamento militar del país en los próximos años. Se cambiará la técnica militar en las unidades de nuevo tipo, mientras que, para el año 2012, deberá concluir el paso de las comunicaciones militares del sistema analógico al digital.

Algo que no puede soslayarse es que Rusia tiene potencial suficiente para borrar de la faz de la Tierra a los Estados Unidos, y tiene en sus arsenales un arma de gran capacidad de destrucción denominada P-700 Granito, un misil balístico intercontinental con una cabeza nuclear de 500 kilotones, que es lanzado desde un submarino y vuela a la velocidad de 2983 km/h.

Con la empresa de sostener, en el plano defensivo, un poderío incuestionable, Rusia destinará 880 000 millones de rublos (unos 29 000 millones de dólares) en el año 2012, mientras que, en el año 2011, se consignaron, para la compra de armamentos, la modernización de las fuerzas armadas y las investigaciones de la defensa, unos 750 000 millones de rublos (alrededor de 24 793 millones de dólares). Tal cifra representó un aumento de 1,5 veces respecto al año 2010, mientras el monto programado para el año 2012, se concibió por primera vez en más de dos décadas. Con el desarrollo de nuevos tipos de armas y un aumento del presupuesto militar, Rusia abrió un nuevo período de recuperación en su rango potencia mundial y retomó el orgullo de influyente actor en las relaciones internacionales.

Un ejemplo de lo dicho anteriormente fue el

despliegue de buques de guerra, misiles y un sistema de radar en instalaciones militares e industriales sirias, para prevenir cualquier ataque por parte de la OTAN y de los Estados Unidos, en su accionar de desestabilización de ese país. El sistema de radar también cubrió áreas del norte y sur de Siria, donde podría detectar movimientos de tropas o aviones hacia la frontera. Para Rusia, una agresión de los Estados Unidos y sus aliados contra Siria es una "línea roja" inadmisible que tendría un impacto negativo sobre las relaciones entre las dos principales potencias nucleares del mundo.

Ante la obstinación de los Estados Unidos y la OTAN de instalar los componentes del sistema antimisil europeo, el presidente ruso Dimitri Medvedev, ordenó el despliegue de nuevos sistemas de armamentos en respuesta a la salida estadounidense del Acuerdo de Armas convencionales en Europa, y advirtió la posibilidad de abandonar el Tratado START-III. Rusia incluyó en el programa de combate una estación de radiolocalización ubicada en el enclave báltico de Kaliningrado, donde desplegará un radar de alerta temprana contra misiles. Y fueron tomadas medidas para el fortalecimiento de la seguridad en instalaciones de las fuerzas estratégicas del Kremlin, que pudieran ser amenazadas. Incluso, Rusia estimó que, si este conjunto de medidas fueran insuficientes, se reserva el derecho de desplegar en su porción europea nuevos armamentos para destruir instalaciones del propio sistema antimisiles de la OTAN. De hecho, ya las fuerzas militares rusas probaron exitosamente un misil antibalístico de corto alcance integrado en el sistema de defensa, con lo cual Moscú lanzó un claro aviso a los Estados Unidos de que la finalidad de la misma fue confirmar las características táctico-técnicas de las armas que forman parte del Sistema Nacional de Defensa Antimisil.

En el campo político-diplomático, las medidas adoptadas por Moscú en los últimos años incluyeron:

a) El uso o la amenaza de recurrir al derecho de veto en el Consejo de Seguridad de la ONU frente a los intentos, por ejemplo, de ejercer excesivas presiones y sanciones contra Siria o Irán, en relación con su programa nuclear, o de imponer el reconocimiento de la independencia de Kósovo.

b) La revisión de los términos de la cooperación en el marco del Consejo Rusia-OTAN, como respuesta a la expansión de la alianza hacia el Este y al incremento de bases y fuerzas militares en sus nuevos miembros de Europa Oriental, tales como Bulgaria, Rumania y las repúblicas bálticas. Moscú canceló su participación en algunos de los ejercicios conjuntos planificados con la OTAN.

c) La propuesta de crear con Europa, sin excluir la participación de los Estados Unidos, un sistema colectivo de defensa antimisil en el continente. Esta iniciativa, si bien fue acogida con cierta atención en algunas capitales europeas, no encontró suficiente respuesta para entablar negociaciones, debido a que existen suspicacias acerca de lo que se considera que pudieran ser las "verdaderas intenciones ocultas" del país euroasiático.

Refiriéndose al punto c, Rusia lanzó, el 24 de noviembre de 2011, un ultimátum a los Estados Unidos y exigió llegar a un acuerdo sobre el sistema antimisil en Europa, antes de la cumbre de la OTAN a celebrarse en el año 2012 en Chicago. El gobierno ruso alertó nuevamente que manifestaba su interés de continuar las negociaciones, con el fin de crear una defensa conjunta europea, pero estimó que los planes unilaterales de los Estados Unidos contemplan estacionar armas de ataque muy cerca de la frontera rusa con el territorio de la OTAN, lo cual pone en duda las bases que permitieron la firma, en el mes de abril del 2010, del Tratado START-III. Ante este escenario, Rusia anunció que invertirá en el trienio 2012-2014 unos 95 200 millones de euros en armas modernas.

Si el peligro no es inmediato ni creíble, como ha sido analizado en este epígrafe, entonces la ofensiva antimisil estadounidense en Europa está reducida a una voluntad de contención y cerco de una Rusia en ascenso, que ha recuperado espacios y protagonismos en el concierto internacional en sus relaciones con China, la India, Brasil y Venezuela. La cuestión del despliegue de la "defensa" antimisil en Europa demostró que Rusia es y seguirá siendo, en el plano geoestratégico-militar, el contrincante militar y estratégico número uno de los Estados Unidos. El conflicto sobre el despliegue del sistema antimisil en Europa abrió una nueva etapa de "guerra fría" en el viejo continente, con imprevisibles consecuencias para la paz y la seguridad internacionales.

EUROPA:

Con la misma preocupación, reticencia y oposición que suscitó la Iniciativa de Defensa Estratégica (IDE) o "Guerra de las Galaxias", en los tiempos de la segunda "guerra fría" iniciada por el presidente norteamericano Ronald Reagan, se recibió en Europa el plan de los Estados Unidos de desplegar un SNDA.

Desavenencias produjo, sobre todo, en los gobiernos de Francia, Alemania y Gran Bretaña. El fin de la "guerra fría" y la entrada de la humanidad en el siglo XXI, suponía un período de distensión y un mejoramiento de las relaciones Este-Oeste, pero los Estados Unidos relanzaron un proyecto que perturbaría sus prioridades internas: el fortalecimiento económico de la Unión a través de la circulación del Euro, como moneda única, y la construcción de una política exterior y de defensa común.

Francia fue uno de los países europeos con tradición de oposición a los planes estadounidenses de militarizar el espacio cósmico. Para Francia el despliegue de un sistema antimisil era inoportuno y representaba una perspectiva de "desacople" de los mecanismos de seguridad internacional que habían estado vigentes, puesto que constituyó una impugnación de todo el sistema de disuasión sobre el cual fundó su doctrina militar y la política exterior de posguerra.

En ese sentido, los líderes franceses compartieron los criterios de Rusia sobre las consecuencias negativas que traería la violación del Tratado ABM para la estabilidad, el equilibrio estratégico mundial y los procesos de limitación y reducción de los armamentos; al tiempo que estimulaba el inicio de una carrera armamentista en la Tierra y el espacio ultraterrestre, con el objetivo de enfrentar las posibilidades de anulación de su cohetería por la iniciativa estadounidense.

La declaración conjunta sobre la estabilidad estratégica aprobada por Rusia y Francia, el 2 de julio del 2001[265], adhirió a los dos países al Tratado ABM, los tratados sobre la no-proliferación de las armas nucleares y a los regímenes multilaterales de desarme. Se pronunciaron por agilizar el proceso de entrada en vigor del Tratado de Prohibición Total de las Pruebas Nucleares (CTBT, por sus siglas en inglés) y expresaron la

265 Véase de Boris Petrov, "Moscú y París se pronuncian por la estabilidad estratégica". Ria Novosti, Moscú, 4, julio, 2001, p. 2.

necesidad de comenzar, en el marco de la Conferencia para el Desarme de la ONU, las conversaciones sobre la convención que prohíbe la producción de los materiales fisibles para fines militares.

El interés del gobierno francés de prevenir la carrera armamentista en el espacio cósmico, y el hecho de que haya sido en tres ocasiones el único país miembro de la OTAN que junto a Rusia copatrocinó la resolución sobre la necesidad de observar el Tratado ABM, votando a favor de este documento en la sesión de la Asamblea General de la ONU, demostró la afinidad de enfoques franco-rusos sobre el concepto de un sistema internacional multipolar y sus responsabilidades para el mantenimiento de la paz y la seguridad internacionales.

La oposición francesa también se manifestó cuando el presidente Jacques Chirac defendió una iniciativa europea contra la proliferación de misiles balísticos y sugirió a la Unión Europea la convocatoria de una conferencia internacional para presentar en el ámbito político los esfuerzos de la no-proliferación nuclear. La postura francesa y europea, en general, giró en torno a la negociación diplomática frente al despliegue de una política de fuerza por los estadounidenses. Europa en su conjunto reconoció que el presidente William Clinton prestó mucha atención a los reclamos de sus aliados y otros actores internacionales que se pronunciaron contra el desarrollo del sistema antimisil.

Fue una realidad que la oposición activa de las potencias europeas al plan del Pentágono influyó, junto a otros factores de carácter técnico, en la decisión del presidente William Clinton de posponer su despliegue. El aplazamiento de la puesta en práctica del sistema se interpretó en Europa como una brecha para retomar el diálogo sobre el tema del arma antimisil entre la OTAN, la administración demócrata y el gobierno "neoconservador" de George W. Bush.

En el Reino Unido, aliado tradicional de los Estados Unidos, el SNDA contó con la oposición del Comité de Relaciones Exteriores de la Cámara de los Comunes, el cual instó al gobierno británico a convencer a los norteamericanos para que buscaran otra solución de protección a la alegada amenaza terrorista de los "Estados villanos". Sin embargo, no todos los partidos políticos ni las instituciones del poder británico asumieron la misma posición. El Partido Conservador respaldó el programa antimisil y solicitó al gobierno del laborista Anthony Blair, el apoyo incondicional a la idea de los Estados Unidos, puesto que el funcionamiento del sistema requería de la utilización de la base de Fylingdales, en Inglaterra, que fue concedida por este aliado ilimitado de la superpotencia.

Por otra parte, Alemania asumió inicialmente una actitud gubernamental de repulsa al sistema antimisil, cuando apoyó, de cierta manera, la condena rusa contra la intención de crear el SNDA en abierto menosprecio por el Tratado ABM, pues Rusia y Alemania habían coincidido siempre sobre los artículos del acuerdo que prohibía el despliegue de una "defensa" antimisil.[266] Al referirse a la estrategia de desplegar el SNDA, los líderes políticos y militares alemanes recomendaron al gobierno de los Estados Unidos la suspensión de sus amenazas a la arquitectura de seguridad internacional construida con el consentimiento de las principales potencias del sistema internacional del siglo XX.

Las autoridades rusas, mientras advertían sobre el peligro de una futura expansión de la OTAN, hasta muy cerca de sus fronteras nacionales, también buscaron consolidar el respaldo de Alemania para liderar la oposición al despliegue del sistema antimisil por los Estados Unidos. Los dirigentes rusos firmaron, el 30 de enero del 2001, un plan de contactos militares con Berlín que facilitó a ambos países el intercambio de información en materia espacial, la realización de maniobras conjuntas y el desarrollo de tecnologías militares. Este acuerdo posibilitó el remozamiento de los aviones de combate Mig-29, que quedaron en Europa tras la desaparición de la OTV, y la modernización de los helicópteros Mig-26, según los parámetros aeronáuticos europeos.

Sobre la propuesta de participación en el desarrollo del sistema antimisil estadounidense, Alemania conservó las reservas de la mayor parte de los miembros europeos de la OTAN y, en cuanto a la cooperación con Rusia, abogó por un

---

[266] Véanse las "Declaraciones del Ministro de Defensa alemán Rudolf Sharping. Apoya Alemania condena rusa a planes estadounidenses de defensa". Notimex, Moscú, serie 0456, 30, enero, 2001.

mayor desarrollo de sus relaciones con la Unión Europea y la OTAN. Aunque el diferendo sobre el sistema antimisil tuvo un carácter bilateral entre Rusia y los Estados Unidos, los alemanes defendieron la búsqueda de una solución sin perjudicar los acuerdos vigentes sobre el control de los armamentos, ya que también correspondía a los intereses de Europa que la arquitectura internacional del control de los armamentos siguiera intacta.

Para garantizar ese propósito, Alemania propuso la creación de una fuerza conjunta que integrada por los Estados Unidos, la Unión Europea y Rusia pudiera mantener el control de los armamentos y enfrentar los retos de seguridad impuestos por la proliferación de armas y la falta de especialistas nucleares en los países menos desarrollados. Para contrarrestar esos desafíos y los desajustes estratégicos que introdujo el despliegue del SNDA, se consideró necesario la preservación del Tratado ABM, única garantía contra una carrera armamentista basada en la tecnología misilística.

El acercamiento de posiciones entre las principales potencias europeas aquí mencionadas, en especial entre Francia y Alemania con Rusia, en el tema del sistema antimisil, puso de manifiesto los puntos de convergencia en el diálogo Rusia-Europa sobre los asuntos relacionados con el fortalecimiento de la estabilidad mundial y regional. Así quedó evidenciado que las relaciones de Rusia con Europa, y de esta con Moscú, constituyen una importante premisa para la conservación de la arquitectura de seguridad y la paz en ese continente.

La repulsa de Europa, a pesar de la ausencia de una posición común en la Unión Europea, al sistema antimisil norteamericano hizo conciencia entre los Estados y la opinión pública del viejo continente sobre la necesidad de prestar atención a las cuestiones relacionadas con la creación de un sistema fiable de seguridad y defensa, que podría estar acoplado a la realización de los proyectos económicos en marcha y la colaboración en la política exterior y cultural común.

Desde el ángulo estricto de la OTAN, la iniciativa antimisil generó desconfianza en los Estados europeos, porque una "defensa" antimisil que los dejaba sin protección debilitaría los vínculos transatlánticos. Esa preocupación continuó vigente mientras los estrategas estadounidenses mantuvieron su indecisión de cubrir con la "defensa" antimisil a sus fuerzas militares en el exterior y a los aliados estratégicos agrupados en la OTAN.

Sin embargo, una de las substanciales diferencias euro-norteamericanas sobre los argumentos para el despliegue del SNDA estuvo en que Europa no percibía amenazas convincentes. Ante la posición de los Estados Unidos de abandonar el Tratado ABM, tanto Francia como Alemania insistieron en que el acuerdo era un elemento central en la estabilidad estratégica global y que el sistema antimisil no debió ser la única estrategia en el enfrentamiento a los peligros de la "proliferación incontrolada" de armas de destrucción masiva, pues debían explorarse otras vías diplomáticas que fortalecieran los tratados sobre el control de los armamentos nucleares.

Con la argumentación de los aliados, la política exterior de los Estados Unidos sufrió una derrota momentánea en sus previsiones de plegar a los países europeos a su estrategia militarista. A la política exterior de los Estados Unidos le resultó imposible lograr el establecimiento de un documento europeo con la aprobación de una declaración conjunta que manifestara a los países de la Unión Europea preocupados por la "amenaza común" de un ataque con misiles nucleares. Empero, algunos Estados europeos y la OTAN continuaron el desarrollo de la colaboración con los Estados Unidos sobre el despliegue del sistema antimisil. En particular sobre la evolución de la "amenaza" que representaron los misiles balísticos en poder de los denominados "Estados villanos", y las implicaciones del despliegue del SNDA para el control de los armamentos nucleares y la doctrina de la "disuasión nuclear".

No por casualidad los países miembros de la OTAN coincidieron con la determinación estadounidense de mantener abierto el diálogo con sus aliados trasatlánticos, aunque las relaciones entre los Estados Unidos y la Unión Europea estuvieran signadas por un mayor grado de desacuerdo en temas relacionados con la seguridad y la defensa común. Por un lado, existió una Europa poderosa en el sistema internacional debido a su funcionamiento como un ente único en importantes aspectos de su política económica externa, en particular, en el terreno comercial, pero, por otro, hay una Europa en la que las cuestiones de política exterior y de seguridad alcanzaron un desarrollo menor y sus decisiones se centralizaron en los puestos claves intergubernamentales de la Unión.[267]

Las dificultades en la conciliación de las posiciones entre sus Estados miembros mostraron el problema de que cuando la Unión Europea debió actuar en el plano internacional, a causa de una cuestión relativamente sensible para su seguridad o defensa común, lo hizo con un bajo perfil y una escasa eficacia; ofreciendo una imagen de debilidad e impotencia que contrasta con su actividad en el plano económico y comercial. En las condiciones de cuestionamiento al despliegue del SNDA, la fragilidad europea en materia de una política de defensa, seguridad y exterior única, limitó su capacidad de maniobra y negociación con los Estados Unidos.

Aún con el rechazo a los planes de desplegar el sistema antimisil, porque no se correspondía exactamente con sus intereses inmediatos, Europa atravesó el riesgo, una vez más, de quedar subordinada a la estrategia estadounidense. Sobre todo si observamos que los Estados Unidos persistieron en la consolidación de su liderazgo mundial y en la puesta en práctica de una política de seguridad en la que aceptaron la necesi-

[267] Sobre la dicotomía del poderío europeo, véase de Jorge Fuentes el artículo, "La Unión Europea y la unidad militar". Política Exterior, Madrid, n. 74, v. XIV, marzo-abril, 2000, Pp. 74-75.

dad de adecuar los viejos mecanismos atlantistas y apoyar la idea de una defensa europea [268] con el desarrollo de una Fuerza de Reacción Rápida, pero sin alterar de modo efectivo sus principios esenciales y teniendo en cuenta sus propios intereses estratégicos.

En consecuencia, la Unión Europea, que surgió de la experiencia destructiva de las dos guerras mundiales, debió convertirse en una gran potencia para la paz. La Unión Europea ha sido un actor económico activo en la distribución de poder internacional,[269] pero no sería realista concebir en ella un sujeto político y económico mundial sin poner en consonancia sus medios militares con una verdadera defensa común que la libere de dependencias y le permita proyectar una función de equilibrio en el sistema internacional, incluso en la perspectiva de un paulatino desarme y no en el rearme que puso en práctica la administración fascistoide de George W. Bush.

Por este entendido, el gobierno W. Bush fracasó en su estrategia de comprometer a los gobiernos europeos en una colaboración incondicional con el despliegue del SNDA. Solo España puso a la disposición del plan su territorio, pues

---

[268] Véase de Charles L. Barry. "Creating a European Security and Defense Identity" Joint Force Quarterly, Washington, 15, spring, 1997, pp. 62-69.

[269] La distribución de poder internacional posee las siguientes dimensiones: la estratégica-militar, con la unipolaridad en este campo de los Estados Unidos; la económica, con una tripolaridad conformada por los Estados Unidos, Europa y Japón, pero, en mi opinión, el ascenso de la economía China va convirtiendo a esa dimensión en cuadripolar.

José María Aznar, con su entreguismo a las iniciativas estadounidenses, se interesó en la participación de sus fragatas equipadas de un sistema de detección moderno a lo largo de las costas de Libia, [270] uno de los países del Tercer Mundo, hasta ese momento, incluido por Washington en la lista negra de los Estados terroristas.

A finales del año 2002, los Estados Unidos comenzaron negociaciones secretas con el gobierno polaco, con miras a la instalación de elementos del sistema antimisil en el territorio de ese país europeo. En el año 2006, el presupuesto bélico estadounidense dedicó 7,8 mil millones de dólares al desarrollo del sistema antimisil, cuya proyectada instalación en Polonia y República Checa ya había dejado de ser un secreto. La prioridad de esta estrategia quedó revelada ese mismo año con el aumento en 200 millones de dólares del financiamiento de las pruebas de misiles interceptores con base en tierra, destinados a destruir misiles a la mitad de su trayectoria de vuelo. Asimismo, aumentó en 55 millones de dólares el financiamiento para otro programa que estipula la creación del sistema antimisil norteamericano-israelí "Arrow".[271]

El 21 de mayo del 2008, el gobierno checo con-

---

[270] Según cuenta el artículo de Bosco Esteruelas: "Los Estados Unidos y Europa discrepan sobre la necesidad del escudo antimisiles". El País, Madrid, 30, mayo, 2001.

[271] Véase de Rodolfo Humpierre Álvarez, « El Sistema de Defensa Antimisil estadounidense en Europa. Su impacto en la seguridad mundial ». Centro de Estudios Europeos (CEE), La Habana, 8 de octubre de 2008.

firmó el tratado que autorizó a los Estados Unidos la instalación del sistema de radar previsto en el marco del despliegue del sistema antimisil. En ese mes, una comisión del Congreso estadounidense se pronunció por el aumento de los fondos destinados a financiar el dispositivo antes de su puesta en práctica en Europa del Este. En el año 2009 hubo consenso en el Senado entre Republicanos y Demócratas, para apoyar el proyecto de despliegue del sistema antimisil en Europa.

A Morag, localidad situada en el norte de Polonia, el 23 de mayo del 2010, llegó la primera batería de misiles Patriot para la defensa antiaérea, como parte de un acuerdo, en febrero de ese año, que ratificó el futuro estatuto de la estancia de las tropas estadounidenses en suelo polaco, el despliegue de misiles Patriot y la formación de ejercicios militares comunes con la participación de militares de los Estados Unidos del quinto batallón ubicado en Kaiserslautern, Alemania.

El despliegue de silos de misiles interceptores en Polonia (10) y de una estación fija de radar en la República Checa, se insertó en el proceso de ampliación del SNDA de los Estados Unidos. El diseño del sistema antimisil incluyó sensores, para detectar posibles lanzamientos de misiles, centros de mando y control, para evaluar la trayectoria y misiles para interceptarlos. El sistema antimisil consta de varios procedimientos que supuestamente actuarían sobre las tres fases de las trayectorias balísticas: lanzamiento, intermedia y terminal, con la finalidad de lograr un mayor rango de posibilidades en la intercepción.

El hecho de que sea un proyecto de desarrollo, a mediano plazo, hizo que su arquitectura, despliegue y eficacia actuales no hayan sido tan importantes, como su evolución futura. En este sentido, su orientación a la investigación, innovación y desarrollo de capacidades de respuestas futuras ante riesgos potenciales, constituyó uno de los mayores peligros. La finalidad declarada del programa fue la creación de condiciones óptimas para hacer frente al lanzamiento de misiles cuando estos dejen de ser un riesgo y se conviertan en una amenaza.

Con la administración de Barack Obama, esta estrategia cobró aún más fuerza. Los Estados Unidos intensificaron todos sus esfuerzos diplomáticos y militares para la instalación del sistema antimisil en Europa del Este, lo que le permitiría continuar el cerco a Rusia, provocando un distanciamiento con sus países vecinos.

En esta espiral de confrontación, los Estados Unidos estableció acuerdos puntuales con terceros países, para ampliar su zona de cobertura o integrar capacidades complementarias bajo el mando y control estadounidense. En este sentido, Polonia y República Checa pasaron a formar parte de un grupo de países: Reino Unido, Noruega, Dinamarca, Japón, Australia, Israel, España y Rumania, con los cuales Washington llegó a algún tipo de acuerdo en dicha esfera. Los estrategas estadounidenses pretendieron que todos los elementos del programa estuvieran plenamente operativos para el año 2013.

Por ejemplo, el gobierno de la República Checa

negoció con los Estados Unidos un plan para construir un centro de vigilancia del sistema antimisil. Este centro de pequeñas dimensiones albergaría una representación de los Estados Unidos, la OTAN y la República Checa. El emplazamiento constaría de una estación de radar de longitud de onda corta (banda X) de alta resolución con la función de identificar y discriminar el blanco durante la fase intermedia (que se podría combinar con otro móvil de detección avanzada en la zona del Cáucaso) y con alcance sobre gran parte del territorio ruso.

En el caso de Polonia, se trató de 10 silos de misiles para interceptar los misiles intercontinentales en vuelo hacia los Estados Unidos, supuestamente provenientes de Oriente Medio. Los misiles serían en esencia similares a los emplazados en las bases de Greely, Alaska, y de Vandenberg, California, con una modificación en su diseño que supuestamente les permitirá interceptar misiles de menor alcance dirigidos a Europa. Un comunicado difundido por el Departamento de Estado publicó el acuerdo entre Washington y Varsovia, referido al emplazamiento de componentes del sistema antimisil que formará parte del sistema europeo de defensa a instalarse cerca de Gdansk, antes del año 2018.

A pesar del discurso político que acompañó todo el proceso de negociaciones con la República Checa y Polonia, y los primeros pasos en la instalación del sistema, la opinión pública de estos países se mostró contraria al proyecto, alegando inconformidad en lo relativo al incremento de los niveles de inseguridad que aportará el emplazamiento del sistema antimisil en el continente. Asimismo, varios líderes políticos europeos estuvieron cautos respecto a la concreción definitiva del sistema antimisil en su vertiente europea, aunque no hay definida una posición común, ni a favor ni en contra, en los marcos de la Unión Europea.

Además de la modalidad e innovación del sistema antimisil emplazado en el continente europeo, y de los debates que suscitó en función de la alternativa más viable en cuanto al armamento que debió emplearse,[272] el tema de los costos constituyó otra preocupación para los ciudadanos en general, pues estos últimos expresaron sus inquietudes por las implicaciones negativas que supondría el aumento de la inversión en temas de innovación y tecnología aplicada a la defensa en un contexto económico de deterioro del nivel de gastos de la política social europea.

También existieron diferencias de percepción entre los gobiernos europeos sobre el proyecto antimisil. Lo que para algunos representó una inversión cuantiosa de eficacia cuestionable, para otros significó una fuente de contrapartidas económicas y militares, en el entendido de colaborar en la redistribución de los gastos durante el proceso de despliegue del sistema antimisil, y un momento oportuno para estrechar los

[272] El debate se concentró en la posibilidad de instalar misiles modificados, o misiles de corto y mediano alcance Patriot con base en tierra, o misil Aegis embarcados, misil THAAD (Terminal High Altitude Area Defense), que actúan en la parte superior de la atmósfera terrestre, entre otros.

vínculos bilaterales con la administración de Barack Obama.

El 13 de septiembre del 2011, los Estados Unidos y Rumania firmaron un acuerdo para el despliegue de un sistema de defensa antiaéreo en ese país. El documento permitió a los Estados Unidos estacionar, a partir del año 2015, hasta 200 soldados e instalar 24 interceptores de misiles modelo SM-3 en la localidad de Deveselu. En Turquía, el enlace estratégico norteamericano encontró aceptación mediante la firma de un memorándum sobre el despliegue de un radar estadounidense diseñado para interceptar proyectiles de rango medio a grandes alturas.

La elección de esas naciones por parte de la Casa Blanca no fue fortuita. Los tres países son miembros de la OTAN, por lo cual otorgan gran prioridad a sus relaciones con los Estados Unidos. Además, cada uno de ellos posee razones históricas que los alejan políticamente de Moscú, y Washington aprovechó este elemento que los divide a favor de su estrategia militarista.

Holanda también aprobó un programa de 250 millones de euros para modernizar el sistema defensivo de radares y el sistema marítimo de fragatas, contribuyendo así al sistema antimisil de la OTAN. El acuerdo con los Estados Unidos constituyó una ampliación del programa de Defensa Activa Multinivel contra misiles balísticos, destinado a abatir supuestos cohetes enemigos orientados al espacio europeo.

Por su parte, España concedió a los Estados Unidos el despliegue, a partir del año 2013, de cuatro buques y 1100 militares en Rota (Cádiz), lo que convirtió a la base en el gran eje naval para el sistema de "defensa" antimisil auspiciado por la OTAN. La base militar de Rota fue un punto de apoyo a la Sexta Flota estadounidense en tareas de abastecimiento de combustible y armamento. Por eso, España autorizó su uso en la agresión de la OTAN contra Libia.

Con su reintegración completa a la OTAN, Francia perdió la posibilidad de tener un desempeño original en las relaciones internacionales. El bloque euro-atlántico quedó fortalecido por esta reintegración y por una Europa de la defensa que los Tratados de Maastricht y de Lisboa subordinan claramente a la OTAN. Así Francia asumió el acuerdo de la OTAN de dotar a la alianza de una "defensa" antimisil de territorio y población. Para el presidente francés Nicolás Sarkozy, "la administración Obama propuso un acercamiento novedoso al tema del sistema antimisil que no es unilateral y se basa en la evolución de las nuevas amenazas". Según Sarkozy, "Francia hubiera rechazado un proyecto unilateral, desconectado de la realidad, costoso y hostil a Rusia, y si hubiera sido un sustituto de la doctrina de la disuasión nuclear, pero a su entender este no es el caso".[273]

---

[273] La posición francesa sobre el sistema antimisil de los Estados Unidos y la OTAN en Europa, fue precisada en la Conferencia de prensa del Presidente de Francia, Nicolás Sarkozy, en la Cumbre de la OTAN celebrada en Lisboa, el 20 de noviembre de 2010. Véase documento "Sommet de l'OTAN-Conférence de presse de M. le Président de la République" en el sitio: http://www.elysee.fr/president/root/bank/print/10064.htp

Francia apoyó la argumentación sobre la existencia de una amenaza creciente de los misiles de Irán en Europa, y reconoció la inversión en decenas de millones de dólares en la tecnología antimisil, para dotar a Europa de sistemas de satélites, radares, interceptores y colocar el sistema bajo la dirección de la OTAN. La Francia dirigida por Sarkozy estuvo de acuerdo en financiar el sistema antimisil europeo en los marcos de la OTAN, estimado en un costo de entre 80 y 150 millones de euros. Al mismo tiempo, Francia es de los países europeos que tiene un proyecto nacional para una amplia "defensa" antimisil. En el año 2020, constará de un satélite avanzado de alerta nacional, el cual se deseó articular con el sistema antimisil de la OTAN, manteniendo su propia "defensa" antimisil bajo la soberanía gala. De la misma manera, Francia tendió un puente a Rusia, para su colaboración o participación en el proyecto de sistema antimisil de la OTAN.

Como explicamos en epígrafes anteriores, la decisión estadounidense de desplegar su sistema antimisil en Europa podría ser una motivación política que poco o nada tiene que ver con una necesidad militar real de los Estados Unidos y la OTAN. El despliegue de sistemas antimisiles llevará a una carrera armamentista desenfrenada al estilo de la "guerra fría", lo cual, a su vez, podría buscar el freno del crecimiento económico de Rusia y exacerbar mucho más las divisiones entre los Estados europeos.

Aunque las relaciones entre los Estados Unidos y Europa mejoraron durante el mandato de

Obama en la Casa Blanca, las discrepancias euro-norteamericanas sobre el despliegue del sistema antimisil repercutieron en el clima de sus relaciones políticas y de seguridad. En un escenario internacional de globalización económica en la que desapareció la clásica confrontación bipolar, la obligación estadounidense de desplegar un sistema de "defensa" antimisil amenazó las esenciales metas de integración económica y política de la Unión Europea, incentivándola hacia su participación en una nueva y muy costosa carrera armamentista en el espacio cósmico.

Atisbando las relaciones de fuerzas entre las potencias mundiales, el futuro de la "defensa" antimisil en Europa reposa en tres hipótesis verosímiles:

Primero, la fuerte voluntad de los Estados Unidos de ver instalado el dispositivo antimisil en Europa, que no desaparecería ni en el caso de una alternancia de política en Washington.

Segundo, por razones de proximidad geográfica y de aprovisionamiento energético, se tomarían en cuenta los argumentos rusos, pues los europeos son extremadamente sensibles a las declaraciones de Moscú, sin intentar contrariar la política estadounidense.

Tercero, un esclarecimiento de las garantías referido al proceso de decisión sobre el sistema antimisil: ¿quién tendrá el poder de accionar los misiles, cómo y bajo cuáles criterios los interceptores serán programados?

Como en los tiempos de la IDE o "Guerra de las Galaxias", Europa estuvo en la disyuntiva de restar importancia a la "defensa" antimisil o ser copartícipe en una iniciativa liderada netamente por los Estados Unidos, que generó consecuencias económicas, políticas, militares y de seguridad para los atributos de un conjunto de Estados con alcance y potencialidades globales.

3.7. LOS PELIGROS DE UN SISTEMA DE DEFENSA ANTIMISIL DE TEATRO (SDAT) EN EL CONTINENTE ASIÁTICO.

La República Popular China, que históricamente rechazó los planes estadounidenses de militarizar el espacio cósmico, fue una de las primeras naciones opuestas al SNDA, y a los intereses de extenderlo a la región asiática –una especie de "miniguerra de las galaxias"- con el objetivo de proteger a los aliados en esa zona del planeta. La política exterior china fue invariable en los temas relacionados con el desarme y contra la carrera armamentista desde la década de los años 80' del siglo XX, cuando los Estados Unidos iniciaron la iniciativa de la "Guerra de las Galaxias".

Para China el establecimiento de un sistema de armas nucleares en el espacio resultó muy peligroso. Su consecuencia principal sería unas relaciones soviético-norteamericanas aún más tensas, lo cual aumentaría el peligro de guerra y amenazaría la paz mundial. La creación de armas espaciales acrecentaría la precisión de las armas nucleares como no nucleares, y las técnicas militares se aplicarían en nuevas direcciones.[274]

El gobierno chino de la época percibió que la

---

[274] Criterios tomados de Qubin Zhuang. "Oposición China a la IDE". Beijing Informa, Beijing, noviembre, 1984, p.4

expansión hegemónica estadounidense y el proyecto de "defensa" antimisil constituían una amenaza para la seguridad y para la estabilidad mundial. Estas acciones del Pentágono representaron las ansias de supremacía absoluta de los Estados Unidos, lo que en el ámbito militar acabaría con el equilibrio estratégico, desencadenaría una carrera armamentista y minaría la seguridad internacional, porque los Estados recurrirían al rearme para protegerse de las acciones de la superpotencia mundial.

Desde el anuncio por la administración Clinton del SNDA y el SDAT, los líderes políticos y militares chinos no perdieron oportunidades para denunciarlo y exigir la eliminación completa de las armas nucleares. China consideró que si negociaba la eliminación completa de las armas nucleares, proceso que sería largo, no habría necesidad de establecer ningún sistema antimisil. De no ser así, China no podría quedarse con los brazos cruzados.[275] De este modo, China solicitó a la administración Clinton que tuviese en cuenta a la opinión pública mundial y desestimara la continuación del despliegue de los sistemas antimisiles.

Con la insistencia de la diplomacia china y europea en los organismos internacionales y la presión del factor tecnológico, Clinton se vio compulsado a postergar el despliegue del SNDA, antes de abandonar sus responsabilidades en la Casa Blanca. Es importante tener en cuenta que

---

275 Referencias a las declaraciones chinas tomadas de "China propone desarme nuclear". EFE, Beijing, serie 246, 13, julio, 2000.

Clinton había otorgado a la potencia asiática la condición de "socio estratégico". Sin embargo, este fallo de Clinton a favor de suspender el controvertido sistema, aunque constituyó una victoria de todos los gobiernos, incluida China, duró muy poco tiempo. Con la llegada al poder de George W. Bush, la visión sobre el SNDA cambió sustancialmente y fueron desoídos los argumentos de los Estados opuestos a las "defensas" antimisiles.

Los círculos militaristas estadounidenses impusieron una política exterior de fuerza en aras de afianzar, por un largo período, el rango de superpotencia de los Estados Unidos. Se percataron que ninguna potencia del sistema internacional podría enfrentar o cuestionar de modo decisivo, en los próximos 25 años, el enorme poderío militar de los Estados Unidos. A pesar del creciente fortalecimiento tecnológico y logístico del ejército chino en los últimos años, todavía, en ese momento, no contaba con capacidades reales que contribuyeran a frenar, en una posición de igualdad de fuerzas, las agresivas acciones militaristas estadounidenses.[276]

A pesar de la retórica de los Estados Unidos de

---

[276] China desarrolla un programa espacial que estará en condiciones de dotarse de una estación capaz de efectuar investigaciones civiles y militares. El ambicioso proyecto incluye la posibilidad de situar a un hombre en la Luna. China destina mayores partidas de su presupuesto para gastos militares y la construcción de modernos equipos de defensa, lo cual inquieta a los Estados Unidos. Para fines del 2011, China lanzaría unos 20 cohetes y 25 satélites. Véase de Paul Bracken, "¿Llegará China a ser la superpotencia mundial número 1?" Time, Washington, 17, mayo, 2000.

que el programa del SNDA y el SDAT solo proporcionarían una defensa adecuada a Taiwán, Japón, Corea del Sur y Australia, ante los peligros de ataques de los llamados "Estados villanos", China consideró que el sistema antimisil estaba más bien dirigido contra su territorio y fuerzas armadas. Por su vulnerabilidad tendría que protegerse mediante la expansión de sus fuerzas estratégicas. Se pensó que podía dotarlas de ojivas múltiples si los Estados Unidos desarrollaban la estrategia antimisil.[277]

Evidentemente, China temió el efecto de estos sistemas en el balance de poder regional por la sencilla razón de que su puesta en funcionamiento constituía una clara desventaja en materia de confrontación militar con los Estados Unidos en el sensible caso de Taiwán: la provincia separatista considerada, por razones históricas y culturales, parte indivisible de su territorio continental, sin renunciar a su reunificación con la aplicación del principio de "Una sola China" esgrimido, desde el año 1949, por el histórico líder Mao Zedong.

Un área de indiscutible conflicto en las relaciones chino-norteamericanas fue la objeción de China al SDAT, con la participación de Taiwán y Japón. Esta situación, el bombardeo estadounidense, que por "error", destruyó la Embajada china en Belgrado, en medio de la agresión de los Estados Unidos y la OTAN contra Yugoslavia en el año 1999, y la crisis del avión espía que

[277] Véase de John Newhouse, artículo citado.

violó el espacio aéreo chino, exacerbó la conflictividad de las relaciones chino-estadounidense, y paralizó el diálogo que sobre desarme desarrollaban ambas potencias. Para poder reactivar las conversaciones bilaterales de desarme, las autoridades chinas expusieron dos razones relacionadas directamente con la estrategia antimisil: el cese de la venta de armas a Taiwán y el retiro de la idea de cubrir ese territorio con un "escudo antibalístico", que sería una versión reducida del diseñado para el territorio continental norteamericano. Los chinos valoraron en ese sistema una amenaza directa contra su integridad nacional.

Las motivaciones para el despliegue del SDAT trataron de justificarse en un estudio de los estrategas del Pentágono sobre la capacidad de China para cruzar, en caso de un ataque militar, en solo cinco minutos las 95 millas del estrecho de Taiwán. Con este escenario, el gobierno de los Estados Unidos proveyó a la isla separatista de novedosos armamentos. Por ejemplo, de un sistema de radares llamado "Strong Net" que proporciona la advertencia a los 90 segundos del comienzo de la ofensiva y de radares de alto rango que incrementaron la efectividad de los misiles Patriot taiwaneses, lo que demostró la preparación de la ínsula para una guerra.

Sin embargo, China hizo pocas pruebas de su fortaleza militar en la región. Solo recurrió a ellas durante las crisis provocadas por los dirigentes separatistas isleños o debido a la agresiva intromisión de los Estados Unidos en el conflicto. En los años de la "guerra fría", y tras el deshielo en las relaciones Este-Oeste, China confirmó sus capacidades de potencia en las acciones diplomáticas emprendidas y en el manejo del poder destructivo de sus fuerzas armadas. Por otro lado, instigada por los Estados Unidos, la isla separatista, en su inferioridad territorial y demográfica, buscó dotarse de un sistema antimisil para reforzar su condición de punto clave en el sistema de balance de poder imperialista en el Asia-Pacífico, región que, por su importancia económica en la globalización, activó los intereses geoeconómicos de los Estados Unidos.

No puede perderse de vista que, en la retórica y el pensamiento estratégico estadounidense, China representa una "amenaza" latente a la estabilidad de la región del Pacífico asiático, porque es una potencia con intereses vitales aún por resolver en lo relacionado con Taiwán y el mar meridional, además le molesta el papel hegemónico de los Estados Unidos en la región. A China le agradaría cambiar a su favor el equilibrio de poder en Asia.[278]De ahí que, con la implantación del SDAT, las relaciones de China con los Estados Unidos, y su enclave Taiwán, entraron en una crisis de graves consecuencias, porque la potencia asiática tuvo legítimo derecho a desplegar misiles en su territorio para evitar la separación de la isla. La entrada de Taiwán en el SDAT representó una alianza militar con los Estados Unidos que afectó las relaciones entre las dos potencias nucleares.

Este sistema antimisil, que en una primera

---

278 Véase esta percepción en el artículo de Condoleezza Rice, artículo citado.

fase estuvo conformado por Japón, Corea del Sur, Taiwán y Australia, entraría en funcionamiento en la primera década del siglo XXI. Los Estados Unidos buscaron reforzar su presencia política y militar en la prometedora región Asia-Pacífico, con la presencia de unos 100000 efectivos en sus bases militares, en Japón 50000[279]. y en Corea del Sur 37000, los cuales en una situación de conflicto bélico encontrarían "protección asegurada" en el SDAT.

El temor de las naciones asiáticas a este proyecto militarista partió de la histórica alianza de los Estados Unidos con Japón, una suerte de apéndice de la OTAN en el lejano oriente. En el año 1999, el parlamento nipón votó una ley dirigida a reforzar la participación militar de Japón en el seno de la alianza. Esta iniciativa fue mal acogida por China y rechazada por otras naciones del área. Con esta decisión del órgano legislativo nipón quedó claro que "el futuro de las relaciones de los Estados Unidos con Japón constituye la piedra angular de la seguridad asiática".[280]

La idea del presidente William Clinton de transferir a Asia un SDAT, para enfrentar la supuesta amenaza de un grupo de países que desean romper el equilibrio de poder regional,

---

[279] La prefectura de Okinawa ocupa el 0,6 % de las bases militares de los Estados Unidos en Japón. Sobre las bases militares de los Estados Unidos en el área, Véase de Robert Harkavy. Bases Abroad: The global foreign military presence, Stockholm, Oxford University Press, 1989.

[280] Teng-Hui, Lee. "Garantías de seguridad en Asia y las relaciones Taipei-Pekin". Noticias de la República de China, Beijing, 26, junio, 1999.

tuvo receptividad en Japón, y sugirió solidificar la estrategia de la superpotencia hacia el Este asiático, a través del mantenimiento de sus posiciones militaristas en la zona. De este modo, los Estados Unidos se mostraron proclives a proporcionar mayor apoyo a sus operaciones militares con el fin de que Tokio contribuyese con el peso financiero de esas misiones, expandiendo sus fuerzas militares, a despecho de la constitución pacifista y de las preocupaciones de los países vecinos víctimas del pasado colonialista nipón.

No puede soslayarse que, desde las últimas décadas del siglo XX, para los Estados Unidos fue prioritario el fortalecimiento del lugar de Japón como garante de los intereses económicos y políticos occidentales en Asia, y la intención de tenerlo preparado para compartir las tareas de seguridad vinculadas con su estrategia en las proximidades de las islas japonesas.[281]

Corea del Sur resultó otro coligado incuestionable de los Estados Unidos que integraría el SDAT. Con el pretexto de que Corea del Norte lanzó, en el mes de junio de 1993, el primer misil balístico No-Dong-1 de un alcance de 1000 km y luego, en el año 1998, de forma sorpresiva disparó un misil balístico Taepo-Dong-1que sobrepasó el territorio de Japón, el ejército estadounidense continuó el desarrollo de las maniobras militares en los límites fronterizos con norcorea y, desde el año 1998, cambió su campo de batalla

---

[281] Véase de Amos A. Jordan y William J. Taylor. American Security and Process. Johns Hopkins University Press, 1981, Pp.358-359.

simulado para incluir un ataque aplastante contra ella, debido a las "evidencias" sobre la vulnerabilidad de sus tropas, acantonadas en el sur, a un sorpresivo ataque de los misiles balísticos de Pyongyang.

Y en el Océano Pacífico, en la isla de Guam, el ejército norteamericano desplegó, en agosto del 2000, decenas de misiles cruceros en nítida señal de la capacidad de sus fuerzas misilísticas para alcanzar en muy pocas horas cualquier punto en la región Asia-Pacífico. En el mes de junio del 2001, el ejército taiwanés efectuó con éxito una prueba de los misiles Patriot, con el lanzamiento de tres misiles desde la base de Chiupeng, ubicada al sur de la isla. Estos fueron los primeros misiles de este tipo desplegados fuera del territorio continental de los Estados Unidos.

Con esta escalada, a pesar de los contactos y negociaciones al más alto nivel entre las dos Coreas, para la reunificación y la desnuclearización de la península, los Estados Unidos persiguieron perpetuar el clima de tensión en la península y las amenazas de guerra contra China, lo que certificó la persistente mentalidad de "guerra fría" contra la única región del sistema internacional que concentró varios Estados socialistas tras el derrumbe de ese sistema social en el Este de Europa.

La administración de W. Bush consideró a China un rival estratégico que no sería "amenazado", pero sí "controlado" y contenido. Los estrategas militares de los Estados Unidos se adelantaron a predecir que en el escenario asiático del año 2025, los conflictos, sobre todo con

China, representarán, a largo plazo, el mayor reto para la "seguridad nacional". Una estrategia eficiente y realista de los Estados Unidos hacia China propuso combinar el mantenimiento de la interacción económica a la vez que se contiene su poderío y sus aspiraciones en materia de seguridad.[282]

En ese contexto, el estado de las relaciones chino-estadounidenses dependieron, en gran medida, de las acciones que los Estados Unidos proyectaron en respaldo a la política separatista de Taiwán, y los intentos de desplegar el Sistema de Defensa Antimisil de Teatro (SDAT), con el cual se pretendió la protección de la ínsula y los aliados de los Estados Unidos en Asia.

Después de que Corea del Norte aumentó la tensión con el lanzamiento de una prueba de siete misiles en el Mar de Japón, el 5 de julio de 2006, los Estados Unidos dieron el visto bueno para la instalación de un sistema de "defensa" antimisil en el sur de Japón, con el objetivo de mantener el poder militar disuasorio de los Estados Unidos en la región y fortalecer la seguridad nipona.

Por primera vez, los Estados Unidos desplegaron en Japón misiles tierra-aire destinados a defender al país asiático y a sus fuerzas estacionadas en él. El sistema consistió en la instalación de unas 24 plataformas de lanzamiento de misiles Patriot Advanced Capability-3 (PAC-3), en la base norteamericana de Kadena del archipiélago de Okinawa, en el extremo sur del país. Los

---

282 Véase de Condoleezza Rice, artículo citado.

misiles PAC-3 fueron diseñados para interceptar en el aire otros proyectiles en la última fase de su trayectoria, cuando ya han regresado a la atmósfera y descendido a altitudes de unos 12 kilómetros.

Los PAC-3 complementaron a los Standard Missile-3 (SM-3), que fueron instalados, en el año 2008, en barcos estadounidenses y japoneses dotados de un sistema de seguimiento y captación Aegis, con la misión de interceptar misiles cuando aún se encuentren fuera de la atmósfera. Con estos dos misiles y el sistema Aegis, con un radar capaz de registrar hasta cien blancos simultáneos y detectar misiles nada más ser disparados, se completó el controvertido sistema antimisil que blindaría los cielos japoneses.

En el mes de octubre del 2008, Israel acordó con su aliado de la OTAN las bases para el emplazamiento de un radar antimisil y la presencia permanente de militares de los Estados Unidos en el territorio hebreo. Este fue un nuevo paso de la militarización indirecta de Asia, que apuntó al acorralamiento de Rusia, China y sus aliados. Washington también contó con sus sistemas antimisiles en Japón, Alaska, California, Groenlandia y las Islas Aleutinas, en el mar de Bering. Es decir, desde Europa del Este, a Medio Oriente, y hasta el Extremo Oriente: todo bajo el control de los famosos sistemas de "defensa" antimisiles.

Algunas de las provocaciones estadounidenses en la península coreana fueron las siguiente: en un primer momento, a finales del mes de julio del 2010, tras el hundimiento de la corbeta antisubmarina surcoreana "Cheonan"[283], los Estados Unidos y Corea del Sur pretendieron hacer ejercicios navales en el Mar Amarillo, pero, como recibieron las fuertes advertencias de China, lo trasladaron al mar del Japón. Luego Corea del Sur hizo sus propios ejercicios navales en sus costas occidentales. Y desde el 16 al 26 del mes de agosto de ese año, los Estados Unidos y Corea del Sur continuaron con sus provocaciones, esta vez en el Mar Meridional de China. Estos ejercicios navales se denominaron "Ulchi Freedom Guardian" y contaron con la participación de 30000 soldados estadounidenses y 56000 soldados de Corea del Sur.

Los Estados Unidos pretendieron conformar una especie de OTAN en Asia con la participación de Corea del Sur, Japón y Australia. Incluso, en un término propagandístico, hicieron alardes de sus relaciones de cooperación con Vietnam, sin tener en cuenta que allí persiste el síndrome del "genocidio yanqui" de los años 70´ del siglo XX.

En ese contexto, China advirtió a los Estados Unidos que respete su área de influencia. Sus opciones abarcan las 200 millas marítimas sobre

---

[283] El hundimiento de la corbeta antisubmarina surcoreana "Cheonan", el 26 de marzo de 2010, fue obra de los servicios secretos estadounidenses. A través de Global Research se conocieron los detalles de lo ocurrido, publicado en un artículo de Wayne Madsen, periodista investigador que trabaja en Washington DC, que divulgó informaciones de fuentes de inteligencia en el sitio web: Wayne Madsen Report.

el mar frente a sus costas, pero los estadounidenses reclamaron que son aguas internacionales y exigieron la libre navegación en la zona. Desde Washington, se pretendió imponer sus intereses en la región, porque existe cierta desesperación por contener a China y aislarla del ámbito de naciones que conforman la Asociación de Naciones del Sudeste Asiático (ASEAN).

Un "informe anual" del Departamento de Defensa de los Estados Unidos, emitido el 16 de agosto del 2010, criticó los avances de China en materia defensiva. La defensa de un país es una opción única y exclusiva de esa misma nación sin injerencia de otras, pero Washington insistió en la emisión de juicios sobre la seguridad interna del gigante asiático, lo que constituyó una injerencia externa en sus asuntos internos.

Y fue de esa manera, porque la administración Obama corroboró la importancia geoestratégica de la región Asia-Pacífico para los intereses de los Estados Unidos. Al punto de concebir el intervencionismo militar en esa región de forma permanente con el despliegue de un contingente de 2500 infantes de marina en Darwin, Australia, entre los años 2011 y 2012. Al margen de las importantes relaciones económicas y políticas con Australia, el Pentágono planificó una significativa presencia militar en este país, recibiendo el rechazo de China, porque el acuerdo militar con Australia vulneró sus intereses pacíficos que son contrarios a la expansión de alianzas militares en la región. Ese destacamento militar en Darwin aumentó la influencia de Washington en el Pacífico Sur, y estrechó su alianza con Camberra, en medio de una velada estrategia de contención hacia la República Popular China.

Esto ocurrió mientras los Estados Unidos anunciaba el cierre de la guerra en Iraq y la transición en Afganistán, lo que le permitiría concentrarse de forma vigorosa en la zona Asia-Pacífico, un mercado de enormes posibilidades de bienes y servicios, mientras Europa estaba devorada por la crisis económica. Las motivaciones estadounidenses con la región Asia-Pacífico también se relacionaron con una presencia militar por pretensiones geoestratégicas, siempre justificadas con el argumento de las "garantías de seguridad".

Esta tesis quedó ratificada también con la firma de un acuerdo con Filipinas, aún en contra de la voluntad popular, para mantener allí sus soldados, así como en el esfuerzo del Pentágono de perfilar una arquitectura de seguridad en la región acorde con las necesidades estratégicas de los Estados Unidos en el siglo XXI.

Con esa concepción, los Estados Unidos incrementó su presencia militar en la base sudcoreana de Kunsan, donde agregó nuevos aviones cazas de combate y tropas militares. Washington justificó esa acción con el pretexto de una reafirmación del compromiso de crear una fuerza disuasiva para defender a Corea del Sur. Se dispuso la construcción de una base naval estadounidense en la isla sudcoreana de Jeju, la cual permitiría la presencia de portaaviones nucleares y otras fuerzas similares en territorio sudcoreano, perturbando la paz y la seguridad en la zona. Lo anterior dio continuidad a las maniobras militares anuales que desarrollaron, durante décadas, los ejércitos de Corea del Sur y los Estados Unidos, en medio de un clima de verdadera tensión con Corea del Norte.

El expansionismo militar estadounidense provocó que China tomara sus propias medidas de fortalecimiento militar. Una campaña de ensayos de misiles en el Mar Amarillo lanzó especulaciones sobre la obtención de un arma que podría cambiar las reglas del juego estratégico en la región, pues se trató de un liquidador de portaaviones capaz de enfrentar la hegemonía naval de los Estados Unidos en el Pacífico occidental. Este misil balístico antiportaaviones (ASBM, siglas en inglés), denominado Dongfeng 21-D, podría hacer más complicado el despliegue de un grupo aeronaval estadounidense en el mar de China, en caso de crisis en torno a Taiwán. China desplegó cinco nuevos satélites Yaogan, en apoyo a esa nueva arma. Los expertos reconocieron que el lanzamiento de un misil balístico contra un barco podría tener graves consecuencias porque, en caso de un error de cálculo, el adversario podría parecerle un ataque nuclear con ese tipo de arma.[284]

El avance de China en el terreno científico y militar le permitió el lanzamiento al espacio del primer módulo de lo que será su primera estación científica espacial. La nave, bautizada con el nombre de Tiangong-1 o Palacio Celestial,

---

[284] Véase de Arnaud de la Grange, "Les États-Unis et la Chine se mesurent en haute mer", Le Figaro, Paris, 25 de julio de 2010, p. 7.

despegó con éxito desde una plataforma en Jiuquan, en el desierto de Gobi. A fines del año 2011, China había lanzado al espacio unos 20 cohetes y 25 satélites, cifras que evidencian el creciente desarrollo del país asiático en esta esfera de competencia entre las principales potencias mundiales.

China es la segunda potencia económica mundial, será también una influyente potencia política para los años 2030-2050, y deberá comenzar a remodelar el sistema internacional junto a otras potencias: Brasil, Rusia, India, Sudáfrica, entre otras que irían sumándose al grupo BRICS, que ya contiene en su seno a las potencias emergentes mencionadas. Eso no implicaría una salida de los Estados Unidos del juego de la política internacional, sino que el sistema internacional será más equilibrado, como no lo ha sido desde hace 250 años, y que occidente está perdiendo su lugar central. Desde el punto de vista histórico, estas evoluciones representan el regreso a la configuración de relativa igualdad internacional que prevaleció antes de la revolución industrial europea.

Pero, aunque China juegue a un efectivo equilibrio del poder en la región, el plan de Obama se puso en marcha. Y fue mucho más amplio y militarista que el de su predecesor, con el fin de inclinar a los países asiáticos hacia la órbita de influencia de los Estados Unidos. Con Obama, al margen de la retórica del cambio, se ejerció sutiles presiones sobre China por la cuestión de Taiwán. Los portaaviones de propulsión nuclear dotados de decenas de aviones de combate, con bases permanentes en Japón, estuvieron activos para controlar la zona. Aunque Washington asistió con impotencia a la consolidación de la Organización de Cooperación de Shanghái, (OCS), todo pareció indicar que su papel seguiría aumentando en la región Asia-Pacífico, en su tentativa de recrear una unipolaridad estratégico-militar -ya casi inexistente-, y restablecer los vínculos de dominación sobre otros Estados soberanos en esa parte del mundo.

Conclusiones

Después del año 1945, los primeros antecedentes de la estrategia antimisil estadounidense pueden situarse en el surgimiento de la bomba atómica y de los cohetes balísticos intercontinentales, los cuales convirtieron en inservibles a los refugios atómicos diseñados para proteger, en un escenario de conflagración nuclear, el poderío económico y militar obtenido por los Estados Unidos.

Los planes para crear un sistema de "defensa" antimisil fueron asociados a las estrategias de "seguridad nacional" desarrolladas por las administraciones estadounidenses durante la "guerra fría". Con la aparición de la estrategia nuclear y la doctrina de la "Contención del Comunismo", el Pentágono introdujo los primeros programas para el despliegue de un sistema antimisil, pues esas concepciones ofrecieron una proyección dirigida a movilizar los tradicionales mecanismos de poder militar, diplomáticos y económicos de los Estados Unidos contra la URSS, su más importante contendiente en el sistema internacional de la postguerra.

Distintas administraciones debatieron la creación de un sistema de "defensa" antimisil. Los proyectos más abarcadores, por sus objetivos políticos, militares o tecnológicos fueron: el Sentinel (Centinela) de Lyndon B. Johnson, el Safeguard (Salvaguardia) de Richard Nixon y la Iniciativa de Defensa Estratégica (IDE) o "Guerra de las Galaxias" de Ronald Reagan. Las contribuciones científicas, los componentes y las concepciones de la IDE perduraron en el pensamiento estratégico estadounidense para la posterior conformación de una variante que los presidentes William Clinton y George W. Bush denominaron Sistema Nacional de Defensa Antimisil (SNDA).

La carrera de armamentos nucleares impulsada por los Estados Unidos intensificó el desarrollo y la producción de las tecnologías de misiles balísticos que destruirían el equilibrio estratégico y militar logrado por los soviéticos en la década de los años 70´ del siglo XX. En el escenario internacional de la posguerra fría, el interés de los líderes estadounidenses con el despliegue de una "defensa" antimisil radicó en la consolidación de la supremacía nuclear de la superpotencia, para conservar su indiscutible poder unipolar en el ámbito estratégico-militar. Este breve unipolarismo rememoró, en términos históricos, el poderío alcanzado por los Estados Unidos en los tiempos de la política del "Chantaje Nuclear" contra la URSS, entre los años 1945 y 1950.

La confrontación bipolar provocó cuantiosos gastos militares a las superpotencias. La economía soviética quedó asfixiada por la competencia armamentista con los Estados Unidos. Su modelo económico y estructuras productivas centralizadas resultaron incapaces de soportar el reto estadounidense. Los acontecimientos acaecidos en la última década del siglo XX, y la lenta recuperación económica-financiera de Rusia en la primera década del siglo XXI, corroboraron que había surtido efecto el objetivo estadounidense de erosionar en el orden económico a la potencia euroasiática.

El funcionamiento de un sistema de "defensa" antimisil superó las doctrinas estratégicas basadas en la concepción de la "disuasión nuclear" y la "Destrucción Mutua Asegurada" (DMA). Mediante el establecimiento de las condiciones para el uso de un "primer golpe" y el fortalecimiento de la capacidad de respuesta nuclear, los Estados Unidos se prepararon para la "Supervivencia Asegurada" frente a Rusia y China, sus principales rivales estratégicos en el siglo XXI. La estrategia clásica de potencia basada en la voluntad estadounidense de prevenir la emergencia de un competidor no constituyó un proyecto de seguridad internacional.

La finalidad del despliegue de la "defensa" antimisil de los Estados Unidos y la OTAN, en distintas regiones del planeta, persiguió devaluar el potenciar nuclear de Rusia y China, hacia los años 2015 y 2025, lo que provocó una nueva carrera armamentista con implicaciones negativas para el continente europeo al quedar más dependiente que nunca antes de los conceptos estadounidenses de guerra y destrucción. Al mismo tiempo que reimpulsó el Complejo Militar-Industrial y los beneficios de los consorcios y grupos del gran capital transnacional.

En el contexto de la "guerra" contra el terrorismo, tras el 11 de septiembre del 2001, el proyecto de la "defensa" antimisil continuó y tomó fuerza, porque formó parte de una estrategia de "seguridad nacional" diseñada para evitar que otras potencias mundiales adquieran una fuerza política, económica y militar comparable o superior al poderío actual de los Estados Unidos, en un nuevo siglo que avizora indudables avances tecnológicos y signado por la conquista del espacio cósmico.

El despliegue de la "defensa" antimisil en Polonia y República Checa, fue un contencioso muy espinoso en las relaciones ruso-estadounidenses, porque sirvió inclusive para que los Estados Unidos tratara de involucrar a Rusia en las presiones sobre las autoridades de Irán, prometiendo que el despliegue del sistema antimisil no estaba enfilado contra Moscú. La "defensa" antimisil fue utilizada por los Estados Unidos como un mecanismo de chantaje político y de presión diplomática contra otros Estados, además de presentarnos un nuevo esquema de rivalidades entre las principales potencias nucleares en el escenario mundial.

La inclusión de Japón y Taiwán en el despliegue de un sistema de "defensa" antimisil de teatro afectó el horizonte de las relaciones chino-norteamericanas y representó una intención de rediseño del equilibrio de poder en la región Asia-Pacífico, según los intereses estratégicos de los Estados Unidos y sus aliados en Asia Oriental. También se consideró una garantía de protección para los efectivos estadounidenses ubicados en sus bases militares en esa geoestratégica zona del planeta.

Los sectores más interesados en la construcción del SNDA, representados por los influyentes grupos de poder vinculados al Complejo Militar-Industrial, mantuvieron un desempeño protagónico en la proyección exterior de la administración de George W. Bush. Los políticos "neoconservadores" impusieron, como tendencia dominante, un unilateralismo hegemónico, que tuvo un efecto perjudicial para la imagen y la práctica de la política exterior de los Estados Unidos.

El despliegue del SNDA buscó revolucionar las tecnologías con el objetivo de modernizar los radares, satélites, rayos láseres, sensores, la aviación y el arma nuclear misilística. El proyecto representó para los estrategas norteamericanos una opción para fortalecer la infraestructura científica y la hegemonía tecnológica de los Estados Unidos en el siglo XXI. En la posguerra fría, la consolidación del poder hegemónico global norteamericano dependió de la creciente dependencia de las investigaciones en avanzadas tecnologías y medios militares.

Los sectores vinculados al Complejo Militar-Industrial, interesados en la construcción del sistema de "defensa" antimisil, mantuvieron un desempeño protagónico en la política exterior de la administración de W. Bush, y con sus acciones en la industria bélica y energética dictaron la agenda militarista y agresiva del ejecutivo, prescribiendo que la consolidación del poder hegemónico global estadounidense dependerá de sus resultados científicos en el logro de avanzadas tecnologías al servicio de la economía y los medios militares. Aquí radicó la importancia renovada del Complejo Militar-Industrial en la protección de los intereses económicos y comerciales de los Estados Unidos en el nuevo entorno internacional.

Un segundo gobierno de W. Bush no abandonó las metas generales del primero, pero procuró establecer "un rumbo más cauteloso y mesurado" hacia los objetivos de dominación mundial. La posibilidad de un tránsito de las posiciones extremas hacia un mayor "realismo político" en el establishment permitieron a la administración retomar los principales enfoques teóricos predominantes en el último medio siglo de la política exterior norteamericana, combinando la acción multilateral y el fortalecimiento de la alianza de Washington con Europa, Japón y otros actores del sistema internacional, como la Organización del Tratado del Atlántico Norte (OTAN).

El discurso de los ideólogos neoconservadores reapareció con la administración de Barack Obama. En la doctrina Obama -representante del llamado progresismo estadounidense- la amenaza, sea de los comunistas, del populismo, del narcotráfico, del fundamentalismo islámico o del terrorismo, concedió las argumentaciones requeridas por la política exterior norteamericana. Esas amenazas, más imaginarias que reales, fueron un ingrediente necesario para justificar la ilimitada expansión del gasto militar y la enorme rentabilidad que ocasionó a los oligopolios vinculados al gran negocio de la guerra.

Sin esas supuestas amenazas sería imposible justificar la permanente búsqueda de restauración del liderazgo ejercido por los Estados Unidos mediante el despliegue de la "defensa" antimisil, el predominio expansivo del Complejo Militar-Industrial y los fabulosos subsidios que recibió de los contribuyentes norteamericanos. Tampoco hubiera sido posible la desorbitada militarización de la sociedad norteamericana, que se proyectó hacia afuera con su agresiva política exterior y hacia adentro con una abrumadora presencia de las fuerzas represivas y de inteligencia, facilitada por la legislación "antiterrorista" de W. Bush, que limitó buena parte de las libertades civiles y políticas existentes en los Estados Unidos. En rigor, la administración Obama encarnó la continuidad de la política exterior del período de W. Bush.

Con la propaganda sobre el desarrollo de una "defensa" antimisil, los Estados Unidos promovió una situación de proliferación y terror nuclear que estimuló los problemas globales desestabilizadores del sistema internacional. En la política exterior norteamericana persistió la ausencia de un pensamiento renovador favorable al diseño de nuevos mecanismos de desarme que garantizaran la seguridad mundial y limitaran el desarrollo de las armas nucleares.

La unipolaridad estratégico-militar estadounidense no pudo ocultar el proceso hacia una configuración económica multipolar del sistema internacional. Sus características esenciales fueron el resultado de la interacción dinámica y la rivalidad entre sus actores principales: una Europa integrada en lo económico-comercial, un

Japón con un notable poderío económico y tecnológico, una China con un potencial económico-militar cada vez más creciente, más una Rusia en recuperación en el orden económico y militar, conservando así sus atributos de potencia mundial. Sobresalen también otros Estados de menor poderío que, como la India, Brasil, Sudáfrica e Irán, ya tienen una considerable responsabilidad en el balance de poder regional y global, como ya lo demuestra la asociación estratégica del grupo BRICS (Brasil, Rusia, India, China y Sudáfrica), sin descartar que otras potencias emergentes, en los próximos años, también se sumen a esta alianza.

Los Estados Unidos no solo son la única superpotencia mundial, sino que muy probablemente será la última, atendiendo a la tendencia creciente hacia su declinación económica y el ascenso de otras potencias, como es el caso de China, que, en el año 2011, ocupó el segundo rango en la economía mundial.

En ese escenario internacional de transición o recomposición del poderío de sus actores principales, las contradictorias relaciones entre las potencias capitalistas se debatió en el siguiente dilema: ni los Estados Unidos están dispuestos a propiciar un sistema internacional multipolar –mucho menos pluripolar- ni sus adversarios disimulan la desaprobación del poder concentrado en una superpotencia. Los intentos de nuevas asociaciones estratégicas en los órdenes político, económico y militar entre China, Rusia, la India e Irán, buscó colocar límites a la desigual distribución de fuerzas internacionales en previsión de que los Estados Unidos logren sus objetivos con el despliegue de una “defensa” antimisil.

La creación de nuevos armamentos espaciales significa un peligro para la continuidad de la civilización humana. Una guerra con armas espaciales ocasionaría daños económicos y sociales irreparables para el sistema internacional. El aniquilamiento de los satélites de comunicación impediría la telefonía, la televisión, Internet, la transmisión de datos, la navegación aérea y marítima, la observación de la Tierra y la previsión del tiempo. El retroceso material y humano por los efectos de una guerra de carácter nuclear y espacial sería incalculable. Sin embargo, el proyecto antimisil continuó y tomó fuerza en el contexto de la “guerra contra el terrorismo”, porque su contenido tiene una visión multidimensional: la conservación de la supremacía estratégico-militar y económica de los Estados Unidos en un siglo de nuevos avances tecnológicos y caracterizado por intensas rivalidades por recursos naturales e intereses geoeconómicos.

El despliegue unilateral del SNDA, la expansión de la “defensa” antimisil a otros continentes, el abandono del Tratado ABM, las guerras contra Yugoslavia, Afganistán, Iraq, Libia y la instalación de bases militares en América Latina, nos advierten que lo más intrascendente en las relaciones internacionales contemporáneas no podría evaluarse haciendo abstracción del singular protagonismo y la coyuntural unipolaridad estratégico-militar de los Estados Unidos.

Los hechos demuestran de forma irrebatible que en un sistema internacional bajo la égida del Imperio estadounidense no existe garantía de seguridad para ningún otro país. El siglo XXI comenzó muy parecido al anterior y no ha mostrado cambios en términos estrictamente militares, porque la política internacional siguió signada por el papel preponderante del uso de la fuerza; por lo que es urgente la creación de un efectivo y poderoso movimiento mundial por la paz, el desarme nuclear y la soberanía de los pueblos.

Cronología Básica

1945.
4 julio. Una delegación de oficiales estadounidenses, que fueron a Europa para investigar el uso de misiles balísticos durante la Segunda Guerra Mundial, recomendó un programa de investigación y desarrollo de un sistema de "defensa" antimisil.
16 julio. La administración Truman explota, por primera vez, una bomba nuclear en el desierto del Estado norteamericano de Nuevo México.
EE.UU lanza las bombas atómicas contra dos ciudades japonesas:
6 agosto. Bomba contra Hiroshima.
8 agosto. Bomba contra Nagasaki.

1946
21 enero. La Asamblea General de la ONU acuerda por unanimidad la creación de una Comisión de Energía Atómica.
4 marzo. Las Fuerzas Aéreas del Ejército, precursor de la Fuerza Aérea de EE.UU, puso en marcha dos estudios, a largo plazo, que estudiaron la viabilidad de un interceptor de misiles en desarrollo, que podría destruir misiles avanzando tan rápido como 4.000 millas por hora, en una altura de hasta 500.000 pies.
29 mayo. El informe de la Junta Stilwell, que había sido convocada en el mes de noviembre de 1945, recomendó el desarrollo de "defensas" contra misiles balísticos.
Junio. EE.UU presenta el Plan Baruch ante la Comisión de Energía Atómica para la creación de una "Autoridad Atómica Internacional"
19 junio. Contrapropuesta de la URSS al Plan

Baruch solicitando una Convención Internacional sobre destrucción y prohibición de armas atómicas.

1947

Junio. La URSS vuelve a presentar su plan del año 1946 a la Comisión de Energía Atómica.

1948

abril-junio. EE.UU realiza explosiones nucleares experimentales en el Océano Pacífico, en Leniwetok, Bikini.

Abril. La Comisión de Energía Atómica rechaza el plan soviético de los años 1946 y 1947. La Asamblea General de la ONU adopta el Plan Baruch del año 1946.

1949

29 agosto. Primera explosión nuclear experimental en la URSS.

1950

31 enero. El presidente norteamericano Harry Truman da la orden de que continúen las investigaciones para la invención de la bomba H.

1951

Los EE.UU y la URSS realizaron explosiones nucleares experimentales.

2 febrero. La ONU crea la Comisión de Desarme.

1952

Noviembre. Los norteamericanos realizan la primera explosión termonuclear.

1953
9 agosto. La URSS anuncia que ha conseguido una explosión termonuclear.

1954
1 marzo. Explosión experimental de una bomba H en el atolón de Bikini por EE.UU.

1955
febrero-mayo. Los EE.UU realizan numerosas explosiones experimentales en el desierto de Nevada.
Después de 50.000 intercepciones de misiles balísticos en un equipo analógico, los científicos estadounidenses concluyen que "golpear una bala con otra bala" es posible.
1957
Comienzan las obras del proyecto Nike-Zeus, el primer gran esfuerzo de “defensa” antimisiles de los Estados Unidos.
4 octubre. Lanza la URSS al espacio el primer satélite artificia de la Tierra (Sputnik), iniciando la era de los misiles de largo alcance balístico.

1958
16 enero. El secretario de Defensa Neil H. McElroy asigna la responsabilidad principal de la misión de defensa de misiles balísticos del Ejército de los EE.UU, ordenando a la Fuerza Aérea a reducir su asistente de proyectos y hacer que el radar y equipos de accionamiento y control de este proyecto sea compatible con el plan Nike-

Zeus.
31 enero. Lanzamiento al espacio del primer satélite artificial norteamericano.

1959

Octubre. En los EE.UU se ensayó un sistema que por sus características fue considerado el prototipo de las armas antisatélite.
18 septiembre. El dirigente soviético Kruschev propone a las Naciones Unidas un nuevo plan de desarme general que conduce a la Conferencia del 15 de marzo de 1961.

1961

4 marzo. Según un informe de los EE.UU; los soviéticos completaron la primera intercepción y destrucción de una ojiva de misil de fragmentación a una altitud de 25 Km de la tierra.
15 marzo. Conferencia de Ginebra para el desarme general.
Agosto. La URSS decide reanudar las pruebas nucleares.
Septiembre. Los EE.UU deciden reanudar las pruebas nucleares.

1962

22 octubre. Crisis de los misiles en Cuba.
22 diciembre. Un misil Nike-Zeus llegó a 200 metros de un vehículo de reentrada durante una intercepción simulada sobre el Océano Pacífico. El programa Nike-Zeus se sustituye por el programa de Nike-X, que emplea dos tipos de armas nucleares con punta de interceptores y el radar *phased array*.

1963

21 mayo. Acuerdo URSS-EE.UU sobre cooperación en la utilización pacífica de la energía atómica.
20 junio. Acuerdo soviético-norteamericano en Ginebra para la instalación del teléfono rojo.
5 agosto. Tratado de Moscú entre los EE.UU, la URSS y Gran Bretaña, que prohíbe las pruebas nucleares de superficie y aire.

1965

Noviembre. Fueron emitidas diversas resoluciones de la ONU para el desarme.

1966

10 noviembre. El secretario de Defensa Robert S. McNamara informó al pueblo estadounidense que los soviéticos estaban desplegando su sistema contra misiles balísticos.

1967

23 junio. El presidente Lyndon Johnson y el Secretario de Defensa, Robert McNamara, intentaron convencer al Primer Ministro soviético, Alexei N. Kosygin, de que los soviéticos deben abandonar sus esfuerzos para desplegar "defensas" contra misiles. Los EE.UU añadirían ojivas nucleares a sus fuerzas de misiles balísticos (ICBM) para superar esas defensas.
18 septiembre. El Secretario de Defensa, Robert S. McNamara, anunció la decisión del presidente Lyndon Johnson, para desplegar el programa Antimisil denominado Sentinel (Centinela).

1968

1 julio. El presidente Johnson anunció que los EE.UU y la URSS discutirían los límites de los arsenales nucleares estratégicos y las "defensas" contra misiles balísticos. Las conversaciones se cancelaron cuando Moscú, en septiembre, se involucra en los problemas internos de Checoslovaquia.

1969

6 febrero. La administración Nixon detiene el despliegue del proyecto Centinela, en espera de una revisión completa de los programas estratégicos.
14 marzo. El presidente Richard Nixon anunció su decisión de desplegar un sistema antimisil llamado Safeguard (Salvaguardia), diseñado esencialmente para proteger a los EE.UU de los misiles balísticos (ICBM) soviéticos.
17 noviembre. Los EE.UU y la URSS comenzaron las conversaciones de Limitación de Armas Estratégicas (SALT-I) sobre la limitación de los proyectiles antibalísticos y de los sistemas estratégicos nucleares.

1970

16 abril. Segunda fase de las Conversaciones SALT, en Viena, entre la URSS y EE.UU.
Noviembre. Tercera fase de las Conversaciones SALT, en Helsinki entre la URSS y EE.UU.

1971

Septiembre. Acuerdo de principio entre la URSS y EE.UU, para reducir el riesgo nuclear y otro que prohíbe colocar armas nucleares en la plataforma submarina.

1972
25 mayo. La URSS y los EE. UU firman el Tratado de Antimisiles Balísticos (ABM), que impidió el despliegue de armas nucleares en el espacio y limitó los sistemas antimisiles.
26 mayo. El presidente Richard Nixon y el de la URSS, Leonid Brezhnev, firmaron el Tratado SALT-I, en Moscú, que incluyó la firma del Acuerdo provisional sobre la congelación de los ICBM o misiles balísticos intercontinentales a bordo de submarinos.

1974
3 julio. Los EE.UU y la URSS firmaron un protocolo para reducir el número de sistemas antimisiles. Permite para cada parte de dos a una "defensa" antimisil y el número de lanzadores e interceptores quedó limitado de 200 a 100.

1975
2 octubre. La Cámara de Representantes de los EE.UU votó para cerrar el sitio de Grand Forks, porque el proyecto de "defensa" antimisil Salvaguardia fue considerado vulnerable a un supuesto ataque directo de los misiles de reentrada múltiple independiente (MIRV) soviéticos y por sus problemas técnicos, como los del radar de pulso electromagnético.
18 noviembre. El Senado votó el cierre del proyecto de despliegue del sistema de "defensa" antimisil Salvaguardia.

1975-1976

Un solo sitio del proyecto Salvaguardia de los EE.UU fue completado con 100 lanzadores e interceptores y radares asociados en Grand Forks, Dakota del Norte. Los altos costos de operación y capacidades limitadas condujeron a la decisión de desactivar el sitio en el año 1976. El radar principal en Grand Forks, se convirtió en parte del sistema de alerta temprana de misiles balísticos.

1979

1 junio. La URSS y los EE.UU firman en Viena el Tratado SALT-II, luego no fue ratificado por el Senado norteamericano.

31 julio. Ronald Reagan, candidato republicano a la presidencia, visitó el Puesto de Mando del NORAD en Cheyenne Mountain cerca de Colorado Springs. Reagan vio una demostración de las instalaciones de mando y control utilizadas para alertar a las fuerzas estadounidenses en caso de guerra nuclear. Reagan se molestó al enterarse de que su país no contaba con un sistema de "defensa" contra los ataques de misiles. Poco después de esto, Reagan decidió hacer de las "defensas" contra misiles balísticos parte de su política de seguridad nacional, si fuese elegido presidente.

1980

7 julio. La URSS se muestra dispuesta a iniciar nuevas conversaciones en Ginebra, a condición de que los resultados que se alcancen solo sean

aplicables cuando los EE.UU ratifiquen el Tratado SALT-II, y exigió conversaciones sobre armas espaciales.

1981

23 febrero. La URSS dispuesta a una moratoria sobre el establecimiento de nuevas armas nucleares en Europa, hasta que se consiga un acuerdo definitivo sobre la reducción de dichas armas.

30 noviembre. Comienza en Ginebra las conversaciones bilaterales sobre armas nucleares de alcance intermedio.

1982

8 enero. Un grupo de asesores privados encabezados por Karl R. Bendetsen, informó al presidente Reagan en la Casa Blanca, sobre el lanzamiento de un programa de emergencia nacional para desarrollar "defensas" antimisiles.

Mayo. El presidente Ronald Reagan, opuesto al Tratado SALT-II, lanzó su propia propuesta de un Tratado para la Reducción de Armas Estratégicas (START).

15 junio. La URSS anuncia ante la Asamblea General de la ONU el compromiso unilateral de la URSS de no utilizar el arma nuclear en primera instancia.

9 junio. Se inician en Ginebra las conversaciones bilaterales START para la reducción de armas estratégicas.

Agosto. Comienzan las conversaciones START (Strategic Arms Reduction Treaty o Tratado para la Reducción de Armas Estratégicas) con el objetivo de reducir las armas nucleares, no solo de limitarlas (como habían hecho los tratados SALT-1 y SALT-2).

1983

11 febrero. Después de meses de tener en cuenta las cuestiones estratégicas, como respuesta al creciente poderío de los misiles balísticos intercontinentales soviéticos para un ataque efectivo contra los EE.UU, el Estado Mayor Conjunto recomendó por unanimidad al presidente Reagan el comienzo de una estrategia de seguridad nacional que puso mayor énfasis en la "defensa" estratégica.

23 marzo. En un discurso a la nación, el presidente Ronald Reagan anunció su intención de comprometer a los EE.UU. en un programa de investigación que estudiará la viabilidad de las medidas de "defensa" contra misiles balísticos. El programa se denominó. Iniciativa de Defensa Estratégica (IDE) o "Guerra de las Galaxias".

25 marzo. La política anunciada en el discurso del 23 de marzo, por Reagan, se formalizó en la Directiva 85 para la Seguridad Nacional.

18 abril. El presidente Reagan emitió una guía para la realización de un estudio que evaluó el estado de la tecnología de la "defensa" antimisil. Recomendó un programa de investigación de tecnologías para misiles nuevos. Dos evaluaciones se iniciaron, la primera para ver el estado de la tecnología antimisil y recomendar el camino a seguir (Estudio de las Tecnologías de la Defensa o el Informe de Fletcher); la segunda, para evaluar las ramificaciones de las estrategias y políticas de despliegue de sistemas antimisiles

(ABM), (Estudio Futuro de la Estrategia de Seguridad o Informe Hoffman).
Julio-agosto. Los EE.UU revelan que se ha detectado un radar de gran alerta temprana en construcción cerca de la ciudad de Krasnoiarsk, en la URSS. Esta instalación, a 800 kilómetros de la frontera más cercana, fue considerada, por los EE.UU, una violación del Tratado ABM.
El informe de Hoffman fue completado. Afirmó que los sistemas de "defensa" antimisiles podrían reforzar el efecto disuasorio y que el desarrollo de "defensas" con misiles tácticos podría contribuir al desarrollo de un sistema nacional de "defensa" antimisil. El borrador inicial del informe Fletcher también quedó completado. Se recomendó dos opciones de investigación, uno financiado con 20,9 mil millones de dólares, entre los años fiscales 1984-1989, y otro con alternativas presupuestarias más restringidas.
18 agosto. Declaración de la URSS sobre moratoria unilateral de los sistemas de destrucción de satélites artificiales.
21 agosto. La URSS presenta ante la ONU un proyecto de tratado de no militarización del espacio.
27 agosto. Propuesta de la URSS sobre supresión parcial de misiles SS-20.
6 septiembre. Se reanudan las conversaciones START.
24 noviembre. La URSS se retira de las negociaciones de Ginebra sobre euromisiles.

<u>1984</u>

Los EE.UU desarrolla un plan concentrado en la

investigación de nuevas tecnologías de armas para la IDE con base en el espacio y en tierra, las armas láser, armas espaciales de rayos de partículas, nuclear, de energía dirigida, y los respectivos subsistemas de soporte para estas armas.

6 enero. La Directiva presidencial 119, para la Seguridad Nacional, estableció a la Iniciativa de Defensa Estratégica (IDE) con el fin de explorar el desarrollo de "defensas" antimisiles, como un medio alternativo para disuadir la guerra nuclear. El plan sobre la tecnología desarrollado por el Comité Fletcher sería la guía general para iniciar este programa. Esta Directiva designó al Secretario de Defensa como responsable del nuevo programa.

23 enero. La administración Reagan publicó el primero de una serie de informes sobre la URSS en el que se la acusaba de incumplimientos de los acuerdos de control de armas. Este informe consideró que el radar de Krasnoiarsk era una abierta violación del Tratado ABM.

27 enero. Reagan anuncia la construcción por los EE.UU de una estación espacial habitada para 1992.

Abril. Quedaron unificados varios programas de investigación bajo una sola entidad denominada: Organización para la Iniciativa de Defensa Estratégica.

Julio. La administración Reagan afirma que los EE.UU continuará el despliegue de los misiles de alcance intermedio pese las posiciones de la URSS.

30 julio. La URSS denuncia las pruebas de una nueva arma antimisil por EE UU.

1 agosto. La URSS reconoce que está experimentando aviones de crucero de largo alcance como respuesta a la actitud de los EE UU.
18 octubre. El presidente de los EE.UU, Ronald Reagan, rechaza las propuestas formuladas por la URSS, para la reanudación de las conversaciones en Ginebra.
21 octubre. La URSS y los EE.UU se acusan mutuamente de violar los acuerdos sobre la limitación de las armas nucleares.

1985
8 enero. Los EE UU y la URSS llegan a un acuerdo para iniciar nuevas conversaciones sobre desarme nuclear y espacial, las cuales se reanudaron en Ginebra.
23 enero. El presidente Reagan reafirma su confianza en la IDE o "Guerra de las Galaxias". Por su parte, la URSS advierte que este programa llevará a una nueva carrera de armamentos entre las dos superpotencias.
12 marzo. Tras 15 meses de interrupción, los EE.UU y la URSS celebraron conversaciones, en Ginebra, sobre armas nucleares y el espacio. EE.UU expuso su estrategia de transición de la disuasión basada únicamente en la amenaza de represalias nucleares a una mayor dependencia de las "defensas" antimisiles. La URSS, en respuesta al programa de los EE.UU, propuso la prohibición de la investigación, de los ensayos y el despliegue de armas en el espacio.
22 marzo. Se anuncia que las nuevas negociaciones de Ginebra se dividirán en tres grupos: ar-

mas de alcance medio, armas estratégicas y armas espaciales.
9 abril. El presidente soviético Mijaíl Gorbachov publica una moratoria unilateral que consistió en la congelación de los misiles soviéticos de alcance medio. La reacción de los EE.UU fue negativa.
19 abril. Francia presenta la alternativa "Eureka" al plan de Reagan de desplegar la IDE o "Guerra de las Galaxias".
29 abril. El Pentágono acepta la posibilidad de que sus futuras pruebas de armas espaciales contravengan el Tratado ABM de 1972.
31 julio. El presidente soviético, Mijaíl Gorbachov, anuncia en Helsinki la suspensión de las pruebas nucleares, hasta el 1 de enero de 1986.
6 octubre. El consejero de Seguridad Nacional de los EE.UU, Robert McFarlane, presentó una nueva y "amplia" interpretación del Tratado ABM. En el marco de la "amplia" interpretación se expuso que la "defensa" antimisil basada en el espacio y con componentes de "otros principios físicos" (láser y los haces de partículas), puede ser desarrollada y probada, pero no desplegada.
11 octubre. El presidente Reagan determinó que la "amplia" interpretación del Tratado ABM está plenamente justificada. Sin embargo, ordenó que, como política, el programa de la IDE siga llevado a cabo de acuerdo a su interpretación más restrictiva.
12 noviembre. Concluyen las revisiones de la Organización para la Iniciativa de Defensa Estratégica (IDE). La primera expresó que la entidad estaba diezmada para cumplir con sus estatutos

y tiene que ser reorganizada. La segunda consideró que el desarrollo de la informática y el programa de gestión del proyecto son el problema fundamental de la IDE.

1986

28 enero. Desastre de la nave de transporte espacial Challenger que forzó la cancelación del plan de 15 vuelos tripulados concebidos en el programa "Space Shuttle".

30 julio. Se reorganizó la Organización para la Iniciativa de Defensa Estratégica. La reorganización se basó en el estudio de las necesidades del proyecto y la creciente importancia que se le asignó al diseño arquitectónico del sistema. Se orientó resolver algunos de los problemas técnicos del programa de la IDE.

11-12 octubre. En la cumbre soviético-norteamericana en Reykjavik, Islandia, el presidente soviético Mijaíl Gorbachov insistió fuertemente en limitaciones al programa de la IDE, como condición previa para otros acuerdos de restricción de armamentos ofensivos. Reagan se negó a aceptar las limitaciones propuestas.

4 diciembre. Mientras asistía a una reunión de Ministros de Defensa de la OTAN en Bruselas, el Secretario de Defensa, Caspar Weinberger, anunció la adjudicación de siete contratos de la IDE, para la primera fase de estudio de un misil de teatro de la arquitectura de "defensa". Contratos de 2 millones de dólares fueron adjudicados a cada uno de los siete equipos europeos y estadounidenses, que terminarían su trabajo antes de julio de 1987. A continuación, tendrían

que competir por nuevos contratos sobre la base de los resultados de sus estudios en la fase uno.

1987

15 abril. El presidente Mijaíl Gorbachov, y el canciller soviético, Eduard Shevardnadze, en Moscú, con el Secretario de Estado, George Shultz, de los EE. UU, se comprometieron a no retirarse del Tratado ABM hasta el año 1994. Este compromiso estuvo condicionado a la aplicación del acuerdo sobre la Reducción de las Armas Estratégicas (START). Después del año 1994, cualquiera de las partes podía desplegar sistemas de "defensa" de su elección, salvo que de mutuo acuerdo. Los Estados Unidos también propusieron que ambas partes anualmente intercambiaran datos sobre las actividades previstas de "defensa" estratégica, que proporcionen información recíproca sobre sus respectivos esfuerzos de "defensa" estratégica, permitir las visitas a los centros de investigación asociados, y de acuerdo a los procedimientos de observación recíproca de las pruebas de la "defensa" estratégica.

11 mayo. El juez Abraham D. Sofaer, asesor jurídico del Departamento de Estado de los EE.UU, completó su estudio sobre cómo el Tratado ABM afectaba al programa de la IDE. El informe, publicado el 13 de mayo, concluyó que el Tratado no se opone a las pruebas de los sistemas espaciales de "defensa" antimisiles, incluyendo las armas de energía dirigida.

junio-julio. Como resultado de una revisión de la Junta de Adquisiciones de la Defensa de los programas de la IDE, la arquitectura de la IDE, para la Fase I, fue aprobada. Comenzó la fase de demostración y validación del proceso de adquisición por el Departamento de Defensa.

29 julio. La Organización para la Iniciativa de Defensa Estratégica y el Comando de Defensa Estratégica del Ejército de los EE.UU, anunciaron la selección de cinco equipos de contratistas de la fase I, los cuales fueron invitados a participar en la segunda fase del Estudio de Arquitectura de la IDE. El valor de cada contrato estuvo entre los 4.5 millones y 7 millones de dólares.

8 agosto. La Fuerza Aérea desactiva los últimos Titán II del escuadrón de misiles.

4 noviembre. Un misil Patriot con las modificaciones del PAC-2 destruyó con éxito un misil Patriot que simuló el vuelo de un misil SS-23.

7-10 diciembre. En la Cumbre de Washington, Reagan y Gorbachov, se comprometieron a buscar un acuerdo para dar seguimiento al Tratado ABM, mientras que la realización de investigaciones, desarrollo y las pruebas continuarían, según sea necesario, porque son permitidas por el Tratado ABM. Se comprometieron a no retirarse del Tratado ABM, con el propósito de desplegar "defensas" avanzadas contra misiles balísticos.

8 diciembre. La URSS y los EE.UU firman el Tratado sobre la Limitación de los Misiles de Alcance Intermedio y de Menor Alcance (INF) en Washington.

1988

19 enero. El senador Sam Nunn, pronunció un

discurso, ante la Asociación de Control de Armas, llamando a una reorientación del programa de la IDE. Nunn pidió que el nuevo programa se centrara primero en desarrollar un "sistema limitado de protección contra misiles accidentales o no autorizados a poner en marcha." Uno de los objetivos de mayor alcance del programa sería el desarrollo de un sistema "defensivo" más amplio.

22 enero. Los EE.UU propuso un proyecto de acuerdo sobre la "defensa" antimisil que incluyó las siguientes disposiciones: "la entrada en vigor depende de la entrada en vigor del Tratado START. Duración ilimitada, con un "período específico" de la no retirada del Tratado ABM, a negociar. Continuar la observancia del Tratado ABM a través de ese período. Después del "plazo determinado", cualquiera de las partes es libre de elegir su propio curso de acción, incluyendo el despliegue de sistema de "defensas" de misiles estratégicos que están prohibidas por el Tratado ABM, con un preaviso de seis meses de antelación.

17 marzo. Los EE.UU proponen un protocolo de previsibilidad sobre la "defensa" antimisiles. El protocolo incluye disposiciones relativas a: Un intercambio anual de datos de programación de las actividades previstas de defensa estratégica. Las reuniones anuales de expertos para examinar los datos intercambiados y un plan de nuevas medidas, se citan a continuación: Sesiones de información recíproca sobre los esfuerzos de la "defensa" estratégica, las visitas recíprocas de los centros de investigación asociados, y las ob-

servaciones recíprocas de las pruebas de la "defensa" estratégica.
22-23 marzo. En una reunión en Washington del Secretario de Estado, George Shultz, y el canciller soviético Shevardnadze, los EE.UU presentan una nueva iniciativa que permita el desarrollo, prueba o el despliegue de sensores basados en el espacio sin ninguna restricción.
31 agosto. En una declaración unilateral después de la Tercera Conferencia de Examen EE.UU-URSS sobre el Tratado ABM, los EE.UU afirman que: "Dado que la URSS no estaba preparada para satisfacer las preocupaciones de los EE.UU con respecto al radar de Krasnoiarsk, los EE.UU deberá tener en cuenta que es una violación grave del Tratado ABM. En este sentido, los EE.UU se reserva todos sus derechos, en consonancia con el derecho internacional, a tomar las respuestas apropiadas y proporcionadas en el futuro".

1989
26 enero. El propuesto por el Presidente George Bush para el cargo de Secretario de Defensa, John Tower, dijo, "Yo no creo que podamos diseñar una defensa que pueda proteger a la población estadounidense de la incineración nuclear. Creo que eso es poco realista. El periódico The New York Times informó que los comentarios de Tower son "un hito en la historia del programa antimisil".
9 febrero. El presidente George Bush anuncia en un discurso ante una sesión conjunta del Con-

greso que va a "continuar vigorosamente" la Iniciativa de Defensa Estratégica (IDE).

25 abril. En una audiencia del Congreso, el Secretario de Defensa Dick Cheney, dijo que las limitaciones de presupuesto retrasará el desarrollo de los programas de la IDE. También dijo que la administración hará hincapié en "fragmentos brillantes", un concepto de "defensa" antimisil en el que miles de cohetes interceptores pequeños perseguirían los misiles enemigos para destruirlos en su fase de impulso.

14 junio. En base a la revisión de los requisitos de seguridad, el presidente Bush llegó a la conclusión de que los objetivos del programa de la IDE, se encontraban invariables y que el programa debía continuar ofreciendo la posibilidad de su implementación en los próximos años. El énfasis estaría dirigido hacia el perfeccionamiento de la fase de propulsión de las tecnologías "fragmentos brillantes". En apoyo a estas instrucciones, Bush indicó al Departamento de Defensa llevar a cabo una revisión independiente del programa de la IDE. Esta revisión terminó en el otoño del año 1989.

22-23 Septiembre. Durante dos días de reuniones entre James Baker, Secretario de Estado norteamericano y el Ministro de Relaciones Exteriores soviético Eduard Shevardnadze, en el estado de Wyoming, ambas partes tomaron acuerdos:

La Unión Soviética retiró su vinculación entre el logro de un acuerdo sobre el futuro de la "defensa" antimisil y la aplicación del acuerdo START. La Unión Soviética indicó, sin embargo,

que se reservaba el derecho de retirarse del Tratado START si los EE. UU no cumple con el Tratado ABM. La Unión Soviética se comprometió a eliminar su radar en Krasnoiarsk, sin condiciones previas. Este era un requisito de larga data de los EE.UU para la firma del tratado de control de armas estratégicas. Baker invitó a los expertos soviéticos a visitar dos laboratorios de los EE.UU dedicados a la investigación para la IDE.
23 octubre. En un discurso ante el Parlamento soviético, el canciller Shevardnadze reconoció que el radar de Krasnoiarsk es una violación del Tratado ABM. Repitió la promesa de desmantelar la instalación.

1990

15 marzo. El Embajador Henry F. Cooper presentó el informe de su investigación independiente sobre el programa de la IDE. En este caso, Cooper hizo suyo el concepto de "fragmentos brillantes" y se especificó que el concepto se convirtió en el Sistema de Protección Global contra Ataques Limitados (GPALS).
3 abril. Los EE.UU proponen un acuerdo ejecutivo, no vinculado al Tratado ABM, sobre las medidas de previsión en materia de "defensa" contra misiles estratégicos. La propuesta estuvo diseñada para fomentar la confianza, que implican el intercambio de datos sobre los programas de defensa, las reuniones de expertos, reuniones informativas, visitas a laboratorios, las observaciones de las pruebas y las notificaciones de las pruebas sobre "defensa" antimisil.

24 octubre. Para el año fiscal 1991, la Conferencia de Asignaciones pidió, al Secretario de Defensa, establecer una gestión centralizada del Sistema de Defensa Antimisil de Teatro (TMD), y que fuera financiado con 218, 249,000 dólares. El informe del Comité de Conferencia también solicitó acelerar la investigación y Desarrollo de los sistemas de teatro tácticos de "defensa" contra misiles balísticos. Mientras el Congreso reconoció que era demasiado pronto para determinar la línea de base para una táctica de "defensa" contra misiles balísticos (TMD) del sistema, se solicitó a la Secretaría de la Defensa presentar un plan, el 1 de marzo de 1991, para la determinación de un sistema TMD, su desarrollo y despliegue. Una vez determinado, este plan sería financiado en su totalidad por el Departamento de Defensa, como parte del Programa de Defensa para los años 1992-1997.
9 noviembre. El Departamento de Defensa se hace cargo de la gestión centralizada del programa del TMD.
19 noviembre. Veintiocho países de Europa occidental y oriental, encabezados por los EEUU y la URSS, firman en París el tratado de Fuerzas Armadas Convencionales en Europa (FACE), con el objetivo de equilibrar en Europa las fuerzas convencionales de los dos bloques militares en el nivel más bajo posible. Entró en vigor el 9 de noviembre de 1992.

1991
18 enero. De acuerdo con informes de prensa, por primera vez en la historia, un misil antimisil

interceptó y destruyó un misil balístico en condiciones de combate. Un misil Patriot de la defensa aérea destruyó un misil Scud iraquí que estaba atacando a una base aérea de los EE.UU en Arabia Saudita. La tripulación que disparó el misil Patriot fue dirigida por el Primer Teniente Charles McMurtrey de Montgomery, Alabama. Un periodista del diario Los Ángeles Times escribió: "La edad de la « Guerra de las Galaxias » ha llegado." Después del final de la Guerra del Golfo, se plantearon preguntas acerca de si este hecho en realidad ocurrió. Esto fue parte de un debate público en general acerca de la eficacia operativa del sistema Patriot, que comenzó poco después de terminadas las hostilidades y continuó por cerca de dos años.

29 enero. En el discurso sobre el estado de la Unión, el presidente Bush anunció un cambio en la misión del programa de la "defensa" contra misiles balísticos previendo "la protección contra un ataque limitado de misiles balísticos, cualquiera que fuese su origen." Bush anunció formalmente el cambio de enfoque en el programa de la IDE sobre el concepto de Protección Global contra Ataques Limitados cuando dijo: "He ordenado que el programa de Iniciativa de Defensa Estratégica volverá a centrarse en proporcionar la protección contra un ataque limitado de misiles balísticos, cualquiera que sea su origen. Vamos a seguir un programa que pueda hacer frente a cualquier amenaza futura para los EE.UU, a nuestras fuerzas en el extranjero y a nuestros amigos y aliados".

30 marzo. El Departamento de Defensa envió un

informe sobre el sistema antimisil de teatro al Congreso. Este informe fue presentado en respuesta a las instrucciones contenidas en el año fiscal 1991, en la Conferencia de Asignaciones. El documento advirtió que la Organización para la Iniciativa de Defensa Estratégica establecería un "cargo directivo como Subdirector de la "defensa" de teatro (TMD), el mismo estatus que los programas de tecnologías y estratégicos."
23 abril. El General Donald Kutyna, Comandante del Comando Espacial de los EE.UU, dijo al Comité de Servicios Armados del Senado que el control del espacio por los EE.UU mejoró la eficacia de las fuerzas de la coalición durante la guerra del Golfo Pérsico. Los EE.UU deben planificar en el futuro tener los medios para controlar el espacio y defender sus bienes espaciales. Señaló que el General Norman Schwarzkof, Comandante de las fuerzas de la coalición en Iraq, fue capaz de mover sus tropas sin ser detectados por los movimientos de los iraquíes, a causa del control del aire y el hecho de que Iraq no tenía activos de exploración espacial.
28 abril-6 mayo. El transbordador espacial Discovery despegó de Cabo Cañaveral con varios experimentos a bordo de los principales programas de la Organización para la Iniciativa de Defensa Estratégica. El Discovery ofreció colaboración a los funcionarios de la IDE, lo cual ayudó al desarrollo de sensores para detectar lanzamientos de misiles.
13 junio. La Unión Soviética hizo una declaración formal, unilateral de que el acuerdo START "puede ser eficaz y viable solo bajo las condiciones de cumplimiento" con el Tratado

ABM. Los EE.UU respondió que "los cambios en el Tratado ABM acordado por las partes no sería una base para cuestionar la eficacia o la viabilidad" del Tratado START.

31 julio. Los presidentes de Estados Unidos, George Bush, y de la Unión Soviética, Mijaíl Gorbachov, firman en Moscú el Tratado de Reducción de Armas Nucleares Estratégicas (START-I). Este tratado obliga a las dos superpotencias a reducir sus arsenales de 10.000 a 6.000 cabezas nucleares, y sus bombarderos estratégicos y misiles balísticos a 1.600, y afecta a los misiles balísticos intercontinentales con base terrestre (ICBM), misiles balísticos con base en submarinos (SLBM) y bombarderos pesados (HB).

27 septiembre. El presidente Bush anuncia recortes unilaterales de los EE.UU en armas nucleares tácticas, y hace un llamamiento a los dirigentes soviéticos "a unirse a nosotros en la toma inmediata de medidas concretas para permitir el despliegue limitado de sistemas de "defensas" antimisiles no nucleares para la protección contra un ataque limitado de misiles balísticos - cualquiera que sea su fuente- sin poner en peligro la credibilidad de las fuerzas de disuasión existentes".

3 octubre. Los EE.UU presentan una propuesta nueva que indicó estaban "preparados para hablar de límites específicos sobre el alcance y el calendario de despliegue del sistema de "defensa" antimisil, permitiendo a las superpotencias, poner en práctica el Sistema de Protección Global contra Ataques Limitados (GPALS), sin

perder la confianza en las fuerzas de disuasión ofensiva".

5 diciembre. El Presidente George Bush firmó la ley HR 2100 denominada "Ley de Autorización de la Defensa Nacional para los años fiscales 1992 y 1993". Esta ley autorizó "perseguir el desarrollo de sistemas avanzados de "defensa" contra misiles de teatro, con el objetivo de obtener el despliegue de esos sistemas a mediados de la década de 1990." Además, "desarrollar la implementación y la disponibilidad de tecnología apropiada para el año fiscal 1996, con un funcionamiento eficaz compatible con el Tratado ABM en lo referido al despliegue del sistema de misiles antibalísticos en un solo sitio, como el paso inicial hacia un sistema de misiles antibalísticos más abarcador. Se propuso el diseño de este sistema para la supuesta protección de los EE.UU contra las amenazas limitadas de misiles balísticos, incluyendo lanzamientos accidentales no autorizados o ataques desde países en el Tercer Mundo.

1992

28 enero. El presidente Bush, en su informe anual de la Unión, pidió el apoyo del Congreso en el financiamiento de un programa para supuestamente proteger a los EE.UU de un ataque limitado de misiles balísticos.

31 enero. El presidente ruso, Boris Yeltsin, en un discurso ante el Consejo de Seguridad, reafirmó la "lealtad" de Rusia al Tratado ABM, que calificó de "un factor importante en el mantenimiento de la estabilidad estratégica en el mundo." Propuso la eliminación y prohibición de

las armas, especialmente diseñadas para destruir satélites. Yeltsin anunció que Rusia estaba "dispuesta a desarrollar, crear y operar de manera conjunta, un sistema de defensa global, en lugar del sistema de la IDE. Propuso "diseñar conjuntamente con EE.UU un sistema mundial de protección desde el espacio", mientras que ambas partes continuarían observando fielmente todas las disposiciones del Tratado ABM".

17 junio. En una reunión cumbre en Washington, los EE.UU y Rusia, acordaron la creación de "un grupo de alto nivel para explorar en forma prioritaria" el concepto de un Sistema de Protección Global (GPS). El grupo analizaría: "El potencial para el intercambio de información de alerta temprana a través de la creación de un centro de alerta temprana. El potencial para la cooperación con los Estados participantes en el desarrollo de las capacidades de defensa de misiles balísticos y tecnologías. El desarrollo de una base jurídica para la cooperación, incluyendo nuevos tratados y acuerdos y las posibles modificaciones a los acuerdos existentes necesarios para desplegar un GPS".

2 julio. El Secretario de Defensa, Richard Cheney, envió al Congreso un informe exigido por la Ley de Autorización de Defensa Nacional, para los años fiscales 1992 y 1993. El informe destacó la estrategia establecida por la Ley de Defensa de Misiles del año 1991. Esta estrategia permitiría a los EE.UU desplegar un Sistema de Evaluación Operacional de Usuario (SEOU), para proporcionar una protección limitada de los

EE.UU, en el año 1997. El avanzado sistema de teatro tendría una capacidad de contingencia a partir del año 1996.
Julio. El Departamento de Energía cancela la última prueba del sistema de armas láser, lo que puso fin al programa que había estado sufriendo problemas técnicos, la escasez de fondos y la competencia de otras tecnologías no nucleares.
21-22 septiembre. En la segunda reunión ruso-estadounidense en el GPS, tras el colapso de la URSS, los EE.UU propuso un protocolo al Tratado ABM, que permitiera seis sitios con 150 interceptores para cada parte. El ilimitado desarrollo y las pruebas de los sistemas antimisiles. El desarrollo de sensores y pruebas en el espacio. Redefinir las pruebas de la defensa de teatro más capaz contra misiles balísticos. Permitir la transferencia de los sistemas antimisiles a otros estados. El protocolo duraría 10 años, momento en el que uno y otro lado estarían libres para desplegar "defensas" basadas en el espacio.
1octubre. La Conferencia de la Cámara y el Senado acordaron las disposiciones a incluir en la Ley de Autorización de la Defensa Nacional para 1993. Esta ley modificó la Ley de Defensa de Misiles del año 1991, poniendo más énfasis en el cumplimiento de los tratados en cualquier estrategia de "defensa" antimisiles. Los EE.UU podría optar por desplegar, y mediante la eliminación de la fecha límite de 1996, el Sistema Nacional de Defensa Antimisiles (SNDA). Por último, fue eliminada la obligación de desplegar servicios avanzados de "defensa" contra misiles de teatro de la década de los años 90´.

9 octubre. En Bishkek, la Comunidad de Estados Independientes (CEI), firma un acuerdo de compromiso para apoyar y aplicar el Tratado ABM.
3 noviembre. Durante la campaña para la presidencia de los EE.UU, William Clinton renunció a la meta de un sistema de "defensa" basado en el espacio y apoyó el desarrollo de una opción para "un sistema limitado de defensa antimisiles en el marco estricto" del Tratado ABM. Clinton, quien es elegido presidente el 3 de noviembre, también apoyó el desarrollo y el despliegue de misiles de teatro (TMD), "para proteger a las tropas estadounidenses de misiles de corto y mediano alcance."

1993
3 enero. Casi tres semanas antes de dejar el cargo, el presidente George Bush firmó el acuerdo START-II, con el presidente ruso, Boris Yeltsin, lo que reduciría los arsenales nucleares, una vez más, a 3.000 - 3.500 ojivas en el año 2003.
13 mayo. El Secretario de Defensa, Les Aspin, anunció que la Organización para la Iniciativa de Defensa Estratégica sería denominada Organización de la Defensa contra Misiles Balísticos (BMDO), para reflejar el nuevo enfoque del programa del Departamento de Defensa. En cuanto a la reorientación del programa, el Secretario Aspin señaló que "los EE.UU ya no enfrentaban la amenaza de un ataque soviético masivo, tales como había previsto el programa de la IDE. La

amenaza a los EE.UU proviene de los misiles balísticos de teatro de los dictadores del Tercer Mundo. (...) Es por eso que hemos hecho del teatro de defensa de misiles balísticos nuestra primera prioridad para hacer frente a los nuevos peligros de la era de postguerra fría".

13 julio. Se informó al Congreso de EE.UU que la posición de la administración Clinton sobre la interpretación correcta del Tratado ABM es que prohíbe el desarrollo, las pruebas y el despliegue de sistemas antimisiles con base en el mar, el aire, el espacio, en plataformas móviles y la tierra.

1 septiembre. El Secretario de Defensa, Les Aspin, anunció los resultados de la revisión de los planes de seguridad nacional de los EE.UU para el período de los años 1995-1999. En cuanto al programa de misiles balísticos, el énfasis principal fue dado al despliegue del sistema de "defensa" antimisiles de teatro.

27 septiembre-1octubre. La cuarta Conferencia de Examen del Tratado ABM reafirmó el "compromiso EE.UU-Rusia con el Tratado ABM, y la importancia de "mantener la viabilidad del tratado desde el punto de vista de los cambios políticos y tecnológicos.

29 noviembre-3octubre. Los EE.UU presentan una propuesta de Tratado ABM: "aclaración" para establecer directrices sobre el despliegue de sistemas de "defensas" antimisiles de teatro, que son permitidas por el Tratado ABM. La administración Clinton también se retiró oficialmente de las revisiones del Tratado ABM, propuesto por la administración Bush en el mes de septiembre de 1992, y estuvo de acuerdo en dar

un carácter multilateral al tratado.
30 noviembre. El Ejército llevó a cabo una prueba exitosa del interceptor de alcance extendido (ERINT) en Nuevo México. El ERINT chocó con la cabeza de un vehículo blanco que contenía contenedores diseñados para la simulación de las submuniciones químicas tóxicas.

1994
24 enero - 4 febrero. Rusia propone que, además de poner límites a la velocidad de los vehículos de destino, se limite la velocidad de los interceptores a 3 kilómetros por segundo, en los sistemas antimisiles de teatro. Los EE.UU. rechazaron la propuesta.
11 febrero. El interceptor de alcance extendido (ERINT), en los sistemas de misiles Patriot, fue seleccionado para el programa de defensa de misiles PAC-3 de teatro.
15 febrero. Un interceptor de alcance extendido (ERINT) llegó a un vehículo de misiles balísticos de destino en una prueba realizada en Nuevo México. El objetivo era transportar una ojiva química simulada.
11-13 julio. En conversaciones de alto nivel con Rusia sobre el Tratado ABM, los EE.UU proponen un límite de velocidad de 3 kilómetros por segundo para los interceptores con base en tierra, 4,5 km por segundo para los interceptores en el mar y 5,5 kilómetros por segundo para los interceptores con base en el aire.
27 septiembre. En su "Contrato con América", plataforma pre-electoral del Congreso, 350 can-

didatos republicanos a la Cámara de Representantes de los EE.UU prometieron apoyar el despliegue del SNDA y el Sistema de Defensa Antimisil de Teatro.

28 septiembre. En una reunión cumbre en Washington, el presidente William Clinton y Boris Yeltsin hicieron una declaración conjunta señalando que habían "coincidido en la importancia fundamental de preservar la viabilidad y la integridad del Tratado ABM." Los dos presidentes manifestaron el interés en el desarrollo y despliegue eficaz de sistemas de "defensa" antimisiles de teatro sobre una base cooperativa. Acordaron que las dos partes llevarían a cabo un ejercicio conjunto de "defensa" contra misiles de teatro y de alerta temprana".

10 octubre. Rusia propone aplazar el debate sobre las pruebas o despliegue de Sistemas de Defensa Antimisil de Teatro con velocidades en sus interceptores por encima de los 3 kilómetros por segundo.

5 diciembre. Entra en vigor el Tratado START-I.

<u>1995</u>

15 febrero. La Casa Blanca por poco derrota a los republicanos del "Contrato con América", que abogó por el despliegue de una "defensa" nacional antimisil, "tan pronto como fuera posible."

12 abril. Un informe al Congreso del Departamento de Defensa de los EE.UU, sobre el cumplimiento Tratado ABM, concluye que debido a que el sistema de teatro "no tiene la capacidad para hacer frente a los misiles balísticos estratégicos", y suponiendo que no va a ser "probado

en un modo de sistema antimisil", el despliegue del sistema de defensa antimisiles de teatro sería permitido en virtud del Tratado ABM.
21 abril. El primer vuelo de prueba de un interceptor del Sistema de Defensa Antimisil de Teatro tuvo lugar en Nuevo México.
9-10 mayo. En una reunión celebrada en Moscú, los presidentes Clinton y Yeltsin aprobaron un conjunto de principios para las negociaciones sobre el Sistema de Defensa Antimisil de Teatro. Estuvieron de acuerdo en que los sistemas de defensa antimisiles misiles de teatro pueden ser desplegados por cada país, porque:

1) No representa una amenaza real a la fuerza nuclear estratégica de la otra parte.
2) El Tratado ABM no se aplica a los sistemas de defensa contra misiles de teatro, que solo pueden tener una capacidad teórica en contra de algunos misiles estratégicos, pero que no sería de importancia militar en el contexto de las consideraciones operacionales.
3) Los sistemas de defensa de misiles no serán desplegados por las partes para su uso contra la otra, y que la escala del despliegue - en número y alcance geográfico - por ambos partes será compatible con los programas de defensa contra misiles de teatro.
4) Promover la apertura recíproca en las actividades sobre los sistemas de defensa antimisiles de teatro y en el intercambio

de información correspondiente. Confirmaron el interés en el desarrollo y despliegue de efectivos sistemas antimisiles de teatro sobre una base cooperativa.

Noviembre. En la Estimación Nacional de Inteligencia (NIE 95-19) los expertos concluyeron que "ningún país, aparte de las principales potencias nucleares declaradas, podrá desarrollar o adquirir un misil balístico en los próximos 15 años, que ponga en peligro a los EE.UU y Canadá."

17 noviembre. Los EE.UU y Rusia acordaron un marco para la negociación de una línea de demarcación entre los sistemas nacionales antimisiles (SNDA) y los Sistemas Antimisiles de Teatro (SDAT). "Las partes implementarán, en forma recíproca una serie de "medidas de confianza con respecto a los SDAT y sus componentes, y el intercambio recíproco de información y notificación de los ensayos". Se ratificó el cumplimiento de las disposiciones pertinentes del Tratado ABM.

<u>1996</u>

6 marzo. El gobierno de Clinton anunció un programa de "defensa" antimisil que hizo hincapié en reorientar los SDAT para hacer frente a la amenaza de los misiles de corto alcance y aplazó las decisiones de despliegue de los SDAT más avanzados en la Marina de Guerra hasta después del año 2000. El gobierno también anunció su plan para comenzar el despliegue de un SNDA, en tres años, para enfrentar grandes amenazas.

Marzo. La Ley de Defensa de los EE. UU declara, como política de la nación, el despliegue de una "defensa" contra misiles limitada, para el año 2003. Se introduce en ambas Cámaras del Congreso, pero no tiene éxitos por el alto costo estimado de su puesta en práctica.
Abril. El gobierno de Clinton establece un plan de tres años para el desarrollo de la "defensa" antimisil. El programa del SNDA cambia de la fase de preparación para la tecnología a un programa de preparación para el despliegue.
21 abril. En la cumbre del G-7 de Moscú, el Presidente Clinton anunció "importantes progresos" en la delimitación del SDAT. Las negociaciones en el Comité Consultivo Permanente (Tratado ABM) se reanudaron, en mayo, con el objetivo de completar, en junio, un acuerdo de delimitación de la primera fase relativa a los sistemas con velocidades de interceptor hasta 3 kilómetros/segundo.
24 junio. Los EE. UU y Rusia concluyeron un principio de acuerdo para distinguir entre los sistemas de "defensas" contra misiles balísticos estratégicos (sistemas ABM) y ciertas "defensas" contra los no-misiles balísticos estratégicos, es decir, las llamadas "defensas" antimisiles de teatro (SDAT).
20 agosto. Israel completó con éxito una prueba de su sistema antimisiles balísticos Arrow- II.
23 septiembre. En una reunión bilateral, en Nueva York, entre el Secretario de Estado de los EE.UU, Warren Christopher, y el Ministro de Relaciones Exteriores de Rusia, Yevgeny Prima-

kov, se reafirmó el compromiso con la fase preliminar de una delimitación sobre la velocidad de los misiles en los SDAT.

31 octubre. La ceremonia de firma entre el Subsecretario de Estado de los EE.UU, Lynn Davis, y el Vicecanciller ruso, Georgi Mamedov, de un acuerdo relativo a los sistemas de baja velocidad de los SDAT, se canceló en el último minuto. Rusia se negó a firmar y permitir la entrada en vigor del acuerdo, en la primera fase, sin que se acordara una segunda fase sobre los sistemas más capaces. Los Estados Unidos se negaron a vincular los dos acuerdos y se canceló la firma.

<u>1997</u>

21 enero. El senador de los EE.UU, líder de la mayoría, Trent Lott, y 25 copatrocinadores al introducir la Ley de Defensa Nacional de Misiles del año 1997, plantea que obliga a los EE.UU el despliegue de un SNDA, a finales del año 2003, lo que difiere con la estrategia de la administración Clinton, que plantea desarrollar un SNDA, en el año 2000, momento en el que todas las amenazas de misiles balísticos serían evaluadas, y una determinación se hará en cuanto al despliegue en el año 2003. El mismo día, el senador Richard Lugar defendió el desarrollo de un SNDA, capaz de ser desplegado a finales del año 2003, con una votación en el Congreso en el año 2000, para determinar finalmente el despliegue o no de este sistema.

24 enero. Un Misil Estándar 2 modificado logró interceptar y destruir un blanco de misiles. Esta fue la primera intersección con éxito de un misil por el Misil Estándar 2. Esta prueba fue uno de

los requisitos previos para avanzar en el sistema antimisil de teatro de la Marina en la fase de ingeniería y desarrollo.

7 febrero. Los EE.UU llevaron a cabo una prueba en la que un misil Patriot Advanced Capability-2 (PAC-2) interceptó con éxito un misil balístico de teatro.

21 marzo. En la Cumbre de Helsinki, los presidentes de los EE.UU, William Clinton, y de Rusia, Boris Yeltsin, emitieron una declaración conjunta relativa al Tratado de Misiles Anti-Balísticos (ABM), en la que ratifican los principios de la Declaración Conjunta del 9 al 10 de mayo de 1995.

24 junio. La Oficina del Programa Conjunto, en colaboración con la Oficina del Programa Nacional del Ejército de los EE.UU, completó con éxito el primer vuelo de prueba (IFT-1A), de "un sensor candidato infrarrojo diseñado para su posible uso en el SNDA".

19 agosto. Se realizó una prueba del sistema antimisil. El despegue fue normal, pero el interceptor se desvió de su curso poco después del lanzamiento y tuvo que ser destruida por razones de seguridad. El misil objetivo fue un misil Arrow-1.

21 agosto. La Comisión Consultiva Permanente concluyó su quincuagésimo quinto período de sesiones. Durante esta sesión, Rusia y los EE.UU llegaron a un acuerdo sobre la limitación entre el SDAT y el SNDA, y sobre la continuación del Tratado ABM.

25 septiembre. El Grupo de Trabajo sobre Re-

ducción de Riesgos en los programas de la "defensa" antimisil estudió las medidas que podrían adoptarse en la ingeniería, pruebas en tierra y la simulación para maximizar la probabilidad de que cada vuelo en los programas de intercepción tuvieran éxito. Se reconoció que el programa del SNDA fue ambicioso y de alto riesgo debido a los ajustados presupuestos y los problemas con la tecnología.

26 septiembre. La Marina llevó a cabo una prueba para la reducción del riesgo de vuelo de los misiles en el Centro de Alcance de Misiles del Pacífico en Hawái, utilizando una versión modificada SM-2 Block IV. El vuelo fue declarado "NO PRUEBA", porque el misil no completó la segunda etapa de vuelo. El objetivo principal era demostrar la estabilidad de los misiles de vuelo durante la segunda /tercera etapa y posterior huida a gran altura.

26 septiembre. En una ceremonia en el Hotel Waldorf-Astoria de Nueva York, los representantes de los EE. UU, Rusia, Bielorrusia, Kazajstán y Ucrania firmaron acuerdos para establecer una demarcación entre los SDAT, que no están limitados por el Tratado ABM, y los sistemas antimisiles que fueron prohibidos por el tratado. Estos delegados también firmaron un memorando de entendimiento que designa a Rusia, Bielorrusia, Kazajstán y Ucrania, los Estados sucesores del Tratado ABM, en sustitución de la extinta URSS.

29 septiembre. El ejército de los EE.UU obtuvo éxito en la prueba del sistema de teatro de la Marina: Patriot Advanced Capability-3 (PAC-3).

Los objetivos de la prueba incluyeron la verificación de lanzamiento y vuelo de las funciones, interfaces con el sistema Patriot y la operación de misiles en los entornos de vuelo antes de las misiones de interceptar objetivos.

1 octubre. El Ejército de los EE.UU estableció el Comando Espacial de la Defensa Antimisil, componente del Ejército para el espacio y la "defensa" antimisil. Este comando también serviría como material para el desarrollo integrador de los diversos programas del Ejército para la "defensa" contra misiles de teatro. Su propósito sería asegurar que las fuerzas del Ejército tuvieran acceso a los bienes espaciales y a las "defensas" antimisiles efectivas para proteger a la nación, así como desplegar las fuerzas de los EE.UU y de sus aliados.

9 octubre. El representante Curt Weldon emitió una carta en la que señaló que "ahora es el momento para responder a la nueva amenaza de misiles iraníes. Entre las iniciativas posibles se habló de perfeccionar los radares y los SDAT para proteger a los EE.UU e Israel.

17 octubre. El Ejército de los EE.UU probó un láser infrarrojo medio, Advanced Chemical Laser (MIRACL), en un satélite de la Fuerza Aérea. El láser disparó dos ráfagas en el satélite, una por menos de un segundo y durante unos diez segundos.

20 octubre. El Embajador David Smith, para la Defensa y el Espacio, entre los años 1989 y 1992, criticó los acuerdos alcanzados por la administración Clinton a través de las conversaciones

del Comité Permanente Consultivo en los últimos años. Según Smith, a pesar de los "audaces afirmaciones", los acuerdos ratifican el pensamiento de la "Guerra Fría" y obstruyen la defensa de los EE.UU mediante los SDAT. Smith fue partidario del despliegue rápido de armas láser, las cuales habían sido prohibidas por los acuerdos criticados por él.

28 octubre. Un grupo bipartidista de legisladores anunció su intención de introducir un proyecto de ley que autoriza 390 millones de dólares para el financiamiento de los programas del SDAT debido a la supuesta amenaza de los misiles de Irán. Esta legislación trató de responder a la amenaza a corto plazo, al autorizar más fondos para el sistema de teatro de la Marina: Patriot Advanced Capability-3 (PAC-3), y el programa Arrow de Israel.

31 octubre. El Departamento de Defensa y el Ministerio de Defensa canadiense firmaron una declaración de intenciones en materia de cooperación espacial para la "defensa".

15diciembre. El ejército de los EE.UU realizó otra prueba del sistema de teatro de la Marina: Patriot Advanced Capability-3 (PAC-3).

1998

Enero. El Subcomité para la Seguridad Internacional, la Proliferación y de Servicios Federales de la Comisión del Senado sobre los Asuntos Gubernamentales dio a conocer un informe de la mayoría que, básicamente, acusó a la administración Clinton de no evitar la proliferación de la tecnología de misiles y las armas de destruc-

ción masiva. El informe llamó a enfrentar la proliferación mediante el despliegue de un SNDA.
15 enero. Una prueba del SNDA se llevó a cabo con éxito. Todos los objetivos integrados y las pruebas de vuelo del SNDA se llevaron a cabo con éxito.
21 enero. El senador Jesse Helms, Presidente del Comité Senatorial de Relaciones Exteriores, aconsejó al presidente William Clinton que su comité no considerará el acuerdo sobre la eliminación Completa de los Ensayos Nucleares, hasta que la administración no sometiera a aprobación los acuerdos sobre la limitación de los SDAT y la multilateralización del Tratado ABM.
27 febrero. Un grupo de expertos independientes, presidido por el general retirado Larry Welch, emite un informe sobre los programas de misiles del Pentágono. El panel dijo que los programas son muy ambiciosos y son una "carrera hacia el fracaso."
19 marzo. El senador Thad Cochrane, presentó la Ley de Protección de misiles estadounidenses en nombre de sí mismo y del proyecto de ley copatrocinado, por el senador Daniel Inouye. La medida SB 1806, como el proyecto de ley de Cochrane-Inouye fue aprobado, incluyó una sección en la que explicó la amenaza existente para los EE.UU de misiles balísticos, y señaló que "varios adversarios de los EE.UU han manifestado su intención de adquirir misiles balísticos intercontinentales capaces de atacar a los EE. UU".

17 abril. La Organización para la Defensa de Misiles Balísticos anunció el lanzamiento con éxito de su experimento de vuelo Red Crow. El propósito del experimento de vuelo fue evaluar el desempeño operativo de una serie de contramedidas contra misiles balísticos en condiciones reales de vuelo atmosférico. Los datos preliminares de vuelo indicaron que los objetivos de la misión Red Crow se cumplieron.
20 abril. El Secretario de Defensa, William S. Cohen, anunció que la administración Clinton va a financiar una batería de misiles Arrow de Israel en respuesta a la creciente amenaza que plantea los misiles iraníes. Los israelíes habían pedido apoyo a los EE.UU y el costo estimado de esta iniciativa fue de 170 millones de dólares.
12 mayo. Se llevaron a cabo pruebas del SDAT en Nuevo México. La prueba fue un fracaso. La investigación preliminar indicó que perdió el control poco después del lanzamiento. Más tarde se determinó que un cortocircuito electrónico afectó al misil vector de empuje. Este fue el quinto fracaso. El cuarto fallo había provocado gran preocupación sobre el programa. Este fracaso provocó una intensa reevaluación del programa y se le solicitó revisiones importantes, incluyendo un acuerdo con Lockheed-Martin por el cual la empresa pagaría al gobierno un total de 75 millones de dólares en caso de continuar los fallos en el programa de pruebas.
13 mayo. El intento de debate de la Ley estadounidense de protección antimisiles es derrotado por un solo voto en el Senado.
24 junio. El Grupo Consultivo de Defensa (Control de Armas y Asuntos Estratégicos) se reunió

en Carlisle Barracks, Pensilvania. Esta sesión fue presidida por la Dra. Susan Koch, Subsecretaria adjunta de Defensa (Política de reducción de la amenaza) y una delegación del Ministerio de Defensa de Rusia. Uno de los principales objetivos de los EE.UU para esta reunión fue abrir un canal para el diálogo sobre el SNDA. En este sentido, una sesión informativa sobre el programa del SNDA fue realizada.

29-30 junio. Los legisladores estatales y federales de Alaska, junto con expertos económicos y de seguridad, se reunieron, en Alaska, para discutir cuestiones de Seguridad. Este esfuerzo formó parte de una concertación, a nivel estatal que comenzó en la primavera del año 1997, para educar a los habitantes de Alaska en la amenaza de misiles balísticos y presionar al gobierno de los EE.UU sobre la protección efectiva de Alaska contra un ataque con misiles balísticos, lo que la pondría en igualdad de condiciones con los 48 estados contiguos.

15 julio. La Comisión de Evaluación de la Amenaza de Misiles Balísticos de los EE.UU (Comisión Rumsfeld) presentó su informe al Congreso. Los nueve miembros que integraron el panel Rumsfeld fueron unánimes en sus conclusiones, que fueron las siguientes: "Los esfuerzos concertados por un grupo numeroso de naciones hostiles para adquirir misiles balísticos con cargas biológicas o nucleares constituyen una amenaza creciente para los EE.UU, sus fuerzas desplegadas y sus amigos y aliados. Estas nuevas amenazas en desarrollo en Corea del Norte, Irán e Iraq, se suman a las que siguen planteadas por

los arsenales de misiles balísticos actuales de Rusia y China, países con los que no estamos en conflicto, pero que permanecen en la transición incierta".

27 julio. La Organización de Defensa contra Misiles Balísticos y el Ejército de los EE.UU anunció que un acuerdo contractual se había alcanzado con la empresa Lockheed Martin y el gobierno referente a los incentivos para mejorar el rendimiento de los misiles.

27 julio. El Departamento de Defensa anunció la selección del refuerzo para el SNDA con base en tierra. El refuerzo fue el misil balístico intercontinental Minuteman (ICBM).

31 agosto. Corea del Norte probó el vuelo de un misil Taepo- Dong. Este lanzamiento provocó una airada reacción en Japón y los Estados Unidos.

14 septiembre. Israel completó con éxito una prueba del sistema de misiles Arrow--II

1999

20 enero. El Pentágono pide más dinero para los programas del SNDA. El retraso para alcanzar la capacidad operativa inicial del año 2003, se mantuvo y se consideró "más realista" el año 2005. Se estableció el mes de junio del 2000, como la fecha para la decisión del despliegue del SNDA.

10 febrero. Se realizó el Vuelo de Reducción de Riesgos que fue diseñado para reducir los riesgos técnicos inherentes al SNDA. Demostró el tiempo y las capacidades del software y las interfaces del sistema. Las funciones ejercidas incluyen enlaces de comunicaciones, sistema de

carga y sincronización, algoritmos, indicación y seguimiento. El vuelo también proporcionó entrenamiento y ensayo para las pruebas de un SNDA de vuelo integrado.

21-27 febrero. Durante esa semana, una delegación de los EE.UU. compuesta por Robert Bell (asistente especial del presidente para el control de armas), el Subsecretario de Estado, Strobe Talbott, y John Holum (Subsecretario de Estado para Control de Armas y Asuntos Internacionales de Seguridad), viajó a Moscú para sostener conversaciones preliminares sobre la modificación del Tratado ABM.

25 febrero. En una carta al Presidente, el Senador Jesse Helms, presidente del Comité Senatorial de Relaciones Exteriores, solicitó presentar pruebas que contradigan la afirmación de los republicanos de que el Tratado ABM está moribundo. Acompañó, a su carta, un memorando preparado por los abogados George Miron y Douglas Feith, para el Centro de la Política de Seguridad, en Washington, en el que se explicaba que el Tratado ABM está muerto con la desaparición de la URSS.

15 marzo. El Ejército de los EE.UU llevó a cabo una prueba del sistema Patriot Advanced Capability-3. Los datos preliminares indicaron que la prueba fue un éxito. Los objetivos de la prueba incluyeron la recopilación de datos y el análisis de la capacidad del sistema de misiles para detectar, rastrear, y cerrar con su objetivo, la recopilación de datos en el buscador de misiles PAC-3, en un entorno de vuelo, y evaluó el desempeño del circuito cerrado de orientación en vuelo.

16 marzo. El Senado votó 97-3 comprometer a los EE.UU en desplegar un SNDA, después que el presidente Clinton y los demócratas perdieron su larga oposición a la medida, a cambio de un compromiso renovado con el control de armas. La medida exhortó a los EE.UU el despliegue de una "defensa" nacional contra misiles tan pronto como sea tecnológicamente posible."

17 marzo. En una votación 317-105, la Cámara de Representantes aprobó una medida para el despliegue por los EE.UU de un SNDA.

1 abril. La empresa Boeing acuerda, con el programa para el despliegue del SNDA, iniciar la construcción de un prototipo de silo que se utilizará para las pruebas y sistemas de armas del SNDA.

20 mayo. Por una votación de 345-71, la Cámara de Representantes aprobó la legislación que indica el despliegue del SNDA, tan pronto como sea técnicamente factible. El proyecto de ley también dijo que los EE.UU deben continuar las conversaciones de control de armas con Rusia.

3 junio. Rusia realizó una prueba exitosa del misil Topol-M. Disparado desde el cosmódromo de Plesetsk, el misil alcanzó un objetivo a 5.500 millas de distancia, en Kamchatka. Esta fue la séptima prueba del Topol-M. 2

20 junio. Los EE.UU y Rusia emitieron una declaración conjunta tras las conversaciones del Presidente William Clinton y Boris Yeltsin. La declaración comenzó señalando que el Tratado ABM fue fundamental para "reforzar la estabilidad estratégica" y la reducción de los armamentos ofensivos estratégicos. "Partiendo de la importancia fundamental del Tratado ABM, de

nuevas reducciones de las armas ofensivas estratégicas, y de la necesidad de mantener el equilibrio estratégico entre los EE. UU y Rusia.

22 julio. Se estableció la Ley de Defensa Nacional de Misiles del año 1999 (Ley Pública 106-38). Esta ley estableció el despliegue, tan pronto como sea tecnológicamente posible, de un efectivo SNDA capaz de defender el territorio de los EE.UU contra un ataque limitado de misiles balísticos, sea accidental, no autorizado o deliberado.

23 julio. El Presidente Clinton firma la Ley de Defensa de Misiles Nacional del año 1999, pero especifica los cuatro criterios que utilizará para tomar una decisión final de su puesta en práctica: la amenaza, el costo, la situación tecnológica de del SNDA y la adhesión a una renegociación del Tratado ABM.

2 agosto. Se completó con éxito el vuelo de prueba del sistema Terminal de Defensa Aérea de Gran Altura, (THAAD, por sus siglas en inglés), cuando el interceptor de misiles THAAD llegó a un objetivo denominado Hera. Por primera vez, el sistema THAAD interceptó un objetivo fuera de la atmósfera de la Tierra.

16 agosto. El Memorando de Entendimiento de los EE.UU con la Agencia de Defensa de Investigación Cooperativa de Japón, sobre defensa de misiles balísticos, entró en vigor con un intercambio de notas diplomáticas.

17 agosto. Los EE.UU y Rusia reanudaron las conversaciones sobre armas estratégicas que incluyen tanto las restricciones sobre las armas ofensivas y una modificación del Tratado ABM,

para permitir que los EE.UU desplieguen un sistema limitado del SNDA.

9 septiembre. La segunda observación del panel Welch, sobre los plazos para el despliegue del SNDA, llegó nuevamente a la conclusión de que el programa es de "alto riesgo" y que sea analizada su viabilidad. Se plantea que "durante los próximos 15 años, los EE.UU enfrentarían amenazas de misiles balísticos intercontinentales de Rusia, China y Corea del Norte, probablemente de Irán y, posiblemente, de Irak".

16 septiembre. Los EE.UU llevaron a cabo una exitosa prueba de intercepción del sistema de misiles Patriot Advanced Capability-3 (PAC-3).

2 octubre. Se realizó con éxito la primera prueba del SNDA.

2000

18 enero. Fracasa la segunda prueba del SNDA.

5 febrero. Un misil PAC-3 intercepta con éxito su objetivo. El misil interceptado denominado "Hera" había sido lanzado desde Fort Wingate, unos cinco minutos antes del lanzamiento del Patriot.

14 febrero. Philip Coyle, Director de la Oficina de Prueba Operacional y Evaluación del SNDA, dijo al Congreso que "una presión indebida se ha colocado en el programa del SNDA", por la exigencia de cumplir el plazo de su despliegue en el año 2005.

15 marzo. El Ejército de los EE.UU realizó pruebas de misiles. El propósito de esta prueba fue "demostrar la capacidad de lanzar un misil Patriot estándar, a partir de un lanzador de PAC-

3 y recoger los datos de fiabilidad del sistema."

14 abril. La Cámara Baja del Parlamento ruso ratificó el Tratado START-II por una votación de 228 a 131. Este tratado había sido acordado por los negociadores de los dos países en el año 1993 y aprobado por el Senado de los EE.UU en el año 1996.

13 junio. El tercer informe del panel Welch señaló que la "capacidad tecnológica para desarrollar un SNDA es limitada."

Julio. El Senado norteamericano derrotó por 52 votos contra 48 una Propuesta que proponía nuevas pruebas del sistema antimisil.

Fracasa la tercera prueba del SNDA.

1 septiembre. El presidente William Clinton deja a su sucesor la decisión sobre el despliegue del SNDA.

2001

20 febrero. El Ministerio de Defensa ruso anunció planes para construir un sistema de defensa antimisiles de teatro utilizando la tecnología existente para interceptar misiles balísticos en su "fase de impulso." Este sistema ruso no violaría el Tratado ABM, que permite la destrucción de los misiles balísticos con un alcance limitado (3.500 km).

1 mayo. El presidente George W. Bush habla sobre la política estratégica de EE.UU. Proclama el fin de los tratados internacionales de la "Guerra Fría" y la puesta en práctica del SNDA.

4 julio. Rusia promueve iniciativa para fortalecer la estabilidad estratégica y desbloquear el proceso de desarme nuclear consistente en una

reducción radical de las armas estratégicas ofensivas de Rusia y los EE.UU hasta 1500 cargas nucleares para el 2008.

5 julio. Resulta exitosa la cuarta prueba del SNDA.

Julio–14 agosto. EE.UU y Rusia desarrollan rondas negociadoras sobre la estabilidad estratégica mundial.

16 julio. Se hizo una prueba de un misil a una velocidad de 16.000 kilómetros por hora, lanzado desde el atolón Kwajalein en las Islas Marshall.

21 septiembre. En medio del estado de guerra en que se encontraba los EE.UU, tras los sucesos terroristas del 11 de septiembre, el Senado aprueba restablecer 1300 millones de dólares para la "defensa" antimisil.

25 octubre. EE.UU anunció el aplazamiento de varias pruebas del SNDA, pero aclaró que no renunciaba al proyecto.

15 noviembre. Los presidentes de los EE.UU y Rusia, George W. Bush y Vladimir Putin, concluyeron una cumbre de tres días sin acuerdos sobre el futuro del Tratado ABM.

12 diciembre. La administración de George W. Bush anuncia que abandonará unilateralmente el Tratado ABM firmado con la URSS en el año 1972.

13 diciembre. Declaración del presidente de Rusia, Vladimir Putin, en relación con la decisión de los EE.UU de abandonar el Tratado ABM. Para Putin la decisión norteamericana no es una amenaza a la seguridad nacional de Rusia.

<u>2002</u>

2 enero. El Secretario de Estado, Donald Rumsfeld, convierte la Organización de Defensa contra Misiles Balísticos (BMDO, siglas en inglés) en la Agencia de Defensa Antimisiles (MDA, siglas en inglés). Este cambio proporciona mayor independencia a la agencia.
4 febrero. La administración W. Bush destina de los 367 mil millones dólares del presupuesto de defensa, 7800 millones para el SNDA (la misma cantidad aprobada para el año anterior).
25 abril. La Agencia de Defensa Antimisiles prueba con éxito el sistema Patriot Advanced Capability-3 (PAC-3). Esta fue la tercera de las cuatro pruebas de operaciones de vuelo previstas durante la prueba inicial operativa y de evaluación del sistema PAC-3.
15 mayo. Surgen interrogantes sobre el éxito el 25 de abril de las pruebas de misiles de intercepción. Los críticos argumentaron que el Patriot de Capacidad Avanzada-3 (PAC-3) de misiles no destruyó su objetivo" y "análisis posterior indicaron que el PAC-3 se puso en contacto con el blanco, pero no para destruirlo". La Agencia de Defensa Antimisiles clasifica como "secreto" los detalles de los objetivos y medidas que se utilizarán en todas las pruebas de intercepción de vuelo futuro del Sistema. Se toman esfuerzos adicionales para reclasificar la información previamente clasificada.
24 mayo. Rusia y los EEUU firman en Moscú el Tratado sobre reducciones de Armamento Estratégico Ofensivo, que estableció un recorte de sus arsenales nucleares hasta un tope de 1.700-2.200 cabezas nucleares para cada país.

11 junio. En un intento por evitar la retirada de EE.UU del Tratado ABM, treinta y un miembros del Congreso, demandaron a la administración Bush una corte federal, alegando que la retirada es inconstitucional.
13 junio. La retirada de EE.UU del Tratado ABM entra en vigor.
14 junio. Rusia abandona el tratado de desarme nuclear START-II, en respuesta a la salida de los EE.UU del Tratado ABM.
26 junio. Los funcionarios del Pentágono anuncian la propuesta de fusionar el Comando Espacial de los EE.UU con el Comando Estratégico. El nuevo comando tendría la capacidad de concebir y lanzar ataques ofensivos con armas nucleares y convencionales contra sospechosos de un ataque contra los EE.UU en cualquier parte del mundo.
14 octubre. Se realiza la prueba de un interceptor terrestre que es lanzado desde la base de la "Defensa Contra Misiles Balísticos "Ronald Reagan", que destruyó una cabeza nuclear falsa a los 225 km sobre el Océano Pacífico.
21 noviembre. En la prueba del sistema Aegis de defensa antimisiles, un interceptor de misiles Estándar lanzado desde el USS Lake Erie crucero Aegis, interceptó un vehículo blanco en marcha de los Misiles del Pacífico, en Kauai, Hawái.
16 diciembre. El George W. Bush firma la Directiva Presidencial de Seguridad Nacional que expone un plan para comenzar, antes del año 2004, el despliegue operacional de los sistemas de "defensa" contra misiles balísticos.
17 diciembre. Los EE.UU solicita formalmente

al Reino Unido y Dinamarca el uso de las instalaciones en Fylingdales, Inglaterra, y Thule, Groenlandia, respectivamente, para el despliegue de una parte del programa del SNDA.
Se establecieron negociaciones con Polonia y otros países europeos sobre la posibilidad de establecer una base europea para interceptar misiles de largo alcance.

2003
18 junio. Se realizó una prueba, sin éxito del sistema Aegis de "defensa" antimisiles.
11 diciembre. Se realizó una prueba con éxito del sistema de "defensa" Aegis.
El programa del SNDA fue cambiado para la base terrestre de Midcourse (Ground-Based Midcourse Defense (GMD), para distinguirlo de otros programas de "defensa" antimisil con base en el espacio y en el mar.

2004
22 julio. Fue desplegado el primer interceptor terrestre en la península de Greely, Alaska. Antes de concluir el 2004, un total de seis interceptores fueron desplegados en Fort Greely, Alaska, y otros dos en la base de la fuerza aérea de Vandenberg, California.
15 diciembre. Falló una prueba de un misil interceptor en las Islas Marshall debido a dificultades técnicas, El fracaso se produjo 16 minutos después del lanzamiento del blanco desde la isla de Kodiak en Alaska.

2005

14 febrero. Otra prueba de un misil interceptor falló debido a un mal funcionamiento del equipo de apoyo que estaba ubicado en la isla de Kwajalein.
24 febrero. La Agencia de la Defensa Antimisil probó con éxito la interceptación de un misil enemigo falso con el Sistema de Defensa Antimisil (Aegis). Esta fue la primera prueba exitosa de un interceptor estándar operacionalmente configurado y la quinta interceptación acertada usando el sistema Aegis.
16 marzo. La OTAN anunció que contarán antes del año 2010, con un sistema único de "defensa" antimisiles.
2 agosto. El gobierno japonés presentó el Libro Blanco de la Defensa del año 2005, centrado en el desarrollo junto a los EE.UU de su sistema antimisil.
10 octubre. Fueron desplegados por los EE.UU misiles interceptores del SNDA en Alaska.
2 noviembre. Rusia afirma que cuenta con modernos misiles balísticos intercontinentales capaces de burlar las "defensas" antimisiles de otros países, tras la prueba exitosa de un cohete Tópol-M.
10 noviembre. En un ensayo, el sistema USS Lake Erie detecta, sigue y destruye un misil balístico falso, dos minutos después de su lanzamiento.
17 noviembre. Los EE.UU realizaron una nueva prueba con éxito del sistema de "defensa" antimisiles. El misil interceptor lanzado desde un buque del ejército estadounidense derribó una ojiva falsa cerca de Hawái. El ejército norteamericano dijo que esta fue la primera ocasión

en que un buque en alta mar derribó un misil de etapas múltiples.

29 diciembre. El Congreso de los EE.UU aprobó una suma de 133 millones de dólares para el desarrollo del proyecto de "defensa" antimisiles Arrow de Israel.

Al culminar este año fueron instalados dos interceptores terrestres adicionales en Fort Greely, Alaska.

2006

21 junio. Los EE.UU activaron su sistema de "defensa" antimisiles ante las noticias de que Corea del Norte lanzaría un misil de prueba capaz de alcanzar territorio norteamericano.

23 junio. Un Misil Estándar 3 fue lanzado desde el sistema Aegis crucero Shiloh, logrando interceptar un vehículo blanco en marcha de los misiles del Pacífico. En esta prueba de misiles antibalísticos con base en el mar participó Japón.

5 julio. Corea del Norte aumenta la tensión en Asia con el lanzamiento de una prueba de siete misiles de corto, medio y largo alcance. Entre ellos se contaba el Taepo dong-2, con un radio de acción suficiente como para cruzar todo el Pacífico y caer en la costa Oeste de los EE.UU.

20 julio. Los EE.UU anunciaron que instalaría, a partir de agosto de ese año, un sistema antimisiles en Japón, con 24 plataformas de lanzamiento de misiles PAC-3.

1septiembre. Los EE.UU probó con éxito su SNDA. Este fue la primera prueba que logró sus objetivos desde el mes de octubre del 2002, ya que los ensayos realizados, en el mes de diciembre del 2004 y febrero del 2005, fracasaron, porque los proyectiles para interceptar los misiles no salieron de sus silos.

2 noviembre. Es presentado oficialmente la creación del Comando del Ciberespacio de la Fuerza Aérea de los EE.UU.

2007

11 febrero. La conferencia internacional sobre cuestiones de defensa y seguridad, el llamado Foro de Múnich, concluyó con profundas diferencias ruso-estadounidenses sobre la creación por los EE.UU de bases en República Checa y Polonia, para el programa de "defensa" antimisil en Europa.

23 febrero. El primer ministro británico, Anthony Blair, negoció con el presidente estadounidense, George W. Bush, la instalación en su país de parte del sistema antimisil de los EE.UU.

20 marzo. Los EE.UU ensayaron con éxito elementos de su sistema antimisil. Un cohete blanco fue lanzado desde la base aérea de Vanderberg en California. El blanco fue detectado y seguido por un radar con base en mar (SBX) y por dos buques dotados con sistemas de "defensa" antimisil.

26 abril. Se realizó una prueba del sistema Aegis de "defensa" antimisiles.

15 mayo. En el Pacífico norte, los EE.UU. realizaron un ensayo con un misil de largo alcance, considerado determinante para el desarrollo del sistema antimisil proyectado para las bases en Polonia y la República Checa. El ensayo fue interrumpido en el curso de su desarrollo a causa

del funcionamiento defectuoso del misil objetivo, según explicó la Agencia de Defensa Antimisiles de los EE.UU.
22 junio. Un vehículo blanco en marcha del sistema Aegis de "defensa" antimisiles fue interceptado con éxito por un interceptor de misiles Estándar lanzado desde el destructor Aegis, USS Decatur. Una fragata española participó en el ensayo.
10 julio. El Grupo Independiente de Trabajo Intergubernamental de los EE.UU publicó un importante informe destacando la necesidad de realizar esfuerzos más ambiciosos en la política de "defensa" contra misiles balísticos. El informe, titulado Defensa contra Misiles, la Relación Espacial y el Siglo XXI, abogó por el desarrollo y la implementación de sólidas capacidades de defensa de misiles más allá del limitado sistema terrestre desplegado actualmente en Alaska y California.
14 julio. Rusia suspende la aplicación del tratado de las Fuerzas Armadas Convencionales en Europa (FACE), una decisión que adopta en su enfrentamiento con los EE.UU por sus planes para desplegar elementos de su sistema antimisil en Europa.
28 septiembre. Tuvo éxito la prueba de un misil objetivo lanzado desde Kodiak, Alaska, que fue interceptado con éxito por un interceptor lanzado desde Vandenberg Air Force Base.

2008

12 febrero. Rusia y China presentaron ante la

Conferencia de la ONU sobre Desarme, en Ginebra, un nuevo tratado internacional para prohibir la instalación de todo tipo de armas en el espacio con el fin de garantizar la seguridad mundial.

3 abril. Los líderes de la OTAN dieron su apoyo al sistema antimisil de los EE.UU en Europa. El documento sostuvo que "la proliferación de los misiles balísticos es una amenaza creciente" a los países de la OTAN.

21 mayo. El gobierno checo confirmó el tratado que autorizó a los EE.UU la instalación del sistema de radar previsto en el marco del despliegue del sistema antimisiles europeo.

18 julio. La Agencia de Defensa Antimisil encontró desperfectos en las piezas de los interceptores de misiles con base en tierra.

20 agosto. La secretaria de Estado norteamericana, Condoleezza Rice, y el Ministro polaco de Asuntos Exteriores, Radoslaw Sikorski, firmaron el acuerdo que permitirá a los EE.UU instalar el sistema antimisil en Polonia.

5 diciembre. En una prueba sistema antimisil con base en tierra, un interceptor lanzado desde Vandenberg Air Force Base, California, interceptó un blanco lanzado desde Fort. Greely, Alaska.

2009

19 mayo. Rusia y los EE.UU inician negociaciones para un nuevo acuerdo de desarme nuclear en sustitución del Tratado START del año 1991, que vence en diciembre.

3 abril. El presidente de la Federación Rusa, Dimitri Medvedev, declaró que su país desea la

creación de un sistema antimisil "general y común" contra todas las amenazas, y no "la instalación de fragmentos de sistemas antimisiles cerca de las fronteras de Rusia".

17 septiembre. Obama sorprendió a la opinión pública con la declaración de que detiene los planes de su predecesor George W. Bush en la República Checa y en Polonia, para construir un sistema antimisiles ante un eventual ataque iraní con misiles de largo alcance. Moscú responde renunciando a la instalación de misiles cerca de la frontera polaca.

16 octubre. Expertos militares de EE.UU y Polonia evaluaron, en Varsovia, el despliegue de un nuevo sistema antimisiles que debe sustituir al proyecto inicial que la administración de Barack Obama desechó en septiembre.

5 diciembre. El Tratado START-I expira sin que EE.UU y Rusia hayan firmado un nuevo texto para reemplazarlo. El presidente estadounidense, Barack Obama, y su homólogo ruso, Dimitri Medvedev, emiten un comunicado en el que se comprometen a llegar a un nuevo acuerdo que entre en vigor lo antes posible.

29 diciembre. El primer ministro ruso, Vladimir Putin, afirmó que Rusia construirá nuevas armas para compensar el proyectado sistema de "defensa" antimisiles de EE.UU y pidió a Washington compartir información detallada de ese sistema en un nuevo acuerdo sobre el control de armas.

2010

26 marzo 2010. Obama y Medvedev se comprometen telefónicamente a firmar el nuevo tratado el 8 de abril del 2010. El nuevo acuerdo reducirá los arsenales un 30%, hasta las 1,550 cabezas nucleares en cada país.
2 junio. Rusia avala doctrina militar que permite ataques nucleares en caso de agresión. El país euroasiático recurriría a las armas atómicas si se ve amenazada la existencia misma de su Estado.
30 julio. El Primer Ministro checo Petr Necas, dijo que los EE.UU y la República Checa negociaron la construcción de una "defensa" antimisiles de seguimiento y de la estación de alerta en el territorio checo.
4 agosto. El Pentágono informó de la instalación probable de un radar de banda X en Turquía o Bulgaria, como parte del despliegue por la administración de Obama de la "defensa" antimisiles en Europa.
9 agosto. Rusia hizo prueba de dos misiles balísticos Sineva (designación OTAN: SS-N-23) lanzados desde submarinos.
12 agosto. El Pentágono notificó al Congreso que tiene planes de vender misiles Patriot tierra-aire para los sistemas de defensa de Kuwait. La venta sería parte de un esfuerzo de los EE.UU para reforzar las defensas aéreas en la región con el pretexto de la amenaza de Irán. Además de Kuwait, baterías de misiles fueron vendidas o prometidos a Bahréin, Qatar y los Emiratos Árabes Unidos.
14 agosto. Rusia anunció el despliegue de los interceptores S-300 tierra-aire en Abjasia y Osetia del Sur con el objetivo de proteger sus fronteras.

18 agosto. La Agencia de Defensa Antimisiles aplazó una prueba nocturna del láser aerotransportado debido a problemas con un componente de refrigeración.

24 agosto. Se realizó una prueba completa del sistema balístico antimisil de los EE.UU, utilizando más de 2.500 escenarios simulados. Se imitaron 6 posibles ataques diferentes. Los sistemas involucrados en las pruebas de simulación incluyó: sensores basados en el espacio; móviles terrestres de interceptores Patriot, interceptores en Alaska y California, entre otros.

3 septiembre. La Agencia de Defensa Antimisiles intentó sin éxito derribar un blanco simulado con un misil balístico en la costa de California. El sistema láser aerotransportado a bordo del Boeing 747 siguió con éxito el misil, pero no pudo destruirla. Este fallo se produce después de varios aplazamientos de esta prueba de mayor alcance del sistema. Esta prueba fue a una distancia de 100 millas, y seguido de una prueba exitosa a principios de este año a partir de 50 millas.

9 septiembre. Se conoce que Taiwán instala baterías de misiles PAC-3, vendidas por los EE.UU, para actuar como elemento disuasorio contra los misiles de China.

5 octubre. El Ministro de Asuntos Exteriores de Rusia, Sergei Lavrov, dijo que los EE.UU y Rusia están cerca de un documento final para revisar las amenazas de misiles en Europa. Dicha evaluación Rusia la concibe como un requisito previo para proceder a un sistema antimisil re-

gional europea destinado supuestamente a proteger el continente de los misiles iraníes de mediano alcance.

8 octubre. Rusia, después de numerosos fracasos, probó con éxito, desde un submarino, el misil intercontinental "Bulava".

14 octubre. Los países miembros de la OTAN trazaron en Bruselas una estrategia "defensiva" para la próxima década, incluyendo dotarse de un sistema de "defensa" antimisiles.

29 octubre. Las fuerzas navales de EE.UU y Japón lograron interceptar un misil ficticio. Los EE.UU trabajaron estrechamente con Japón para dotarlo de capacidades en la "defensa" antimisiles.

15 noviembre. Israel optó por una conferencia Aeroespacial en Jerusalén para anunciar sus planes de un sistema antimisiles en pleno funcionamiento de varias capas para el año 2015. El objetivo de este sistema con varios niveles será la de ofrecer un "hermético" sello de Israel contra los misiles enemigos entrantes.

19 noviembre. Los países que conforman la OTAN lograron un acuerdo sobre un sistema de antimisiles. Obama señaló que el acuerdo es que ese sistema sea "lo suficientemente potente" para cubrir los territorios de Estados Unidos y Europa.

15 diciembre. La Agencia de Defensa Antimisiles informó que una prueba del sistema interceptor desde tierra falló. Un misil balístico de alcance intermedio fue lanzado desde las Islas Marshall en el Océano Pacífico, y un interceptor fue lanzado desde Vandenberg, en California, pero no se logró el objetivo.

20 diciembre. En una carta dirigida al Senado, el Presidente Obama trató de acabar con las preocupaciones de muchos legisladores republicanos de que el nuevo tratado START-III puede limitar el despliegue por EE.UU de “defensas” antimisiles en Europa. Muchos legisladores republicanos temen que el tratado pueda proporcionar una oportunidad para Rusia en sus presiones sobre la “defensa” antimisiles en Europa.
22 diciembre. El Senado de los EE.UU ratificó el tratado START-III por un voto de 71-26.

2011
5 enero. El general Nikolai Makarov, Jefe del Estado Mayor de la Fuerza Armadas de Rusia, dijo que, en 2020, su país tendrá un sistema nacional antimisiles, así como todo tipo de misiles de crucero. La creación de un sistema puede ser completado tan pronto como este año, y el desarrollo y el despliegue continuará a lo largo de la próxima década.
11 enero. El Secretario de la Defensa, Robert Gates, dijo que Corea del Norte se acercaba rápidamente el estado de "amenaza directa" a los EE. UU, y que poseería la capacidad de atacar con un misil balístico intercontinental en cinco años.

24 enero. Anders Fogh Rasmussen, Secretario General de la OTAN, dijo que mientras Rusia y la OTAN cooperan en un escudo antimisiles europeo, los dos países, sin embargo deben mantener "dos sistemas independientes pero coordinados." La cooperación consistirá en el intercambio de información en un esfuerzo para ampliar la

imagen de vigilancia de misiles en la región. Este anuncio fue presentado cuando el Presidente ruso, Dimitri Medvedev dio un ultimátum a la OTAN: si Rusia no obtiene un compromiso directo de la OTAN por la plena igualdad en cualquier sistema antimisiles, entonces Moscú no tendrá más opción que desarrollar un sistema de defensa antimisiles independientes e incluso desplegar "un grupo ofensivo de misiles nucleares" en la región.

26 enero. La cámara alta del parlamento ruso ratificó el tratado START-III. A pesar de la ratificación, las contradicciones con EE.UU respecto a las "defensas" antimisiles continuaron.

27 enero. El almirante Michael Mullen, Jefe del Estado Mayor Conjunto, evocó que Corea del Norte probablemente tendrá una capacidad nuclear de misiles balísticos intercontinentales en "cinco a 10 años."

3 marzo. Un misil Patriot mejorado (PAC-3) interceptor fue probado en Nuevo México. Un "objetivo táctico de misiles balísticos" fue destruido por los interceptores Patriot. El PAC-3 mejorado mayor alcance.

4 mayo. El sistema antimisiles planeado para Europa es "defensivo" y no pretende desestabilizar el sistema estratégico de Rusia, dijo la Subsecretaria de Estado de EE.UU, Ellen Tauscher, ante legisladores de Rumania.

14 mayo. El presidente ruso, Dimitri Medvedev, envió un mensaje a la OTAN en el que llama a los países aliados a crear un sistema antimisiles europeo en estrecha cooperación con Rusia. Subrayó "la necesidad de garantizar de manera segura que el despliegue del sistema de "defensa"

antimisil europeo no altere el equilibrio estratégico y no sea dirigido contra Rusia".

13 septiembre. Los EE.UU y Rumania firmaron un acuerdo para el despliegue de un sistema de defensa antiaéreo en Europa. El documento autorizó a EE.UU a estacionar, a partir del año 2015, hasta 200 soldados e instalar 24 interceptores de misiles modelo SM-3 en la localidad de Deveselu.

24 noviembre. Rusia lanzó un ultimátum a los EE.UU y exigió un acuerdo en la disputa por el sistema antimisiles en Europa antes de la cumbre de la OTAN, en Chicago, en el año 2012.

29 noviembre. El presidente de Rusia, Dimitri Medvedev, presidió la puesta en funcionamiento de una estación de radares de alerta temprana contra misiles en el enclave báltico de Kaliningrado, en respuesta al sistema antimisil de la OTAN. El radio de cobertura del sistema Vorónezh-DM, encendido por Medvedev, es de 6000 kilómetros.

1 diciembre. Rusia ingresó a la guardia combativa su nuevo sistema móvil de defensa costero BAL-E como parte de la brigada cohetera de la Flotilla del Caspio.

6 diciembre. El Senado rumano aprobó el acuerdo con los EE.UU sobre la instalación de varios componentes estratégicos del sistema antimisiles en su territorio.

16 diciembre. Nikolai Patrushev, Secretario del Consejo Nacional de Seguridad de Seguridad Rusia, advirtió que "Moscú no tenía ninguna duda de que Rusia y China son el blanco del sistema europeo de misiles antibalístico de los

EE.UU y OTAN." Añadió que "los argumentos sobre la amenaza para los EE.UU y Europa desde Irán o Corea del Norte son invenciones". Comentarios reproducidos por la agencia ITAR-TASS.

20 diciembre. Fuerzas militares rusas probaron exitosamente un misil antibalístico de corto alcance integrado en el sistema de defensa, con los cual Moscú lanzó un claro aviso a los EE.UU decididos a instalar el sistema de "defensa" antimisil en Europa, pese a las objeciones del Kremlin.

26 diciembre. El Congreso de los EE.UU destina 235 millones de dólares al desarrollo de dos sistemas antimisiles de Israel, bajo el pretexto de un posible ataque por parte de Irán. Estos fondos fueron destinados a mejorar los sistemas antimisiles Arrow-3, dedicado a la intercepción de misiles en distancias de 100-150 kilómetros, y La honda de David, 40-250 kilómetros.

31 diciembre. Los EE.UU decidieron la venta de sistemas de defensa antimisiles por un monto 3.480 millones de dólares a los Emiratos Árabes Unidos. El acuerdo incluyó un contrato con la Lockheed Martin para la producción del sistema de defensa antimisiles, denominado Terminal de Defensa Aérea de Gran Altura, (THAAD, por sus siglas en inglés), para los Emiratos Árabes Unidos.

GLOSARIO

- ABM: Sistema contra misiles balísticos.

- AEGIS: Sistema integrado de armas navales. El sistema utiliza potentes radares y computadoras para rastrear y guiar misiles, para destruir blancos enemigos.

- ARMA NUCLEAR: Término genérico usado para designar armas atómicas y de hidrógeno de todos los tipos y sus sistemas vectores, portadores del arma nuclear.

- ARMAS NUCLEARES ESTRATÉGICAS: Armas de largo alcance, superior a 5 500 Km, transportadas por misiles ICBM, SLBM, o bombarderos de gran autonomía.

- ARMAS NUCLEARES TÁCTICAS: Armas de corto alcance, destinadas a operaciones en el campo de batalla.

- ASAT: Sistema antisatélite.

- ASBM: Misil balístico aire-a-superficie. Es lanzado desde un avión.

- B-1: Bombardero estratégico norteamericano de ala geométrica variable. Puede ser portador de cohetes cruceros.

- CARRERA ARMAMENTISTA: Proceso generado por el imperialismo de acumulación acelerada de armamentos y material de guerra, haciéndolos cada vez más sofisticados mediante la militarización de la economía y el creciente aprovechamiento de los adelantos tecnológicos con fines militaristas.

- COMPLEJO MILITAR-INDUSTRIAL (CMI): Alianza generada por el moderno capitalismo monopolista de Estado, de los monopolios fabricantes de material de guerra, los reaccionarios altos mandos de las fuerzas armadas, los dispositivos público e ideológicos, la ciencia militarizada, la cual promueve y conduce una política de hegemonismo y agresión, la carrera de armamentos, su proliferación al cosmos y la lucha contra el desarme.

- CONFERENCIA DE DESARME: Denominada Comité de Desarme del año 1979 a 1983, la conferencia de Desarme es el órgano multilateral de negociación de la Comunidad Internacional.

- DESARME GENERAL Y COMPLETO: Renuncia a tener medios para librar la guerra y liquidación de los mismos; meta de todos los esfuerzos por lograr el cese de la carrera de armamentos y el desarme.

- DESTRUCCIÓN MUTUA ASEGURADA (DMA): Basada en la existencia, en arsenales de los Estados Unidos y la URSS (Rusia), de fuerzas nucleares estratégicas capaces, no solo de asestar un primer golpe, sino también de propinar represalias demoledoras que convertirían en un suicidio global el inicio de un conflicto de naturaleza nuclear.

- DISTENSIÓN INTERNACIONAL: Nueva etapa cualitativa de desarrollo de las relaciones internacionales, iniciada a comienzos de los años 70´ del siglo XX. La paz, el desarme, la seguridad, la no-intervención en los asuntos internos, el respeto a la independencia e integridad territorial de las naciones, el arreglo negociado de controversias y la cooperación internacional fueron elementos imprescindibles y fundamentales de la distensión.

- GUERRA FRÍA: Expresión que definió la confrontación soviético-norteamericana y de sus respectivas alianzas en el periodo de posguerra. Se empleó para caracterizar la aguda confrontación en la política internacional.

- ICBM: Misil balístico basado en tierra, propulsado con cohetes y capaz de transportar ojivas nucleares a distancias intercontinentales (distancias superiores a 5 500 Km)

- IRBM: Se utiliza para designar a los misiles balísticos con alcance intermedio de 1500 a 3000 Km.

- KILOTÓN: Medida de la potencia de un arma nuclear equivalente a mil toneladas de TNT.

- MEGATÓN: Medida de la potencia de un arma nuclear equivalente a un millón de toneladas de TNT.

- MINUTEMAN: Clase de ICBM de combustible sólido de los Estados Unidos. Estos misiles balísticos tienen varios modelos. Los últimos permiten transportar cohetes MIRV.

- MIRV: Dos o más vehículos portadores nucleares transportables por un mismo misil balístico y capaces de ser dirigidos independientemente a sus blancos.

- MISIL CRUCERO: Un misil balístico guiado que utiliza empuje aerodinámico, para vencer la gravedad, y la propulsión, para contrarrestar la resistencia. El curso de vuelo de un misil de crucero permanece dentro de la atmósfera terrestre. Como arma estratégica, un misil de crucero porta una ojiva nuclear.

- MX: Cohete balístico intercontinental desarrollado por los Estados Unidos para sustituir los Minuteman en la década de los 80´ del siglo XX. Puede llevar aproximadamente 15 cabezas nucleares y dirigirlos a objetivos diferentes con una exactitud de 500 pies aproximadamente.

- OJIVA NUCLEAR: La parte de un misil, proyectil o torpedo que contiene el explosivo nuclear.

- PENTÁGONO: Denominación divulgada del Departamento de Defensa de los Estados Unidos. En él están instalados los principales órganos del dispositivo castrense norteamericano. Está compuesto por la Oficina del Secretario de Defensa, la Junta de los Jefes de los Estados Mayores, los departamentos de las tres armas (Ejército, Fuerza Aérea y Naval) y sus unidades administrativas formadas en Comandos.

- PATRIOT: Es un sistema de misiles tierra-aire de largo alcance fabricado por la compañía norteamericana Raytheon. Creados para reemplazar a los Nikes-Hercules como misiles de altitud media-alta. El sistema Patriot, en 1988, fue adaptado para servir como sistema de interceptación de misiles balísticos, denominado PAC (Patriot Advanced Capability).

- POSEIDON: Cohete norteamericano programado que reemplazó a la mayoría de los cohetes Polaris instalados en los submarinos.

- RV: La porción de un misil balístico destinado a portar una ojiva nuclear, y a reingresar a la atmósfera terrestre en la fase terminal de la trayectoria del misil.

- SALT: Conversaciones sobre limitación de armas estratégicas.

- SUPERVIVENCIA ASEGURADA: Es lo contrario a la DMA. Apela al instinto de conservación y tiene el propósito de otorgarle al dispositivo estratégico estadounidense ventajas en relación con el soviético y hacer uso activo de sus supuestas ventajas.

- SILO: Refugio de cohetes, incluye una abertura en la tierra con instalaciones para lanzar el cohete directamente o para levantarlo hasta una posición de lanzamiento.

- SLBM: Misil balístico transportado en y lanzado desde un submarino.

- START: Conversaciones para la reducción de las armas estratégicas.

- TRATADO: Es un acuerdo internacional celebrado por escrito entre dos o más Estados. Tratados bilaterales o multilaterales regidos por el Derecho Internacional.

- TRIDENT: Submarino norteamericano de propulsión nuclear que reemplazó a los portadores de los Polaris y Poseidon.

Fuentes Bibliográficas

LIBROS

Asian Security 1997-98, 19th Edition, Washington: Brossey's, 1997.

Aldridge, C. Robert. The counter force Syndrome, Institute for Policy Studies, Washington, 1984.

Amos A. Jordan y William J. Taylor. American National Security. Policy and Process, Johns Hopkins University Press, Baltimore, 1981.

Arenal, Celestino. Introducción a las Relaciones Internacionales, Editorial Tecnos, S.A, Madrid, 1990.

Arteaga, Horacio. La confrontación Este-Oeste. Una visión sobre la situación estratégica mundial, Editorial Pomaire, Caracas, 1989.

Appleman William Williams. La Tragedia de la Diplomacia Norteamericana. Editorial Edilusa, S.A, La Habana, 1961.

Bacchus, William. The Price of American Foreign Policy: Congress, The Executive and International Affairs Funding. University Park, PA: Pennsylvania States University Press, 1997.

Barcia García-Villamil, Emilio. La era espacial y la "Guerra de las Galaxias", Ministerio de Asuntos Exteriores, Madrid, 1986.

Blackwill, Robert D; Archick, Kristin. The United States, Europe, and the New Security threats, New York, Council on Foreign Relations, 1998.

Blechman, Barry M. Política y Seguridad Nacional, México, D.F, Gernika, 1996.
Boesner, Demetrio. Relaciones Internacionales de América Latina, Editorial Nueva Sociedad, Caracas-San José, 1986.
Brauch, Hans. Stars wars European defense, implications for Europe: perception and assessments, London, Macmillan, 1987.
Brennan Donald G. Desarme, Control de Armamentos y Seguridad Nacional, Editorial Seix Barral, Barcelona, 1964.
Brucan, Silviu, La disolución del poder, Editorial siglo XXI, México, 1974.
Brugioni A. Dino. Eyeball to Eyeball, Random House, Nueva York, 1990-1991.
Brzezinski, Zbigniew K. El gran tablero mundial: La supremacía estadounidense y sus imperativos geoestratégicos, Paidós Ibérica, Barcelona, 1998.
---------. Power and principle. Memoirs of the National Security Adviser 1977-1981, New York: Farrar-Strauss-Giroux, 1983.
Carver, Michael. Makers of modern strategy, Princeton University Press, 1986.
Castells, Manuel. La era de la información. Economía, Sociedad y Cultura, Madrid, Alianza Editorial, 1997.
Chalfont, Alun. La Guerra de las Galaxias, Editorial Reverté. S. A. Barcelona, 1988.
Chomsky, Noam y Dieterich Heinz. La Sociedad Global. Educación, Mercado y Democracia, Casa Editora Abril, La Habana, 1997.
Churchill, Winston S. The Second World War, Penguin Books, London, 1989.
Clausewitz von Karl. De La Guerra, Editorial de

Ciencias Sociales, La Habana, 1969.
Colectivo de Autores. De Eisenhower a Reagan, Editorial Ciencias Sociales, La Habana, 1987.
---------. La Historia y el Oficio de historiador, Editorial Ciencias Sociales, La Habana, 1996.
Daugherty, James E. y Pfaltzgraff. L, Robert. Teorías en pugna en las relaciones Internacionales, Grupo Editor Latinoamericano, Buenos Aires, Argentina, 1993.
Dewilt, David B. Building a New Global Order, Oxford University Press, 1993.
Eisenhower, Dwight. The White House Years. Waging Peace, 1956-1961, N. Y, Doubleday and Co, 1963.
Engels, Federico. Anti-Dühring, Ediciones Pueblos Unidos, Montevideo, 1961.
Ethel y Julius Rosemberg. Seremos Reivindicados por la historia, Editorial de Ciencias Sociales, La Habana, 1977.
Foran, Virginia. ¿Missed opportunities? The role of security assurances in nuclear non-proliferation, Carnegie Endowment for International Peace, 1998.
Fredman, Lawrence. The Revolution in Strategic Affairs, New York: Oxford University Press, 1998.
Gaddis Lewis, John. Estrategias de la Contención, Grupo Editor Latinoamericano, Buenos Aires, 1989.
---------. Estados Unidos y los orígenes de la Guerra Fría, 1941-1947, Grupo Editor Latinoamericano, Buenos Aires, 1989.
García Iturbe, Néstor. El Complejo Militar-Industrial y la estrategia global del Imperialismo,

Editorial de Ciencias sociales, La Habana, 1984.

Garthoff, Raymond L. The Great transition: American-Soviet relations and the end of the Cold War, Washington, DC: The Brookings Institution, 1994.

---------. Detente and confrontation. (American-Soviet relations from Nixon to Reagan). Washington, DC: The Brookings Institution, 1994.

Gitti, Eduardo. Producción de armamentos y capitalismo desarrollado, Universidad Autónoma Metropolitana, México, D. F, 1984.

Goodby, James E. Europe Undivided: The new logic of peace in U.S. Russian relations. U.S. Institute of Peace, Washington, 1998.

Goldblat, Josef. La no-proliferación de armas nucleares. Análisis crítico de las negociaciones y acuerdos internacionales, Siglo Veintiuno Editores, Madrid, 1985.

González Gómez, Roberto. Teoría de las Relaciones Políticas Internacionales, Editorial Pueblo y educación, La Habana, 1990.

---------. Doctrinas y Concepciones Estratégicas de la política exterior norteamericana en la Guerra Fría (1947-1991). Tesis de doctorado. Instituto Superior de Relaciones Internacionales, Raúl Roa García, La Habana, 1997.

---------. Política Exterior de los Estados Unidos. Doctrinas y Dilemas, Instituto Superior de Relaciones Internacionales, Raúl Roa García, 1988.

Gorbachov, Mijaíl. La Perestroika y la nueva mentalidad para nuestro país y el Mundo, Editora Política, La Habana, 1988.

---------. Un mundo sin armas nucleares, Editorial APN, Moscú, 1987.

Griffith, William. Las superpotencias y las tensiones regionales: URSS, EE.UU y Europa, Ediciones Tres Tiempos, Buenos Aires, 1983.
Guadarrama, González Pablo. Antinomias en la crisis del socialismo, Editora Política, La Habana, 1992.
Guerra Fría. Una Historia Ilustrada, Cuba 1959-1968. Episodio VI. Internet: www. CNN.com/guerra. fría/2001.
Haass, Richard N. The reluctant sheriff: The United States after the Cold War, Washington, Brookings, 1997.
Halliday, Fred. The Making of the Second Cold War. Varso Editions and NLB, London, 1983.
Harkavy, Robert. Bases Abroad: The global foreign military presence, Oxford University Press, 1989.
Hernández del Rosario, Vivían. El militarismo en la política y la economía norteamericana, Editorial de Ciencias Sociales, La Habana, 1984.
Hobsbawn, Eric. Age of Extremes: The short twentieth century 1914-1991, Editor Michael Joseph, London, 1995.
---------. Las Revoluciones burguesas, Editorial Pueblo y Educación, La Habana, 1983.
Hoffman, Stanley. Teorías contemporáneas sobre las relaciones internacionales, Editorial Tecnos, S.A, Madrid, 1969.
Holmes, Kim. SDI at the turning point: readying strategy defenses for the 1990 ´s and Beyond, The Heritage Foundation, Washington, 1990.
Huntchings, Robert L. At the end of the American Century: America ´s role in the post-Cold War world, Johns Hopkins University Press,

1998.
Joeck, Neil. Maintaining nuclear stability in south Asia, New York: Oxford University Press, 1998.
Julien, Claude. El Imperio Norteamericano, Editorial de Ciencias Sociales, La Habana, 1970.
Kegley, Charles W. American foreign policy: pattern and process, New York: St. Martin's press, 1996.
Kennan, George F. Las fuentes de la conducta soviética y otros escritos, Grupo Editor Latinoamericano, Buenos Aires, 1991.
---------. Al final de un siglo: Reflexiones 1982-1995, Fondo de Cultura Económica, México, 1998.
---------. Memoirs 1925-1950, Atlantic Monthly Press, 1967.
Kennedy, M. Edward. ABM. An Evaluation of the Decision to Deploy on Antiballistic Missile System, The New American Library, New York, 1969.
Kennedy, Paul. The Rise and Fall of Great Powers. Vintage Books, Random House, New York, 1987.
Keohone, Robert O. Poder e interdependencia: La política mundial en transición, Grupo Latinoamericano, Buenos Aires, 1988.
---------. Instituciones Internacionales y poder estatal. Ensayos sobre teoría de las relaciones internacionales, Grupo Editor Latinoamericano, Buenos Aires, 1993.
Kissinger, A. Henry. American Foreign Policy, WWW". Norton & Co. INC, New York, 1957.
---------. La diplomacia, Editorial Fondo de Cultura Económica, México, 1996.

---------. Nuclear Weapons and Foreign Policy, Harper & Brother, New York, 1957.
Khalilzard, Zolmay y Ochmonek, David. Strategy and Defense Planning for the 21st Century, RAND, Washington, 1997.
Klare, Michael. Rogue States and Nuclear Outlaws, Hill and Wong, New York, 1995.
LaFaber, Walter. Foreign Policy Assumptions of the Reagan Military Policy, Cambridge Massachusetts, 1983.
La Gran Guerra Patria de la Unión Soviética 1941-1945. Compendio de Historia, Editorial Progreso, Moscú, 1975.
Las Guerras de las Estrellas: Ilusiones y peligros, Editorial Militar, Moscú, 1987.
Lechuga, Carlos. En el ojo de la Tormenta, Editorial Si Mar S. A/Cuba Ocean Press Australia, 1995.
Leffler, Melvyn P. A Preponderance of Powers. National Security The Truman Administration and the Cold Wars, Stanford University Press, Stanford, California, 1992.
Lenin, V. I. El militarismo belicoso y la táctica antimilitarista de
La socialdemocracia. Obras Escogidas. Tomo III, Editorial Progreso, Moscú, 1976.
Luttwak, Edward N. Strategy, the logic of war and peace, Harvard University, Massachusetts, 1992.
---------. The Grand Strategy of the Soviet Union, New York: St. Martin's Press, 1983.
Maira, Luis. Estados Unidos: Una visión latinoamericana, Fondo de Cultura Económica de México, México, 1984.

Marinko, G. ¿Qué es la revolución científico-técnica? Editorial Progreso, Moscú, 1989.

Mearsheimer, J. John. The Tragedy of Great Power Politics, NY: WW. Norton, 2001.

Minello, Nelson. Sistemas Militares Internacionales. La OTAN y el Pacto de Varsovia, Universidad Autónoma de México, 1986.

Morgenthau, J. Hans. Politics among nations. The Struggle for Power and Peace, Alfred A. Knopf, New York, 1967.

Newsom, David D. The Public dimension of Foreign Policy, Bloomington, Indiana University Press, 1996.

Nixon, Richard. La verdadera paz: una estrategia para occidente, Editorial Planeta, Barcelona, 1984.

Nye, Joseph S. Jr. La naturaleza cambiante del poder norteamericano, Grupo Editor Latinoamericano, Buenos Aires, 1991.

Patterson G. Thomas y Merril Dennis. Mayor Problems in American Foreign Relations. (Documents and Essays) Vol. II, Since 1914.

Payne B, Keith. Strategy Defense: "Star Wars": in perspective, Hamilton Press, Boston, 1986.

Peyrefitte, Alain. Quand la Chine se reveille... le monde tremblera (Napoléón I), París, Librairie Arthine, Fayard, 1973.

Plano, Jack y Otton, Roy. Diccionario de relaciones internacionales, Universidad del Oeste de Michigan, Editorial Limusa, México, 1975.

Quienes amenazan la paz. Editorial Progreso, Moscú, 1984.

Ramonet, Ignacio. Propagandas Silenciosas, Ediciones Especiales. Instituto Cubano del Libro, La Habana, 2001.

Renouvin, Pierre. Historia de las Relaciones Internacionales: Siglo XIX y XX, Madrid, Ediciones A Kol, 1990.

Roche, Jean Jacques. Theories des Relations Internationales, Edition Montchrestien, Paris, 1994.

Schlesinger, Arthur. Los mil días de Kennedy, Editorial Ciencias Sociales, La Habana, 1970.

Sepúlveda Almarza, Alberto. El fin de la Guerra Fría y el Nuevo Orden Mundial, Academia Diplomática de Chile Andrés Bello, 2000.

Shispkov, Yuri. ¿Cuánto cuesta la carrera de armamentos? Editorial APN, Moscú, 1989.

Spanier, John. La política exterior norteamericana a partir de la Segunda Guerra Mundial, Grupo Editor Latinoamericano, Buenos Aires, 1991.

Stone, F. Irving. La Historia Oculta de la Guerra de Corea, Imprenta Nacional de Cuba, La Habana, 1970.

Thomas, Hugh. Historia Contemporánea de Cuba, Ediciones Grijalbo, Madrid, 1982.

Trofimenko G. La doctrina Militar de los Estados Unidos, Editorial Progreso, Moscú, 1987.

Truman, H. S. Memorias. Años de prueba y esperanza, Barcelona, Editorial Vergara, 1956.

Turner, Stansfield. Caging the nuclear genie: An American Challenge for Global Security. Boulder, CO: Westview Press, 1997.

Waltz, Kenneth N. Teoría de la Política Internacional, Grupo Estudios Latinoamericanos, Buenos Aires, 1988.

Wright C. Mills. La Elite del Poder, Fondo de Cultura Económica, México, 1957.

Yakolev, Nicolái. De Truman a Reagan, les hommes de la Maison Blanche, Moscou, Editions du Progres, 1986.

Yuriev, Yu. El cosmos y el Complejo Militar de los Estados Unidos, Editorial Progreso, Moscú, 1981.

Zeraoui, Zidane. Islam y Política. Los procesos políticos Árabes contemporáneos, Editorial Trillas, México, 2001.

Ensayos y artículos en publicaciones periódicas

Alexander, Yonah y Hoenig Milton. "El terrorismo nuclear se mueve más próximo al país." Los Angeles Times. Los Ángeles, 10, julio, 2000

Araya, D. Rodrigo; Romero Francisco. "Geopolítica sin territorio: una mirada Estratégica a los flujos de la información." Fuerzas Armadas y Sociedad, Chile, año 16, n.2, abril-junio, 2001.

Arrighi, Giovanni. "Estados Unidos: la fuerza del declive." La Rivista del Manifesto, Roma, n. 0, noviembre, 1999.

Arostegui Julio. "Historia del presente, historia de las generaciones vivas". Calendura, Fundación Universitaria San Pablo C.E.U; ELCHE, Alicante, España, n. 2-julio 1999.

Bada, Denia. "Estados Unidos proyecto espacial: Iniciativa de Defensa Estratégica." Paz y Soberanía, La Habana, enero, 1986.

Baldwin, David A. "Security Studies and the End of the Cold War." World Politics, Washington, v. 48, n.1, october, 1995.

Barry L. Charles. "Creating a European Security and Defense Identity". Joint Force Quarterly, Washington, n, 15, spring, 1997.

Barry, Tom. "Bush Administration is not Isolationist". Foreign Policy in Focus, Nueva York, 21, julio, 2001.

Berger, R. Samuel. "A Foreign Policy for the

global Age". Foreign Affairs, act/dic, 2000.

Bermúdez, Cutiño. "A pesar del fin de la Guerra Fría: La segunda parte de la "Guerra de las Galaxias." Granma, La Habana, 26, julio, 1995.

Birnbaum, Norman. "El candidato de la tradición." El País, Madrid, 30, julio, 2000.

Brzezinski, Zbigniew. "The Cold War and its Aftermath". Foreign Affairs. Otoño, v. 71, n. 4, 1992.

---------. Jastrow Robert y Kampelman, Max M. "Search for Security: The case for the Strategic Defense Initiative." International Herald Tribune, 29, enero, 1985.

---------. "The NCC ´s Midlife Crisis." Foreign Policy, Nueva York, n.69, Winter, 1987-88.

Blanco Antonio, Juan. "La administración Reagan: ¿Tiempo de transición?" Cuadernos de Nuestra América, Ciudad Habana n. 6, v. 111, julio-diciembre, 1986.

Blocker, D. Coit. "The Collapse of Soviet Power in Europe." Foreign Affairs. n. 1, v. 70, 1990/1991.

Boikok, Viacheslav. "Seducción de Europa". Suplemento de Tiempos Nuevos, Moscú, 1987.

Bracken, Paul. "¿Llegará China a ser la superpotencia mundial número 1?" Time, Washington, 17, mayo, 2000.

Bush W, George. "President Bush speech on missile". The Miami Herald, Miami, 1, Mayo, 2001.

Carrer, G. A. Jr. "Intelligence in the Age of Glaznost". Foreign Affairs, v. 69, n.3, Summer 1990.

Cavington R, Stephen y Lough, John. "Russian's Posrevolution Challenge: reforms of the soviet super paradigm." The Washington Quarterly, Washington, n.1, v. 15, Winter, 1992.

Cembreno, Ignacio. "George Bush tiene un plan." El País, Madrid, 21, octubre, 1991.

Ciarrocca, Michelle. "Mixed signals on missile defense". Foreign Policy In Focus, Nueva York, 21, julio, 2001.

---------. Hartung, William. "Star Wars Revisited". Foreign Policy In Focus, Nueva York, 25, junio, 2001.

Cirincione, Joseph. "Asia: amenazada de una reacción en cadena." Correo Internacional, París, 24, mayo, 2000.

Cohen, A. Eliot. "El sistema de defensa estadounidense en el siglo XXI." Foreign Affairs, primavera (En español), 2001.

"Declaraciones del General de División William Looney". The Washington Post, Washington, 29, enero, 2001.

De los Ángeles, Cecilia. "El acto terrorista fortaleció a George W. Bush en la presidencia". La Crónica de Hoy, México, 13, septiembre, 2001.

De los Reyes Ramos, Oscar. "Espionaje espacial." El Oficial, La Habana, n. 3, mayo-junio, 1983.

Dewdney, John; Isenberg, John. "¿Who won the Cold War? Foreign Policy. Nueva York, n. 87, verano, 1992.

Díaz Barrado P, Mario. "Historia del tiempo presente: sobreinformación y memoria". Calendura. Fundación Universitaria San Pablo C.E.U, Elche, Alicante, España,
n. 2, julio, 1999.

"El Pentágono desarrolla una bomba atómica

sin daños colaterales". El País, Madrid, 16, abril, 2001.

Esteruelas Bosco. "Escepticismo europeo ante el plan del Pentágono". El País, Madrid, 8, junio, 2001.

Fedoseev, Piort. "Contra el peligro de guerra nuclear." Ciencias Sociales, Moscú, n.2, v. 60, 1985.

Forteza, Francisco. "Estados Unidos. Sombrilla nuclear defectuosa." Orbe, La Habana, 15-21, julio, 2000.

Fuentes, Jorge. "La Unión Europea y la unidad militar." Política Exterior, Madrid, n. 74, v. XIV, marzo/abril, 2000.

García Hernández, Roberto. "El espejismo de las reducciones de armamentos. Presupuesto militar de los Estados Unidos". Granma, La Habana, 24, mayo, 1996.

García, Jacobo. "El terror mutuo fuerza el acuerdo. USA-URSS en Ginebra." Tiempo, Barcelona, n. 141, 21 27, enero, 1985.

Gelb, H. Leslie. "Can Clinton Deal With The World?" The Washington Post, Washington, March 6, 1994.

Golab, Ignac. "Ciencia, tecnología, paz y seguridad internacionales." Política Internacional, Belgrado. n. 936, 20, mayo, 1990.

Goltz, Alexandre. "La guerre des étoiles se fera sans le Russes." Courrier international, París, n. 452, v. 48, 1-7, julio, 1999

Goodman, Glenn Jr. "The power of information". Armed Forces International, Washington, Jul, 1995.

Gordon R, Michel. "Military Analysis: Grand Plan, Few Details". The New York Times, New York, 2, mayo, 2001.

Gomostaev, Dimitri. "Ivanov y Powell establecieron contacto". Niezavisimaya Gazeta, Moscú, 3, marzo, 2001.

González, Enric. "El senado bloqueará el escudo espacial de Bush". El País, Madrid, 29, mayo, 2001.

González Gómez, Roberto. "Posguerra fría y "orden mundial": la recomposición de las relaciones internacionales". Temas, Ciudad Habana, n. 9, enero-marzo, 1997.

Gromyko Anatoly. "Como vendieron a una gran potencia o el striptease político de Mijaíl Gorbachov." Pravda, Moscú, 11-15, junio, 1996.

Gromyko, Anatoly y A. Kokosttin. "U.S. Foreign Policy Strategy for the 1970 ´s". International Affairs, Moscú, n. 10, 1973.

Hanlon O´ Michael. "Cruise Control. A case for Missile Defense." The National Interest, Washington, n. 67, Spring, 2002.

Hernández, del Rosario Vivían. "La IDE y el pensamiento estratégico-militar actual". Cuaderno de trabajo CESEU, La Habana, n. 6, agosto, 1988.

Ianni, Octavio. "El príncipe electrónico." Revista de Ciencias Sociales, Buenos Aires, Universidad Nacional de Quilmes, 1999.

Jaramillo Edwards, Isabel. "Alfred Thayer Mahan y el paisaje de fin de siglo. Temas, Ciudad Habana, n. 12-13, octubre-marzo, 1997-1998

---------. "Estados Unidos: La política exterior, la perspectiva global y el Tercer Mundo." Cuaderno de Nuestra América, Ciudad Habana, n. 13, v. 6, julio-diciembre, 1989.

---------. "La estrategia militar de la administración Bush hacia América Latina." Cuaderno de Nuestra América, Ciudad Habana, n.18, v. IX enero-julio, 1992.

---------. "Estados Unidos y el debate de la postguerra fría: seguridad y política exterior." Cuaderno de Nuestra América, Ciudad Habana, n. 23 v. XII, enero-junio, 1995.

Jastrow, Robert. "Reagan versus the Scientists: Why the president is right about missile defense". Commentary, n. 1, v. 77, enero, 1984.

Joffe, Joseph. "How America does it." Foreign Affairs, v. 76, sept/october, 1997.

Johnson, Paul. "The myth of American Isolationism." Foreign Affairs. v. 74, n. 3 May/June, 1995.

Jore, Jeffrey D. "Los Ejércitos de los Estados Unidos." Revista Española de Defensa, n. 127, año 11, septiembre, 1998.

Kagan, Robert. "The Benevolent Empire". Foreign Policy, Nueva York, n.11, Summer, 1998.

Kozyrev, Andrei. "El espacio ultraterrestre y la seguridad universal". Desarme, n.2, v. 10, Nueva York, 1987.

Krepan, Michael. "Perdidos en el espacio o la nueva carrera armamentista." Foreign Affairs, (En Español), verano, 2001.

Kupchan, Charles A. y Clifford A. Kupchan. "The Promise of Collective Security." International Security, Summer, v. 20, n. 1, 1995.

Lake, Anthony. "Confronting Backlash States." Foreign Affairs. March-April, v. 73, n. 2, 1994.

Lewis W, John. "The contradictions of Bush ´s China Policy". The New York Times, New York, 2, junio, 2001.

Luttwak, N. Edward. "La falacia estratégica de Clinton." El País, Madrid, 10, julio, 2000.

---------. "Why we need an incoherent Foreign Policy. Washington Quarterly, Washington, v. 21, n. 1, Winter 1998.

Mandelboun, Michael. "The Bush Foreign Policy." Foreign Affairs. n. 1, v.70, 1990-1991.

Melville, Andréi. "La imagen del enemigo y la nueva mentalidad política." Ciencias Sociales, Moscú, n.1, v. 75, 1990.

Montesino Segui, Estervino. "El enfoque de la administración Reagan sobre el control de armamentos a mediados de los 80". UH-CESEU, Ciudad Habana, 1985.

Morrison, David. "Casualty of Peace?" National Journal, Washington, n.8, v. 22, 1990.

Navarro Escobedo, Manuel. "Rusia-RPDC. ABM: Núcleo de la estabilidad estratégica". Orbe, La Habana, 11-17, Agosto, 2001.

Newman, J. Richard. "The New Space Race." U.S. News & World Report, Washington, v. 127, n. 18, November 8, 1999.

---------. "Why missile politics is taking a right turn." U.S. News & World Report, Washington, v. 127, n. 15, october 18, 1999.

Newhouse, John. "El debate sobre el Sistema de Defensa Antimisiles." Foreign Affairs, v. 80, n. 4, otoño, 2001.

Nolt H, James. "U.S.–China-Taiwan Military Relations." Foreign Policy in Focus, USA, n. 11, v. 5, 1-7, April, 2000.

Nye S, Joseph Jr. "La política de seguridad de los Estados Unidos: Retos para el siglo XXI." Agenda de la Política Exterior de los Estados

Unidos de América. agosto, 1998.
---------. Owens A. William. "America ´s Information Edge". Foreign Affairs. V. 75, n.2, marzo-abril, 1996.
"Nuevas Amenazas a la Seguridad: La respuesta de los Estados Unidos." Entrevista con John D. Holum. Subsecretario de Estado Interino para Asuntos de Armas y Seguridad Internacional. Agenda de la política exterior de los Estados Unidos de América, Washington, Julio, 1998.
"Nueva carrera armamentista. Reacción de Rusia y China." The New York Times, Nueva York, 10, agosto, 2000.
Oberdorfer and Ann Devroy. "Soviets Dismantle Disputed Radar". The Washington Post, Washington, May 29, 1990.
Ochoa, Ernesto. "Enfoques soviéticos sobre la política exterior norteamericana." Cuadernos de Nuestra América, Ciudad Habana, n.6, v. 3, julio-diciembre, 1986.
Oklé, Charles Fred. "La IDE". Foreign Affairs, abril, 1985.
Payne B, Keith y Rhle, Michael. "The future of the alliance: Emerging German Views." Strategic Review, Washington, winter, 1991.
Perry, William. "Preparing for the Next Attack". Foreign Affairs, n. 6, november/december, 2001.
Petkovik, Ranko. "Después de la guerra del Golfo". Política Internacional, Belgrado, n. 957, 20, septiembre, 1991.
Pfaff, William. "La militarización del pensamiento político". El País, Madrid, 16, Junio, 2001.

Pita, Yamila. "Indefiniciones taiwanesas obstaculizan política de reunificación". Panorama Mundial, La Habana, 30, mayo, 2000.
Posen R. Barry. "The Best Defense." The National Interest, Washington, n.67, Spring, 2002.
Radvanyi, Jean. "La Russie enquête de "new deal". Election presidencielle sur fond de guerre". Le Monde Diplomatique, París, marzo, 2000.
Revisión de la Postura Nuclear (RPN). Los Angeles Times, Los Angeles, march 9, 2002, WWW. Latimes.com
Richarson, Robert. "Breaking a stalemate: The struggle to defend America and America interest." Conservative, Atlanta, n. 5, v.1, 2-5, august, 1990.
Rice, Condoleezza. "La promoción del interés nacional." Foreign Affairs. (En español), enero-febrero, 2000.
Rodríguez Hernández, Leyde. "Guerra fría y de las Galaxias." Juventud Rebelde, La Habana, 17, mayo, 2000.
Rosenberg, Alan David. "American Atomic Strategy and the Hydrogen Bomb Decision". The Journal of American History, n.1, v. 66, June 1979, Pp. 67-68.
Sagéev, R. "Los armamentos espaciales de ataque y la seguridad internacional." Ciencias Sociales, Moscú, n.4, v. 66, 1986.
Sartarius, Nicolás. "El debate europeo: algunas ideas". El País, Madrid, 2, julio, 2001.
Shanker, Thom. "Los tratados son cosa del ayer para Bush". El Nuevo Herald. Miami, 5, agosto, 2001

Skons, Elizabeth. "The SDI and The International Research Cooperation". SIPRI. Estocolmo, 1986

Sammon, Bill. "Bush scraps 72 treaty for a shield". The Washington Times. Washington, 2, mayo, 2001.

Simes, Dimitriv. "The US-Soviet Relationship After de Cold War." Adelphi Papers, London, n. 257, Winter, 1990/91.

Strobel P. Warren. "Archives Slowly Yielding Their Secrets". U.S. News & World Report, Washington, v. 127, n. 15, october 18, 1999.

Taylor E, Patrick. "Pentagon Imagines New Enemies to Fight in Post-Cold War Era." The New York Time, New York, 17, February 1992.

Teitelboim Volodia. "Santa Fe y los intelectuales de América Latina", Araucaria, Madrid, n. 16, 1981.

Teng-Hui, Lee. "Garantías de seguridad en Asia y las relaciones Taipéi Pekín". Noticias de la República de China, Beijing, 26, junio, 1999.

Tertsch, Hermann. "El mundo según Bush". El País, Madrid, 28, julio, 2 2001.

"The New National Security Agenda". Washington Quarterly, Washington, v. 21, n. 2, Spring, 1998.

Tréan, Claire. "Nuclear: El Gran Retorno del Debate estratégico planetario." Le Monde Diplomatique, París, 6, mayo, 2000.

Tromp, Hylke. "El fin de la Guerra Fría: Todos pierden." Política Internacional, Belgrado, n. 961, 20, abril, 1990.

Valenzuela, Javier. "Bush prueba con éxito su escudo antimisiles". El País, Madrid, 16, julio, 2001.

---------. "El Nuevo Aislacionismo. EE.UU da la espalda al Mundo." El País, Madrid, 31, octubre, 1999.
Velijov, Kakashin. "El arma nuclear y el dilema de la seguridad internacional." Ciencias Sociales, Moscú, n. 2, v. 64, 1986.
Villers, Jean. "La negociation START: Etat des Lieux." Defense Nationale, París, Janvier, 1991.
Walsh, T. Kenneth. "Son of Star Wars. Bush and Gore differ on the details, but both are for missile defense." U.S. News & World Report, Washington, v. 128, n. 22, june 5, 2000.
Waters Alice, Mary. "La tercera campaña de militarización de Washington." Nueva Internacional Política y Teoría Marxista, Washington, n.1, 1991.
Wechsler, William. "Law in Order: Reconstructing U.S. National Security." The National Interest, Washington, n. 67, Spring, 2002.
Wolfowitz, P. "Regional Conflicts: New Thinking Old Policy." Parameters, March, 1990.
Xiyue, Yang. "Relaciones de poder en el mundo actual." Beijing Informa, Beijing, n. 9-10, 10, marzo, 1999.
Yakolev, Nikolái. "¿Cómo desencadenó los Estados Unidos la carrera de armamentos nucleares?" Tiempos Nuevos, Moscú, 1982.
Zhuang, Qubing. "Oposición China a la IDE". Beijing Informa, noviembre, 1984.

Despachos cablegráficos y comentarios de prensa

"Anuncio de George W. Bush sobre recortes de ayudas". EFE, Moscú, serie 761, 16, enero, 2001.
"Aprueba Senado fondos para defensa antimisil". PL, La Habana, 22, septiembre, 2001.
Bogaturov, Alexey. "Moscú se pronuncia por mantener el diálogo con Washington sobre desarme nuclear." Press Release. Embajada de la Federación de Rusia en La Habana, n. 39, 3, agosto, 2000.
"Bush crea la Oficina de Seguridad de la Patria". Europa Press, 8, octubre, 2001.
"Bush promete reconstruir poderío militar de los Estados Unidos". EFE. Serie 619, Wisconsin, 22, agosto, 2000.
Burns, Robert. "Clinton deja a su sucesor decisión sobre sistema antimisil." AP. Serie 0683, Washington, 1, septiembre, 2000.
Cañas, Rafael. "Problemas técnicos fuerzan a Clinton a retrasar escudo antimisiles." EFE. Serie 722, Washington, 1, septiembre, 2000.
Capdevila Gustavo. "Desarme: Guerra de las Galaxias enfrenta a los EE.UU con China." IPS. Ginebra, 15, febrero, 2001.
---------. "Conferencia de ONU echa en saco roto anuncio de Clinton." IPS, Ginebra, 7, septiembre, 2000.
Cohen, Tom. "Canadá y Rusia instan a mantener la estabilidad en cuanto a misiles nucleares.

AP, Ottawa, 18, diciembre, 2000.

"Critica Rusia los ensayos con cohetes antimisiles de los Estados Unidos". Notimex, Moscú, serie 0453, 8, julio, 2000.

"China propone desarme nuclear". EFE, Beijing, serie 246, 13, julio, 2000.

"Declaración conjunta de los Jefes de los Estados de Rusia y China hecha en Moscú". Press Release, Embajada de la Federación de Rusia, La Habana, n. 44, 23, Julio, 2001.

"Declaraciones del ministro de defensa alemán Rudof Sharping. Apoya Alemania condena rusa a planes estadounidenses de defensa". Notimex, Moscú, serie 0456, 30 enero, 2001.

Greenspan, Alan. "Intervención en el Congreso sobre el estado de la economía norteamericana". ANSA, Washington, 18, julio, 2001.

"Estados Unidos admitió que hubo fallas graves en prueba antimisil" Los Angeles Times, Los Angeles, 10, julio, 2000.

"Expertos del Congreso de los Estados Unidos critican el plan de defensa antimisiles". EFE, Washington, serie 407, 17, junio, 2000.

Harsen, Peter. "Bush podría lanzar una carrera armamentista con Pekín." AFP. Serie 0611, Pekín, 16, enero, 2001.

Informe comunicado por John Challenger, presidente de la corporación Challenger, Gray & Christmas. EFE, Washington, 6, agosto, 2001.

Ivanov, Igor. "Discurso en la Asamblea del Milenio", Nueva York, 18 de septiembre del 2000. Press Release. Embajada de la Federación de Rusia en La Habana, n. 47, 14, Septiembre, 2000.

Karaganov, Serguey. "Un año fructífero para nuestra diplomacia." Press Release. Embajada de la Federación de Rusia en La Habana. N. 2, 22, enero, 2001.

Kunadze, Gueorgui. "La asociación estratégica entre Moscú y Pekín queda refrendada en el Tratado" Ria Novosti, Moscú, 18 julio, 2001.

Kunin, Valentin. "En el 2000, Moscú ha definido claramente sus prioridades en política internacional." Press Release. Embajada de la Federación de Rusia en La Habana, n. 01, 12, enero, 2001.

"Lanza Rusia cohete intercontinental con éxito". Granma, La Habana, 4, octubre, 2001.

"La URSS era incapaz de replicar la "Guerra de las Galaxias". AFP. Washington, serie 0194, 9, marzo, 1991.

Lobe, Jim. "Clinton deja sistema antimisil a su sucesor." IPS. Washington, 1, 9, 2000.

---------. "Corea. Posible reconciliación inquieta al poder militar en los Estados Unidos." IPS. Washington, 17, junio, 2000.

---------. "La CIA desaconseja sistema." IPS. Washington, 12, junio, 2000.

Mannion, Jim. "Fracasa la prueba del sistema antimisil estadounidense." AFP. Serie 0603, Washington, 8, julio, 2000.

"Moscú sella cooperación militar con Berlín, pero critica la OTAN". EFE, Moscú, serie 529, 30, enero, 2001.

Myers, William. "Cumbre coreana puede haber "estrellado" la "Guerra de las Galaxias." EFE. Serie 712, Madrid, 22, junio, 2000.

Ostanin, Valery. "El ejército ruso, en proceso de Reorganización." Press Release, Embajada de la

Federación de Rusia en La Habana, 19, marzo, 2002.
Petrov, Boris. "Moscú y París se pronuncian por la estabilidad estratégica". Ria Novosti, Moscú, 4, julio, 2001.
Riechman, Deb. "Nixon planteó usar bomba atómica". AP, Maryland, Estados Unidos, 1, marzo, 2002.
"Rusia apoya decisión de Clinton de demorar sistemas contra misiles". Xinhua, Moscú, serie 0209, 1 septiembre, 2000.
Sanz Antonio, Juan. "Moscú forma frente con Pekín y Pyongyang contra Washington." EFE. Serie 736, Moscú, 20, julio, 2001.
---------. "Moscú advierte nueva carrera de armas seguirá a "escudo antimisiles." EFE. Serie 659, Moscú, 2, febrero, 2001.
"Segundo fracaso de Clinton en planes militaristas". PL, serie 0563, Washington, 8, julio, 2000.
"Satisfacción en Rusia y entre aliados ante la decisión de Clinton" EFE, serie 601, Madrid, 1, septiembre, 2000.
"Sistema antimisil amenaza los lazos de China con los Estados Unidos según expertos militares". Xinhua, Beijing, 26, junio, 1999.
Winkler, Herbert. EE.UU: "Nuevo realismo" en política exterior tras el triunfo de Bush." DPA, Serie 0697, Washington, 15, diciembre, 2000.

Documentos

"Acuerdo URSS-EEUU sobre el riesgo de un conflicto accidental". Desarme, Nueva York, n. 4 v. 7, agosto, 1999.
"Armas convencionales: Esfuerzos para limitarlas y reducirlas". Desarme. n. 75, Nueva York, Departamento de Asuntos de Desarme, 1991.
Arms Control and Disarmament Agreement: text and histories of the negotiations. Arms Control and Disarmament Agency. Washington, US Government Printing Office, 1990.
Castro Ruz, Fidel. "Discurso en la Tribuna Abierta de la Revolución". Granma, La Habana, 31, marzo, 2001.
Clinton habla sobre la estrategia de Seguridad Nacional para el siglo próximo. Oficina del Departamento de Estado de los Estados Unidos, Washington, 21, enero, 2000.
Conferencia sobre la Crisis de Octubre celebrada en Cuba, Consejo de
Estado, La Habana, 9-12, enero, 1992.
"Estudio amplio sobre las armas nucleares." Desarme. n. 77, Nueva York, Departamento de Asuntos de Desarme, 1991
Declaración Conjunta sobre los resultados de las conversaciones oficiales entre Fidel Castro Ruz, presidente del Consejo de Estado y del gobierno de la República de Cuba y Vladimir V. Putin, Presidente de la Federación de Rusia. La Habana, 14-17, diciembre, 2000.

Discriminate deterrence: Report of the Commission on integrated long terms strategy. Iklé, Fred C, USA, 1988.
García, Cuñarro Luis. Reflexiones acerca del despliegue del nuevo Sistema Nacional de Defensa Antimisil de los Estados Unidos de América. Documento del Centro de Estudios de Información de la Defensa, La Habana, diciembre, 2001.
Informe Central. Primer Congreso del PCC. Editorial Ciencias Sociales, La Habana, 1978.
Iniciativa de Defensa Estratégica. Enciclopedia Microsoft Encarta, 1998.
Kapur, Ashok. "Rogue States and the International Nuclear Order". International Journal, documentos biblioteca ISRI, 1996.
Mesa Redonda. La Crisis económica globalizada y los gastos militares. IV Encuentro Internacional de Economistas sobre Globalización y Problemas del Desarrollo. Palacio de las Convenciones, La Habana, 14, febrero, 2002.
Morales, Pedraza Jorge. Curso sobre Desarme. Documentación Instituto Superior de Relaciones Internacionales, Raúl Roa García, La Habana, 1992.
National Security Strategy of the United States. The White House, Washington, January 1988.
---------. March, 1990.
---------. August, 1991.
National Security Strategy for a new century, The White House, Washington, 1997.
"Nuevas Tendencias en la esfera de las ciencias y las tecnologías. Repercusiones para la paz y la seguridad internacionales." Desarme. n. 73,

Nueva York, Departamento de Asuntos de Desarme, 1991.

Perlo, Victor. ¿Qué es el Complejo Militar-Industrial? Seminario sobre El Complejo Militar-Industrial", La Habana, 16-19, abril, 1983.

Pérez, Roque Felipe. "Intervención en el debate del 55 período de sesiones de la Asamblea General de la ONU." Granma, La Habana, 16, septiembre, 2000: 3

Reagan, Ronald. "President ´s Speech on Military Spending and New Defense". The New York Times, New York, March 24, 1983.

"Republican Platform: The future of National Security". Congressional Quarterly, Washington, august 25, 1984.

Rodríguez, José Luis. El gasto militar en la economía norteamericana contemporánea. Mesa Redonda Internacional: Estados Unidos en los 80,

La Habana, 14-16, marzo, 1983.

Start: Treaty between the United States of America and the Union of Soviet Socialistic Republic on the reduction and limitation of strategic offensive arms. Washington, Department of State Dispatch, 1991.

The Department of State Bulletin, Washington, 761 v. XXX, n. 107, January 25, 1954.

The Strategic Defensive Initiative, Defense Technologic Study. Department of Defense, Washington, 1984.

Un Nuevo Mundo Arribando. La Seguridad Norteamericana en el Siglo XXI. Partes I-II. Dirección de Inteligencia Militar, La Habana, noviembre 1999 y julio del 2000.

United States Security Strategy for the Asia-Pacific Region. Department of Defense. Office of International Security Affairs, Washington, 1993.
U.S. News and World Report. Departamento de Defensa de los Estados Unidos, Oficina de Presupuestos del Congreso. Instituto Internacional para estudios estratégicos, 30, octubre, 1978.
URSS, la dislocation du pouvoir. Notes et etudes documentaires, París, 4937 v. 12, 1991.
"World Armaments and Disarmament's." SIPRI Yearbook, 1996, Stockholm International Peace Research Institute Oxford University Press 1996.

COLECCIONES CONSULTADAS

Foreign Affairs (Estados Unidos)
The Washington Quarterly (Estados Unidos)
Foreign Policy (Estados Unidos)
International Security (Estados Unidos)
The National Interest (Estados Unidos)
U.S. News & World Report (Estados Unidos)
Desarme (ONU)
Le Monde Diplomatique (Francia)
Defensa Nationale (Francia)
Correo Internacional (Francia)
Ciencias Sociales (URSS)
Fuerzas Armadas y Sociedad (Chile)
Cuadernos de Nuestra América (Cuba)
Temas (Cuba)

Editorial Letra Viva©
2013

Postal Office Box 14-0253
Coral Gables, FL 33114-0253

www.ingramcontent.com/pod-product-compliance
Lightning Source LLC
Chambersburg PA
CBHW071948270326
41928CB00009B/1380

* 9 7 8 0 9 7 6 2 0 7 0 8 5 *